ミドルクライシス®マネジメント Vol.❸

フローチャートでわかる
反社会的勢力排除の「超」実践ガイドブック 改訂版

株式会社エス・ピー・ネットワーク 総合研究部

第一法規

はじめに

　令和元年に発覚した吉本興業の闇営業問題や西武信用金庫の半グレ(準暴力団)関連融資問題、少し遡れば平成25年9月に発覚したメガバンクによる反社会的勢力への融資問題などは、反社会的勢力排除の実務に潜む諸問題をあぶり出し、今後の実務のあり方を考える良い機会となった。実務上、半グレ(準暴力団)への対応をはじめとする排除すべき反社会的勢力の範囲や、反社会的勢力データベースの限界をいかに克服するか(反社チェックの本来的なあり方とその限界)、「グレー」認定先の継続的管理のあり方など、金融機関に限らず、一般事業者においても喫緊の課題と明確化されることとなり、今後の実務の深化に期待したいところである。

　さて、社会の要請や顧客の期待・ニーズ及びその変化に、柔軟に、弾力的に対応することがコンプライアンスの本質だとすれば、時代とともに揺れ動く「社会的要請」や「社会的使命」を的確に捉え、ルールや仕組みにとどまらず、企業風土、役職員の意識までも見直していくことが企業には求められている。本書は、このような「コンプライアンス」のあり方やそれを担保する「内部統制システム」の考え方に立ち、反社会的勢力排除の取組みにその枠組みを適用しながら、可能な限り具体的な実務指針を提示するものである。

　さらに、正に今、反社会的勢力排除の実務が直面している課題の一つにあげられているものとして、吉本興業の闇営業問題のように、「過去の判断・行為が今になって問題視されるリスク」(後付認定リスク)がある。「反社会的勢力だと知らなかった」は現時点の社会の要請からみて許されない厳しいものであり、反社リスクの大きさをあらためて実感させられる。また、当時の判断(対応)が適正かどうかを判断するのは、「判断した時点(過去)の社会の目」ではなく、時系列的に後となる「現時点の社会の目」が基準であり、その結果、これまでの「不作為」や「意識・認識の甘さ」「取組みの甘さ」を厳しく追及されるといったリスクが顕在化している。したがって、現時点の目線で、過去の判断の正当性について、絶えず評価していく「ジャッジメント・モニタリング」の考え方が重要となる。本書では、このような最新のコンプ

ライアンス理論のもと、反社会的勢力排除の取組みにおけるモニタリング及び「事後チェック」の重要性とあるべき方法論にまで踏み込む。

　また、反社会的勢力の不透明化や手口の巧妙により、その見極めの難易度が増しているが、その一方で、(誤った)データベース至上主義とでもいうべき状況も散見される。本書ではそのような傾向に警鐘を鳴らすとともに、反社チェックの本来的なあり方を提示する。結論を先取りすれば、反社チェックを支えるもの、さらに、反社会的勢力の組織への侵入を防ぐ防波堤となりうるのは、正に「人」であり、役職員一人ひとりの「暴排意識」と「リスクセンス」である。企業としては、「教育」「人材育成」の重要性をあらためて認識する必要があるだろう。

　本書は、当社(株式会社エス・ピー・ネットワーク)がこれまで実際に対応してきた数多くの事例をベースとして、企業の反社会的勢力排除の取組みについて、当社の提唱する「ミドルクライシス」の観点から、実践的な実務指針の提唱・提供を行うものであり、本書は、平成26年3月にレクシスネクシス・ジャパンから出版した「反社会的勢力排除の「超」実践ガイドブック」の改訂版となる。前書の出版から5年以上が経過し、社会情勢や反社会的勢力を取り巻く情勢の変化に伴う企業実務の深化に対応したものである。

　本書が、読者の皆様にとって、今や「企業存続を揺るがす重大な経営リスク」である反社会的勢力排除の取組みについて、企業経営の一手法として、当社の提唱する「ミドルクライシス」概念による危機管理の考え方及びそれに基づく実践的な指針を理解頂くことを通じて、実効性を持った具体的な運用を積み重ね、反社会的勢力との関係遮断に真剣に取組んでいく一助となれば幸いである。

令和元年12月

株式会社エス・ピー・ネットワーク

ミドルクライシス® とは ───────

　当社の考える「ミドルクライシス」の概念及び「ミドルクライシスに着目したリスク管理・危機管理のあり方」について、簡単に説明しておきたい。

　企業を取り巻く重要な利害関係者(ステークホルダー)としての「従業員」や「顧客」「取引先」との関係は時代とともに変化し、その関係性を見誤ることが企業の成長や存続に多大なる影響を及ぼすことに鑑み、企業としては、常に社会の要請(社会の目)を意識し、その変化に柔軟に対応することを通じてのみ、自らの健全性や持続的な成長が可能になることを自覚していかなければならない。そのための取組みが、正に危機管理であり、もはや危機管理なくして企業経営はなしえない時代に突入していることを、改めて確認しておく必要がある。

　企業を取り巻くリスク環境が大きく変化している背景には様々な要因があると思われるが、とりわけ企業のステークホルダーである株主、消費者、取引先、社員、及び、場合によっては、司法、行政、メディア等の企業に対する意識(認識)の変化と、それによって企業のステークホルダーに対する透明性やアカウンタビリティ(説明責任)の重要性が強く求められる社会的風潮が醸成されたことが挙げられるであろう。同時にこれらのステークホルダーは、インターネット等の急速な普及により、今まで知り得なかった企業の情報等をいち早く知ることが出来るようになった結果、社内に巣食うリスクがわずかに社内的に顕在化した状態(=ミドルクライシス)の社内的な発見(認知)が遅れたり、あるいは発見(認知)していても対策を講じていなければ(不作為)、それが対外的に知れ渡ってしまう(意図的な内部告発を含む)ような時代になったといえるのである。これらがここ数年、企業不祥事の多発といわれている一因であり、その意味では、「多発」というよりは、これまで対外的に知られることのなかった事態が「発覚」することが多くなっただけだともいえる。

　なお、ミドルクライシスとは、企業が内包する(企業に内在する)様々な「リ

スク」が、対外的に顕在化し、「クライシス」に発展する前の姿(日々、業務上発生している種々のトラブル、問題事象などであって、いわゆる「今そこにある危機」、あるいは、既に自然消滅した事象)であり、例えば、リスクが氷山の一角として海面より頭を出している姿(あるいは、出していた姿)、といえばイメージして頂けるものと思う。

　企業は、設立したその瞬間からステークホルダーとの関係が発生し、様々なリスクを背負うことになる。そして、そのステークホルダーに対する責任を果たすべく、リスクを水際で予防するための各種規程、ルール等を定める。しかし、その規程やルールが形骸化し、またそれらでは対処しきれない種々の事象に対応する(あるいは、対応していかざるを得ない)ため、現状(実態)とそれらルール等とが乖離し、ルール違反等が発生、常態化することによって、社内のリスクライン(予防ライン)を超えて、「リスク」が「ミドルクライシス」として社内的に顕在化してくる。このミドルクライシスが多発し、それらを社内で放置すれば「クライシス」(危機、問題発生)へと発展し、対外的にその事態が発覚することになるのである。そして、最近では、掲示板等への書き込みやSNS等での(意図的か無意識を問わない)情報発信、あるいは内部告発などによって社内の情報が社外に流出してしまうことによって、対外的な発覚時点であるクライシスライン(問題発生ライン)が急激に低下しており、ミドルクライシスが対外的に顕在化するまでの猶予(社内でミドルクライシスに対処できる時間)が短くなっている傾向にあることにも注意が必要である。「ヒヤリ・ハット法則」ともいわれる「ハインリッヒの法則」は「1つの重大事故の裏には、29の小事故があり、その裏には300の異常がある」というものであるが、ミドルクライシスは、正にこの「29」の小事故に相当するものと考えていただくと分かりやすいのではないだろうか。「29」の部分に相当するミドルクライシスに着目して適切な対処を行うことで、「1」の部分に相当する大事故(=クライシス)の発生を予防するとともに、そのミドルクライシスを発生させた諸要因(「300の異常」)を抽出・特定・分析して、今後のミドルクライシスそのものの発生を低減・予防していこうというのが、ミドルクライシスの発想の原点である。

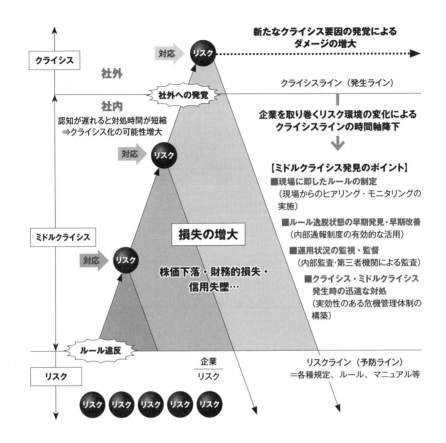

新たなクライシス要因の発覚による
ダメージの増大

クライシス

社外

対応 リスク

社外への発覚

クライシスライン（発生ライン）

社内

認知が遅れると対処時間が短縮
⇒クライシス化の可能性増大

企業を取り巻くリスク環境の変化による
クライシスラインの時間軸降下

対応 リスク

【ミドルクライシス発見のポイント】
■現場に即したルールの制定
　（現場からのヒアリング・モニタリングの
　実施）

ミドルクライシス

損失の増大

■ルール逸脱状態の早期発見・早期改善
　（内部通報制度の有効的な活用）

対応 リスク

株価下落・財務的損失・
信用失墜…

■運用状況の監視・監督
　（内部監査・第三者機関による監査）

■クライシス・ミドルクライシス
　発生時の迅速な対処
　（実効性のある危機管理体制の
　構築）

ルール違反

企業
リスク

リスクライン（予防ライン）
＝各種規定、ルール、マニュアル等

リスク

リスク リスク リスク リスク リスク

　これまで企業は、クライシスとなる前に、社内のミドルクライシスを早期
に発見することの対策として、主に各部署のセルフチェックやクロスチェッ
ク、内部監査、あるいは監査役・社外監査役の監査、外部の専門家等による
外部監査等によってその発見、報告、改善に努めてきたと思われるが、ミド
ルクライシスの発見、報告、改善は、往々にして、それを担当する「人」に絡
むセクショナリズム、保身、過失、故意等により、正確になされないことも
ある（企業不祥事の第三者委員会報告書などにその辺りが赤裸々に記載され
ているものも多い）。それらを踏まえて、社内のミドルクライシスを発見す
る手段として様々な方策が検討されており、とりわけ最近では、「内部通報
窓口」は有効なツールの一つとして注目されている。また、この他に社内の

ミドルクライシスを発見する手段として、以下のようなものも挙げられる。

●インターネット風評等の収集

●お客様相談室などの苦情受付、消費者センター等の情報の収集

●企業内における規程の運用状況についてのヒアリング、モニタリング

●匿名アンケートを通じた従業員の「本音」や現場の「実態」の把握

●内部通報窓口を通じた端緒情報の収集

●退職（予定）者等に対するヒアリング　など

さらに、抽出したミドルクライシスに対しては、早期の対応が望ましく、以下のような対応策が考えられよう。

●問題発生の原因追及（組織的な要因にも目を向ける）

●牽制機能の不備の状況確認

●再発防止の提案と実施（現行の規程・ルール等の修正、補強等含む）

●社外に発覚した際、又は開示事項に該当した場合の危機管理広報対応

　企業や経営トップは、リスクは必ず顕在化してクライシスになるということを認識する必要がある。そして、企業には、社内で発生しているミドルクライシスを抽出する努力を惜しまず、決められたルールを、ミドルクライシスの発生要因の分析や社会の要請の変化を踏まえて適宜見直すこと、さらには、社内周知の徹底や円滑なコミュニケーションなどを通じて、ルールの形骸化を防ぎ、実効性を重視した運用をしていくことが求められているといえる。

　経営トップは、そのような経営環境下にあるとの厳しい認識を常に持ち、クライシスになる前のミドルクライシスの段階で有効な対策をとることこそが、ステークホルダーに対する責任を果たすことにつながること、そして、正にそのことによって企業継続（ゴーイングコンサーン）が可能となり、ひいては企業としての社会的責任（CSR）を果たすことにもつながるということを認識しておくことが重要である。

Contents

目次

Contents

第2章 暴排を巡る最近の論点を踏まえた実務上のポイント

第6章 直接的アプローチへの対応のポイント

Contents

Contents

第1章
反社会的勢力の最新動向

1. 反社会的勢力の実態と動向

(1)「必要悪」から「社会悪」へ～反社会的勢力を排除すべき理由

　反社会的勢力排除の取組みにあたっては、彼らが社会から排除すべき対象であると、企業としても個人としても（強い共感を持って）認識していることが大前提であることは論を俟たない。また、反社会的勢力の中核に位置する暴力団も、今や「社会悪」以外の何者でもないことを共通認識として持つ必要がある（なお、本書では、最近の社会情勢を踏まえ、「反社会的勢力排除」と「暴力団排除」をほぼ同義のものとして使用する）。

　確かに、暴力団が「必要悪」として社会的に受容されてきたことは歴史的に見ても紛れもない事実である。警察や弁護士による合法的な対応とは別次元でグレーな解決を求める者が、社会には一定数存在し、暴力団がいわばその「非合法的なもの」を求めるニーズを満たすニッチかつユニーク（唯一の、独特）な存在であることがその背景にあり、社会が彼らを必要とする限り、いわば社会の潤滑油として、彼らの居場所が社会の中に確固としてあったことが、「必要悪」として長い間社会的に受容されてきた理由であろう。また、暴力団や暴力団員が「義理人情に篤い」「正義」といった日本人好みのイメージが、映画等のメディアを介して国民の間に刷り込まれてきたことも影響している。確かに、暴力団、やくざ等の別称である「極道」は道を極めるという意味であって、そのような求道者を志向する個人又は集団という性格も一面にはあるとはいえ、今の組織の現状としては、それどころか、むしろ社会的弱者を含め広く市民や企業を対象とした搾取を行っており、そのことを多くの市民が正確に認識しない（暴力性に怯えて正視してこなかった）ことが、「必要悪」として彼らを肯定する社会的な素地となってきたのではないだろうか。さらに、メディアにより植えつけられた「アウトロー」「かっこいい」「底辺から力で這い上がる」「金を持っている」といったイメージが若年層を中心に影響を与え、暴力団員のリクルーティング（人材供給）につながっていたのも現

実であり、社会的に不適応な若年層や社会的な底辺層を中心に人材の供給が絶え間なく行われ続けている実態がある（逆に最近では、後述する「貧困暴力団」に代表されるように、暴力団の実態がそのようなものでないことも明らかとなってきており、若者の暴力団離れが加速している。代わって底辺層の受け皿となっているのが、特殊詐欺グループや半グレのような周辺者である）。

　暴力団を「必要悪」とみる風潮は残念ながら今でも一部にあるが、社会経済の変化に対応し、（警察や弁護士などに頼らないグレーな解決方法を望む）人々の要求や薬物や博打といった人間の欲望に非合法的に応えることで「必要悪」として生き延びてきた暴力団は、一般人の目からも明らかに「社会悪」と認められるようになるほど組織が変質したと言える。すなわち「儲け至上主義」的な組織の行動様式が正当化されるようになり、それに伴って構成員の行動様式や、犯罪収益獲得のための手口もまた変質し、社会全体を搾取の対象とするに至ったのである。今や、彼らの収益の多くは、（みかじめ料や用心棒代のように）ある意味彼らを利用する意図のある者からではなく、本来保護されるべき高齢者や若者、障害者などの「社会的弱者」からの搾取、公的制度の悪用（したがって、国民の税金の詐欺的な収奪）等であり、その手口は、人の善意を逆手に取った卑怯な「詐欺的手法」が主流となっている。「堅気に手を出さない」「ニッチなニーズを満たす」ことを拠り所として「やくざ」をしぶしぶ許容してきた社会的素地を、このような形で自ら捨て去ることで、「やくざ」が社会的な稼業として成り立たなくなるという「自己崩壊」により、もはや「必要悪」ではなく「社会悪」として排除すべき対象となったといえる。

　さらに、企業の立場から見た場合、「必要悪」における「必要」とは、隠蔽したいクロやグレーのトラブルや不祥事等に対して、グレーに（秘密裏に）解決するために頼る相手が「必要」ということであり、「グレーな解決」を許容する企業風土・社会的風潮、そして根底には個人的な悪意等があるだろう。しかし、時代はコンプライアンスを求め、グレーなアプローチには健全な「常識」をもって対応すること、不祥事は必ず発覚することから隠ぺいが割に合わなくなっていること、安全確保も含め警察や弁護士等の外部専門家と連携して、

彼らのグレーな土壌ではなく、正にコンプライアンスの土壌で「真っ当に対応する」ことが今の社会的規範であることを考えれば、そもそも「必要悪」は存在せず、その害悪のみがクローズアップされることになるのである。今の彼らが、今のまま、社会的に存在する必要性はもはやないと言ってよいだろう。

（2）最近の暴力団情勢〜3つの山口組

　六代目山口組から神戸山口組が、さらに神戸山口組から任侠山口組がそれぞれ分裂し（それぞれ指定暴力団に指定されており、呼称は執筆時点のもの）、現在、「3つの山口組」が並存している状況であることはご存知のとおりである。当初は、大規模な抗争があるのではないか、さらなる分裂や逆に統合等によって山口組、ひいては暴力団全体の弱体化につながるのではないかとの見方があったが、「3つの山口組」は水面下で再統合の動きが漏れ聞こえるものの、弘道会会長の高山清司の出所の前後で衝突が相次いだことから令和元年10月、警察は「抗争」状態にあると認定、暴力団対策法に基づく主要な事務所の使用制限に踏み込んでいる。恒例となった四字熟語による新年の「組指針」について、令和元年は、六代目山口組は例年通りの「和親合一」（山口組を国内最大の暴力団組織に成長させた田岡一雄三代目組長が制定した基本理念「山口組綱領」からの抜粋）を定めたが、組織の団結を促す狙いがあるという。また、神戸山口組は「一心一意」、任侠山口組は「一意奮闘」と、いずれも邪心の排除や努力を訴えているとみられる。本稿執筆時点（令和元年11月）では、六代目山口組ナンバー2で六代目の後継者と目されている高山清司が府中刑務所から出所し、抗争がさらに激化、「3つの山口組」は3すくみの状態から大きくパワーバランスが動き始めているところであり、当局による「特定抗争指定暴力団」への指定の可能性も含め、注意が必要な状況だといえる。

（3）最近の暴力団情勢〜工藤会

　かつて米財務省に「日本で最も凶暴な暴力団」と評された特定危険指定暴力団工藤会は、指定暴力団の中でも、ここ数年で最も弱体化が進んだ団体だといえる。その背景には、福岡県警の「頂上作戦」があり、福岡県暴力団排除条

例(以降、「暴排条例」という)の制定以降、暴力団対策法の改正や各種法令の適用等も絡めながら、官民挙げてその弱体化を推し進めてきた経緯がある。直近では、平成30年12月、北九州市小倉北区の工藤会の本部事務所にかかる固定資産税約700万円が滞納されていたこともあり、北九州市が事務所の差し押さえも含めた対応を検討していることがはじめて分かった(ただし、当該事務所については、福岡県公安委員会が平成26年以降、工藤会に対して暴力団対策法に基づく使用制限命令を出しており、現在は使用されていない)。また、工藤会が関与したとされる2件の一般人襲撃事件の損害賠償を巡り、福岡地裁が遺族らの申し立てを受け、同会トップの野村悟被告(72)が同市内に所有する複数の不動産を仮差し押さえする決定を出していたことが判明した。これらの事情もあり、工藤会は当該事務所の土地建物の売却を決定、一方で北九州市は固定資産税の滞納により差し押さえ手続きを同12月21日に完了させた。そして、令和元年8月には、撤去費用や税金など必要経費を除いた売却益全額を福岡県暴力追放運動推進センター(暴追センター)が管理することで、市と工藤会、暴追センターが大筋合意するに至った。北九州市長は、記者会見で本部事務所撤去の意義を聞かれ、これまで警察、行政、事業者や市民一体となって暴力追放、暴力団排除の活動を展開したことを説明、「事務所の撤去は、暴力団追放運動でシンボリックな意味を持つ」とし、撤去に向けて最善を尽くすと語ったが、正に、工藤会にとって象徴的な建物が閉鎖すれば、その弱体化が進むことも期待され、野村総裁以下幹部を大量に逮捕したこととあわせ、「頂上作戦」の最大の成果だと評価できよう。これまで、工藤会が本部を置き、市民を標的にした襲撃事件が相次いで発生したことなどから、街のイメージに暗い影を落としてきたが、一方で、安全・安心な街の実現に向け、行政や警察だけでなく、市民も参加した継続的な取り組みを続けてきた結果であり、北九州市にとっても大変大きな転換点となるものと思われる。

　なお、こうした動きに反発するように、工藤会は途絶えていた繁華街の「夜回り」を復活させ、その主導役の組長を首脳級幹部に登用した。「夜回り」は数十人の組員がそれとわかる格好で行うもので、20年前くらいから始まっ

ている伝統行事で、工藤会が健在であることをアピールする狙い（現状、工藤会の弱体化を突く形で、道仁会の資金獲得活動が活発化しており、暴力団対策法に基づくみかじめ料要求などの暴力的要求行為に対する中止命令が昨年13件と福岡県全体の6割を占めているほどであり、工藤会としても巻き返しを図りたいと考えているものと推測される）や、全国的に台頭している半グレ対策ではないかとも言われているが、本部事務所の売却など一連の動きからは、停滞してきた現状を早く打開して、復活を期す狙いがあるように思われる。いずれにせよ、米財務省に「最も凶暴」と評された工藤会が、このままで終わるわけもなく、今後の動向に注意が必要だ。

（4）最近の組織犯罪情勢～平成30年における組織犯罪の情勢

　暴力団をはじめとする組織犯罪の状況について、警察庁の「平成30年における組織犯罪の情勢」から、紐解きながら、最近の動向・状況を概観してみたい。

　まずは、暴力団構成員等の数が昨年末現在で30,500人（前年同期34,500人、前年同期比▲11.6％）と統計が残る昭和33年以降で最少人数を更新したことが重要なトピックである。さらに、特殊詐欺の主犯（首謀者等）の検挙人員に占める暴力団構成員等の割合は45.3％、出し子・受け子・見張の指示役の検挙人員に占める割合は47.9％と、特殊詐欺の総検挙人員に占める割合と比較しても、暴力団構成員等が主犯又は指示役となる割合が高く、特殊詐欺が暴力団の有力な資金源の一つであることが数字からも明らかとなった点も重要なトピックだろう。

　なお、本報告書には、特殊詐欺の抑止には、「事件の背後にいるとみられる暴力団、準暴力団等を弱体化することが不可欠」であり、そのためには「特殊詐欺そのものによる検挙のみならず、暴行・傷害、窃盗、薬物犯罪等、あらゆる法令を適用して検挙することが重要」との指摘があるが、一方でそれは、もはや暴力団という「属性」のみに着目するだけでは暴力団自体を取り締まることすら難しくなっており、その周辺者まで範囲を拡大することが不可欠であること、さらには、その「属性」というより「行為」に着目して取り締まっていくことなくして、暴力団の資金源を断つことが難しくなってきている実

態を表しており、言い換えれば、暴力団の取り締まり・暴力団資金源対策でありながら、(1)それ自体に暴力団対策法の限界が示されていること、(2)暴力団を含む周辺者(反社会的勢力)の対策へとスコープを拡大せざるを得ない状況があること、したがって、(3)暴力団に限られない組織犯罪対策における新たな枠組み作りが急務であることを示すものでもあることにあらためて着目する必要がある。

さて、直近の本報告書においては、冒頭に「特殊詐欺に絡む犯罪組織等の現状」と題する特集が組まれている。それによると、特殊詐欺事件の背景について、「暴力団や準暴力団が深く介在しているとみられ、特殊詐欺を有力な資金源としつつ、得られた資金を元に新たな犯罪に関与している可能性もある。また、外国人に関しては、受け子としての検挙が増加しているほか、外国人犯罪組織により違法に取得された預貯金口座が後に特殊詐欺の振込先として使用されるなど、特殊詐欺を助長する犯罪への関与もみられる」と指摘している。

さらに、平成30年中の特殊詐欺に係る暴力団構成員等の検挙人員は630人で、平成27年以降は減少傾向にあるものの、特殊詐欺全体の検挙人員2,747人中の22.9%を占めており、刑法犯・特別法犯総検挙人員において暴力団構成員等の検挙人員が占める割合が6.3%であることと比較して、依然として高い割合となっていることが示されている。なお、以前は、特殊詐欺に直接関与しない傾向がみられたが、最近では直接的に特殊詐欺事案に関与していることが明らかとなっている点も重要な変化だといえる。さらに、前述した通り特殊詐欺の主犯(首謀者・グループリーダー・張本人等)の検挙人員に占める暴力団構成員等の割合は45.3%、出し子・受け子・見張の指示役の検挙人員に占める暴力団構成員等の割合は47.9%であり、特殊詐欺の総検挙人員に占める暴力団構成員等の割合と比較しても、暴力団構成員等が主犯又は指示役となる割合が高くなっている。これらの状況からも、暴力団が特殊詐欺事件を主導する場合が多いものとみられ、特殊詐欺が暴力団の有力な資金源の一つになっている状況がうかがわれると指摘されている点は大変興味深い。

また、近年、暴走族の元構成員や非行集団に属する者等が、繁華街・歓楽街等において、集団的、常習的に暴行、傷害等の暴力的不法行為等を敢行したり、特殊詐欺、組織窃盗、ヤミ金融、賭博、みかじめ料の徴収等の不法な資金獲得活動を行っている例がみられること、準暴力団には、暴力団との関係を持つ実態も認められ、不法な資金獲得活動によって蓄えた潤沢な資金の一部を暴力団に上納する一方、自らは風俗営業等の事業資金に充てるほか、他の不法な資金獲得活動の原資となっていることがうかがわれる事例もみられること、現役の暴力団構成員が準暴力団と共謀して犯罪を行っている事例もあり、暴力団と準暴力団との結節点が存在するとみられることなども指摘されているなど、準暴力団の形態の多様性、暴力団との結節点のあり方の多様性にも言及されている点もまた興味深い（なお、準暴力団（半グレ）の実態については後述する）。

　一方、平成30年中の特殊詐欺に係る外国人の検挙人員は118人で、平成25年以降増加傾向にあり、特殊詐欺全体の検挙人員2,747人中の4.3%を占めていること、外国人検挙人員を役割別にみると、受け子が53.4%と半数以上を占めていることなども示されている（なお、外国人による特殊詐欺の検挙状況（検挙人数・全体に占める割合）では、平成28年が52人・2.2%、平成29年が62人・2.5%であることを鑑みれば、平成30年に急激に検挙人数も割合も増えていることが分かる。改正出入国管理法の影響も含め、今後、注意が必要な状況だといえる）。

　そのうえで、報告書では、「特殊詐欺の抑止につなげるためには、引き続き暴力団を始めとする犯罪組織等の実態解明を進めるとともに、取締りを推進することが必要である。その際、個々の特殊詐欺事件の実行犯を検挙することに加え、事件の背後にいるとみられる暴力団、準暴力団等を弱体化することが不可欠であり、そのためには、特殊詐欺そのものによる検挙のみならず、暴行・傷害、窃盗、薬物犯罪等、あらゆる法令を適用して検挙することが重要」だと指摘しているが、その本質的な意味は既に指摘したとおりである。

図表 1-1　反社会的勢力を巡る最近のトピックス

反社会的勢力を取り巻く現状

- ●暴力団構成員等の減少（平成30年末30,500人／構成員は1963年の1/6に）
- ●暴力団の活動が著しく制限される方向に
  - ・組事務所の使用差し止め請求・立ち退き請求等の増加
  - ・みかじめ料摘発の厳格化（暴排条例の厳格化／東京都暴排条例改正）
  - ・使用者責任の厳格化
- ●組織の減少・スリム化の進展
  - ・「力強さを増す暴排」（外部環境）
  - ・「暴力団員の少子高齢化」「属性を隠す動き」（内部環境）
- ●準暴力団（半グレ集団）や周辺者の勢力拡大傾向
  - ・暴力団等との関係の多様化・不透明化
  - ・反社チェック実務の困難性が増している

暴力団という「属性」のみに着目するだけでは暴力団自体を取り締まることすら困難な状況。暴力団に限られない組織犯罪対策における新たな枠組みが急務

2．反社会的勢力を巡る最近のキーワード

(1)半グレ(準暴力団)

　警察庁「平成26年の暴力団情勢」によれば、「近年、繁華街・歓楽街等において、暴走族の元構成員等を中心とする集団に属する者が、集団的又は常習的に暴行、傷害等の暴力的不法行為等を行っている例がみられる。こうした集団は、暴力団と同程度の明確な組織性は有しないものの、暴力団等の犯罪組織との密接な関係がうかがわれるものも存在しており、様々な資金獲得犯罪や各種の事業活動を行うことにより、効率的又は大規模に資金を獲得している状況がうかがわれる。平成26年末現在、警察では8集団を準暴力団と位置付け、実態解明の徹底及び違法行為の取締りの強化等に努めている」として、はじめて公に準暴力団の定義(捉え方)が示された。警察は「準暴力団」とカテゴライズしてその実態の把握や摘発を進めているものの、その実態は一筋縄でいかず、警察も把握しきれていない状況がある。その結果、警察の

情報提供に関する内部通達が平成31年3月に更新されたものの、残念ながら、準暴力団に関する情報提供は認められないままとされた。

　企業の実務にとって、半グレ（準暴力団）が具体的な脅威となっている一方で、半グレ（準暴力団）を「認定」するにも「排除」するにも、警察の情報を根拠とすることが難しいのが現実だ。さらに言えば、実務上は契約書等における暴力団排除条項（暴排条項）や契約解除事由において、半グレ（準暴力団）が明記され、排除される立てつけとなっているかの見直しも必要だ。本当に「暴力団に準ずる」ものに含められるのか、あらためて精査する必要があろう。このように、半グレ（準暴力団）への対応は反社会的勢力の「今」を考えるうえで最大のテーマであるが、その取り扱いはかなり悩ましい。

　なお、「半グレ」という呼称は、ジャーナリストの溝口敦氏が命名したとされ、「彼らが堅気とヤクザとの中間的な存在であること、また「グレ」はぐれている、愚連隊のグレであり、黒でも白でもない中間的な灰色のグレーでもあり、グレーゾーンのグレーでもある」という由来がある。「準暴力団」より「半グレ」の方が捉え方としては広いが、警察がどの程度、実態を把握しているかが明らかとなっていないこともあり、「半グレ（準暴力団）」あるいは単に「半グレ」と総称されることも多い。

　とはいえ、その半グレ（準暴力団）については、摘発等によってその実態がだんだんと明らかとなってきており、一方で、その弱体化に向けての方策は、実は一筋縄ではいかない状況であることも分かってきた。平成30年12月、大阪府警は半グレ「アビス」55人を逮捕したが、報道によれば、この「アビス」は10代の男女を中心に数百人が所属している大変大きなグループであり、大阪・ミナミでは平成29年9月以降、アビスが暴力団の資金獲得活動（シノギ）に関わるようになり、多数のガールズバーを経営、酔客へのぼったくりや暴行・傷害事件などを繰り返し、月5,000万円ほどを売り上げて一部は任侠山口組系組織に渡っていたとみられている（なお、このうち約2,000万円を、逮捕時は19歳だったリーダーの男が手にしており、グループの複数の幹部の供述では、「リーダーが毎月30万円から50万円を暴力団に上納していた」という）。

　暴力団対策法は指定暴力団によるみかじめ料の要求などを禁じ、中止命令に反すれば刑罰の対象になるが、半グレは同法の対象外のため、暴力団が半グレを隠れみのにしているとの指摘もある。大阪府警はアビスなどを「準暴力団」と認定し、半グレの摘発を強化しているが、その結果、同年はアビスを含め5団体のリーダー格を逮捕している。だが一方で、同年8月には、アビスは、同じミナミで暗躍する地下格闘技団体「強者」（解散）のOBらで組織された半グレ「アウトセブン」（O7）と対立するようになり、大阪市中央区内の路上などで乱闘騒ぎも発生した。「アウトセブン」は暴力団のみかじめ料徴収に関与するなど、複数の暴力団組織と関係を保ちながら勢力を拡大しており、両組織の対立は暴力団の仲裁で沈静化したとみられている。これらから、暴力団が自らの活動が著しく制限されている状況を踏まえ、暴力団組織に所属せずに違法行為を繰り返す半グレと共存関係を持ち、シノギを展開してきたと考えるのが自然だろう。

　さらには、ネットの情報などを総合すると、大阪の半グレの状況については、これまで半グレと環状族（大阪市内にある阪神高速道路1号環状線を走行する違法競走型暴走族）の住み分けはできていたが今はカオスな状態となっていること、「アビス」「アウトセブン」以外にも、半グレとしては「軍団立石」「米谷グループ」があり、それとは別に暴走族（実は半グレと違って表には出ないで正当かつ儲かる事業を行っている人間が多い）の流れもあること、もともとは解散した格闘技団体（強者）からいくつかのグループができ、その最大勢力が「アビス」「アウトセブン」だとも言われていること（一方で、前述したアビスの19歳だったリーダーは暴走族「大阪連合」出身という情報もある）などの多様な実態があるようだ。

　したがって、これらを総合的に考えれば、半グレが暴力団と「組織として」つながっているのではなく、幹部が「個人的に」つきあっている程度の関係にすぎない場合もあるという見方もできる。したがって、暴力団が半グレを隠れ蓑にシノギを行わせている共存関係・支配関係といったものとも一律に見なすことはできず、なかなか一筋縄ではいかない実態も垣間見える。

　一方、関東の半グレも実態がよく分かっていない。代表的な関東連合OB

については、ネット情報によれば、「関東と関西では僕たち半グレの考え方も生き方も違う」、「関東の場合、様々な組織の幹部待遇で迎え入れられるような人間がグループのトップにいたし、さらに外舎弟（組織に入らず兄弟分になること）などして横の関係性を築くことを心がけていた。だから、横の繋がりは今でも深いし、組織同士が揉めたら反対に仲裁に入れる立場にもいる。なぜそこまでできたかというと、自分たちで金を握る技量があったからだ。関東連合の名前で金を作ることができた」といったものがあり、その言葉通り、関東の半グレは、芸能プロダクションやIT企業、AVプロダクションなどを中心に、様々な合法から非合法を行う企業を作っていることが知られており、（暴力団の下請け的な様相の強い）関西の半グレのシノギとは全く異なっていることが分かる（さらに言えば、半グレが指定暴力団6つを束ねた平成28年5月のATM不正引き出し事件の主犯は関東連合OBだった）。

　また、最近では、特殊詐欺などの案件で半グレが多く関わっているとして、警視庁が、指定暴力団住吉会幸平一家堺組の集中取り締まりを積極的に行い、堺組の構成員とされる50人のうち半数近くを逮捕したことがあったが、その堺組には関東連合のOBなど半グレが30〜40人在籍しているとも言われている。このように、既に関東連合OBの幹部の多くは、今や暴力団幹部となり、暴力団組織においてもその存在が大きくなっているのも事実だが、だからといって暴力団が関東連合OBを支配するような関係にはならない（そもそも関東連合OBなる半グレは、解散していることから、今はグループとしての「実態がない」とも言える）点が大きな特徴だ。

　大阪で治安を乱す半グレへの対策は急務であり、大阪をはじめ関西の半グレは暴力団の延長線上と捉えて取り締まっていくことも可能だが、大阪の暴走族や関東の半グレについては、その実態はやはり不透明か、「ないに等しい」ものであり、暴力団との接点もあくまで幹部らの「個人的なもの」であるなど、その捉え方として暴力団との関係だけでは本質を見誤ると言え、その対策のあり方についてもより慎重な対応が求められることになる。

　さらに、大阪府警によって大規模に摘発された「アビス」は、壊滅したと言われたそばから、関係者があらたなグループを立ち上げている実態もあると

いう。このように、半グレ（準暴力団）を捉えるにあたっては、そもそも半グレ自体がこのようなアメーバ的な組織形態であって、次から次へと様々なグループが派生的に発生するものだと認識する必要があり、これまでの暴力団対策の発想とは異なる枠組みで規制や取り締まりのあり方を考えていく必要がある。

　一方で、暴力団もそのあり方を変質させており、最近では、構成員を組に出入りさせず、行事にも参加させないことで、組とのつながりを消した存在（構成員でありながら構成員にしない）として育成、暴力団対策法や暴排条例の対象外である、いわゆる「半グレ」として一般人に紛れ、暴力団の仕事を続けていくあり方も登場しているという。このようなあり方もまた、暴力団対策法の限界を示しており、もっといえば、もはや暴力団の再定義が必要な状況だともいえる。なお、一方で、高齢の暴力団員は、時代や社会の変化に適応できず、他に何かをすることも出来ず、ただ仕方なく、暴力団を続けているという実態もあるといい、この点からも近い将来、暴力団の姿が組織の内外から変質していくことも十分考えられるところだ。このような実態を踏まえれば暴力団の再定義の議論は、むしろ急務ではないだろうか。

（2）貧困暴力団

　平成30年5月、NHK「クローズアップ現代＋」で、「"貧困暴力団"が新たな脅威に」と題して、最近の暴力団の実態が放映された。番組では、暴力団員による「食料品の集団万引き」、「イクラを狙ったサケ泥棒」、「結婚式で売上金を盗む」、「拳銃を担保に借金」、「電気料金を抑えるためにメーターを改造」など、これまで考えられなかった事件が全国で相次いでいることを取り上げ、その背景に、暴力団対策法や暴排条例など、警察の取締りの強化によって、みかじめ料や用心棒代などの従来型の資金源を断たれ、生活費にも困窮した暴力団員が「荒手（新手）」の犯罪に手を染めている実態を詳らかにした。そして、このような状況が進めば、生活のために切羽詰まった組員らが組織の枠組みを超えて資金を獲得しようとする犯罪が多発する可能性が考えられる（実際、平成28年5月のATM不正引き出し事件はその代表的な事例であり、

関与した複数の指定暴力団の組員らは組織の意向と関係なく動いていたことが分かっている）。

　また、前述したとおり、半グレと暴力団員とが共謀する特殊詐欺事例も増えている。暴力団離脱者支援の取り組みが十分に機能していない現状にあっては、社会的な暴排意識の高まりや当局による摘発、事業者による契約解除等が進んだことで暴力団を追い込んだ事実がある一方で、結局、離脱者による再犯率の高さ、暴力団組織にまた戻る者の多さなどから、「暴排が新たな犯罪を助長している」、「社会全体の危険性がなくなるわけではない」といった厳しい現実が突き付けられているともいえる。

　そして、これらの動きは、組による統制が効かない状況、すなわち暴力団や指定暴力団（ピラミッド型の統制が取れていることが指定の要件の一つ）の枠組みを根本から揺るがす大きな地殻変動を示唆するものであり、いわゆる「貧困暴力団」のあり方が今後の暴力団対策、暴排のあり方に大きく影響を及ぼすのではないかと思われる。具体的には、(1)当局や事業者は、もはや暴力団という組織との戦いから、組織の意向とは関係なく動く個々の組員やそのつながり、共生者や半グレ、暴力団離脱者との連携などとの戦いへ移行しつつあるのではないか、(2)暴力団組織は外圧（暴力団対策法や暴排条例、事業者や市民の暴排意識の高まり）よりむしろ内部から崩壊するのではないか、(3)その前後において、組織から個あるいはその周辺へと取り締まりの重点を移さざるを得なくなるのではないか、(4)暴力団という組織犯罪対策から、犯行グループ単位での犯罪取り締まり、暴力団離脱者支援や再犯防止対策の方が重要性を増していくのではないか、といったことが考えられる状況だ。

　反社会的勢力の定義（捉え方）については、詳しくは後述するとして、(1)「反社会的勢力の不透明化」は、結局は「暴力団の活動実態の不透明化」であり、それとともに、対極にある一般人の「暴力団的なもの」への接近、その結果としての周縁・接点（グレーゾーン）の拡大であって、反社会的勢力自体がア・プリオリに不透明な存在（明確に定義できないもの、本質的に不透明なもの）であるとも言えること、(2)表面的には暴排が進んだとしても、「暴力団的なもの」としての反社会的勢力はいつの時代にもどこにでも存在するのであっ

て、その完全な排除は容易ではないこと、だからこそ、(3)事業者は、その存続や持続的成長のために、時代とともに姿かたちを変えながら存在し続ける反社会的勢力の見極めについて、反社会的勢力の定義自体も時代とともに変遷することも認識しながら、そのような不芳な者とは関係を持たないよう継続的に取組んでいくことが求められていること、つまり、(4)暴力団や「現時点で認識されている反社会的勢力」、便宜的に枠を嵌められた、限定された存在としての、「目に見える反社会的勢力」だけを排除するのではなく、「暴力団的なもの」、「本質的にグレーな存在」として、「目に見えにくい不透明な反社会的勢力」を「関係を持つべきでない」とする企業姿勢のもとに排除し続けないといけないとの認識を持つことが必要、と結論付けられる。

　だが、「貧困暴力団」の問題から関連付られる、暴力団組織の内部統制の緩みと崩壊へのカウントダウン、半グレや共生者の問題、暴力団離脱者支援や再犯防止の問題などの最近の状況を踏まえれば、正にそのような捉え方をしない限り、反社会的勢力への対応は表面的なものに陥り、結局は、反社会的勢力を利することになりかねない懸念がある。

　このように、貧困暴力団が示しているのは、組による統制が効かない状況、すなわち暴力団や指定暴力団の枠組みを根本から揺るがす大きな地殻変動が起きている事実であり、いわゆる「貧困暴力団」のあり方が今後の暴力団対策、暴排のあり方に大きく影響を及ぼすことになる。一方、作家・評論家の宮崎学氏は、「ヤクザの貧困化が進むと外国人の犯罪者グループが跋扈することになる」、「刑法に触れるようなことがあれば、ヤクザでも元ヤクザでもカタギでも、法に従って対応すればいいだけのこと」、「海外の犯罪集団やマフィアなどの無秩序な勢力を抑え込む力は、日本のヤクザには残っていない」、「ヤクザは"悪い存在"だが、存在しているのにはそれなりの理由がある。その理由を鑑みずに排除したところで、"より悪いもの"しか出てこない」といった主旨のことを述べている。

　本書は、暴力団は「社会悪」「絶対悪」であるとのスタンスであり、「必要悪」と捉える考え方には与することはできないが、暴排によって貧困化・離脱が進むことになったとしても、結局、社会に適合できず犯罪を繰り返すことと

なり、社会不安の解消にはつながらないという「暴排のジレンマ」があることは紛れもない事実だ。治安のあり方については、警察当局など国として取り組むべき課題であって、犯罪組織同士の関係で治安が左右されるようなことがあってはならない。とはいえ、同氏の指摘は、貧困暴力団を通じて、今後の暴力団対策のあり方をあらためて考える必要性を感じさせるものだといえよう。

(3)本人確認

　本人確認手続きの脆弱性が犯罪に直結する事例は多い。非対面取引におけるリスクの高さはもちろんのこと、地面師の事件でも明らかな通り、対面取引であっても、なりすましや偽名・借名のリスクを完全に排除できないことをあらためて認識する必要がある。

　例えば、経済産業省の職員が、都内の携帯電話販売店で、身分確認の際に偽造の健康保険証を提示し、携帯電話6台を詐取した容疑で逮捕された（さらに、携帯電話の購入契約に伴うキャッシュバック特典を利用することで、現金計約23万円をだまし取った）事例があった。対面取引であっても、「偽の健康保険証」をその場で見抜けなければこのような被害は生じてしまうことになる。

　また、転売する目的を隠してスマホを契約し、だまし取ったとして、詐欺容疑で会社役員ら3人が逮捕されるという事件があった。この詐欺グループによる被害総額は9億円以上に上ると見られており、転売で得た金が暴力団に流れていた可能性があるという。直接の逮捕容疑は、都内の携帯電話販売店2か所から、実体のない投資ファンド名義でスマホ480台（販売価格約4,200万円）を購入する契約をして、新規契約後3カ月分の基本料金を支払って信用させた上で、より高額な機種への変更、その後、支払いが途絶え連絡が取れなくなるといった手口だった。本件は、携帯電話販売店側が、十分な法人の実在性、稼働状況等の確認をしないまま「実体のない投資ファンド」名義法人との契約を行ってしまったこと、すなわち、大口の法人契約であったにもかかわらず、架空の法人との取引であることを見抜けなかったチェック態勢

の甘さが指摘できる。この事件もまた、対面取引でありながら、実体や実態を十分に確認しない本人確認手続きの脆弱性が突かれたものといえる。

　それに対し、格安スマホにおける、インターネットを通じて身分証の写真画像を送ってもらう非対面取引における本人確認手続きの脆弱性（対面で行う従来型の携帯電話と比べ偽造が発覚しにくい点）への対応として、警視庁とNTTコミュニケーションズの連携によって、警視庁に照会して身分証の発行元に確認してもらう仕組みを構築して犯罪インフラ化を阻止することにつながったという事例もあった。非対面取引の持つリスクの高さに対して、相応の対策を講じたことでリスクを低減できたものと評価できるが、重要なことは、従来の顧客管理プロセスに「警視庁への照会」という新たなプロセスを加える、つまり、利便性を一部犠牲にすることで厳格な顧客管理の実効性を担保している点だ。本人確認手続きにおいては、運転免許証など本人確認書類を「目視」でチェックし、コピーを取る（記録する）ことで終了となるケースが多いが、せいぜい目の前の人物と書面上の人物との同一性を確認するだけにとどまり、書面上の記載内容の真実性・信憑性にまで踏み込んで確認できていない（他の書面や取引全体との整合性まで確認できている事業者はそう多くはない）のであれば、結局、対面取引も非対面取引もリスクに大きな相違を見出すことは難しいといえる。その意味で、この取組みは、（何らかの端緒が感じられたケースのみとはいえ）書面上の記載内容の真実性・信憑性にまで踏み込むチェックを導入することで、本人確認手続きのもつ脆弱性を乗り越えようとするもので、新たな手法として注目されるものだ。

　さて、本人確認については、大きく二つの課題を認識しておく必要がある。
　一つは、犯罪者からみれば、本人確認の厳格化と精度向上は、とてもよい「隠れ蓑」を手に入れたことと同義だということ。反社会的勢力やテロリスト、マネー・ローンダリング実行者などの犯罪者は、自ら直接取引に参加するわけではなく、周辺者やその関係者等を間に幾重にも挟みながら、「真の受益者」である自らと特定取引との関係を分かりにくくしている実態がある。本人確認とは、あくまで特定の対象者の本人特定事項を厳格に確認することであり、

「真の受益者」を徹底的に確認することとは同義ではないことに注意が必要だ。その意味では、AML/CFT（Anti-Money Laundering ／ Counter Financing of Terrorism）の取り組みの厳格化の中で、重要視されているオンラインを通じた本人確認（e-KYC）がその真価を発揮するためには、その周辺・関係性を踏まえて「真の受益者」を確認する「KYCC（Know Your Customer's Customer）の視点」と組み合わせることが必要となる。

　もう一つは、オンラインにおける本人確認の精度・信頼性がこれで保証されたと思ってはいけないということである。「実際に目の前にいる人物の本人確認であれば容易だが、オンラインではなりすまし等を見抜くなど困難だ」という指摘はそのとおりだが、もっと重要なことは、「そもそも対面での本人確認ですら危うい」との認識が必要だという点だ。例えば、ビジネスシーンでは、初対面の際に名刺交換をすることになるが、通常、目の前の人物と名刺上の情報が一致しているとして何も疑わないことが一般的であるところ、犯罪者が相手を騙そうと思えば、仮に戸籍上の名前が「伊藤真一」であっても、名刺上や会社のサイトの役員名を「伊東信一」と表記している可能性があり、残念ながら、私たちの多くは目の前の人物が「伊東信一」であると信じてしまうことになる。実は過去、「伊藤真一」として暴力団に所属して事件を起こしていた人間が、現在、「伊東信一」を名乗っている可能性があるということだ。私たちは、名刺上や会社のサイト情報をもとに「伊東信一」で反社チェックを実施することもあるが、「伊東信一」で該当がなければ、「問題ない」と判断して関係を持つことになるだろうから、結果、属性上問題のある「伊藤真一」と関係を持つことになる。このような簡単な手法だけでデータベース逃れを行うことができるのであって、名刺交換をしたところで、それだけでは本人であることを確認したことにはならないと認識する必要があるということだ。

　そして、このような対面での本人確認を過信して大きな事件となったのが「地面師」の事件だった。前述したので割愛するが、KYC（Know Your Customer）チェックとは、本来はこのような取引上の懸念がないかといった「目利き力」を総合的に駆使していくことが必要である。とはいえ、現実は、騙された後

に気付くことが多く、未然にリスクを察知するのは困難なほど用意周到に準備されており、プロでも騙されてしまうというのが実情である。用意周到に準備された場合、対面であっても、厳格な本人確認手続きを行ったとしても、なりすましや偽装を見抜くのはそれだけ難しいということである。ましてやオンラインなど非対面での本人確認手続きの場合、認証技術の精度への過度の依存、偽造技術との戦いなどの不確定要素もあること、e-KYCだとしても、100％の精度は難しいこと、さらには、厳格なe-KYCを隠れ蓑とするKYCCの視点もあらためて加味することを認識する必要がある。

　また、「なりすまし」や「偽名」以外にも、「ネーム・ローンダリング」という「結婚・離婚・養子縁組」や「偽装結婚・偽装離婚・偽装養子縁組」といった形で名前を偽るなどしてデータベース逃れ・ネット検索逃れを行う事例も数多く存在する。

　このあたりの論点について、考えさせられる一つの事例を紹介する。それは、暴力団関連事件の捜査に協力した男性が、暴力団の報復を避けるため東京家裁に戸籍上の姓名の変更を申し立て、両方の変更が認められたというもの。男性は過去に暴力団関係グループに長期間所属しており、ある事件の捜査に協力、その結果、グループトップの逮捕に至るも、男性自体もその過程で逮捕された。男性は現在も警察による24時間警護の対象となっているが、報復を恐れて仮名で生活するも、住居や携帯電話の契約など日常のほとんどの場面で身分証明書の提示を求められ、「証明書に記された本名が何かのきっかけでグループの知り合いに伝わり、居場所がばれてしまいかねない」と不安を感じながら生活してきたという。（家裁も簡単には認めなかったということだが、最終的には認められたが）そもそも姓名ともに変更が認められるのは極めて異例であるところ、この男性は「捜査協力者の氏名変更を容易にすべきだ」と訴えているというものだ。

　ネーム・ローンダリングと真逆の理由からの姓名の変更だが、本件は、暴力団関係者の「ホワイト化」が公的に認定されたという極めて重い側面があることに留意する必要がある。報道によれば、この男性は現時点で暴力団関係

者とは関係ない状況にあると思われ、属性は「ホワイト」だとみなせるが、一方で、反社チェックの実務からいえば、このようなケースは極めて稀であり、通常は、「暴力団関係者」としての「逮捕歴」があること（さらには、「ホワイト」であることを示す情報がなければ）から厳しい判断がなされる可能性が高いケースだといえる。それが、フルネームの変更が認められたことで、データベース上は全くの「別人」となること＝「ホワイト化」という公的なお墨付きを得たことなり、今後、データベースに該当することはなくなることになる。

　現状、法人の「ホワイト化」は暴排実務における重要な課題の一つとなっており、レピュテーション・リスクをいかに払拭するかがポイントとなるが、極めて困難なことが多い。あくまで、事業者が自らの潔白性・健全性を対外的に示し続けることが重要だが、周囲がそれをどう判断するかは別の問題である。そして、「ホワイト」かどうかの判断は、あくまでレピュテーション・リスクの観点からどこまで具体的に確認するかに左右される危ういものでもある。それに対し、本件は、公的に「別人」となることを認定したものであり、そのことの重大性を踏まえれば、あくまで個別の事情を汲んだものと限定的に捉えるべきだといえる。

　ただ、一方で、姓の場合は「やむを得ない理由」、名の場合は「正当な理由」があると判断した場合に変更を認められており、許可基準自体は名の方がより緩やかとされるが、申立件数は親が離婚した子のケースなど姓の方が多いという。最高裁の統計によると、平成28年中に家裁が氏の変更を許可したのは12,017件、却下は324件で、名の変更を許可したのは4,654件、却下は422件ということであり、想像以上に「やむを得ない理由」や「正当な理由」が認められている実態がある。偽装離脱やネーム・ローンダリングによる犯罪が横行する中、「報復の恐れ」だけで安易に姓名の変更が認められるべきではないと考えられ、家裁の認定も慎重になされているものと思われるところ、実際に「エセ・ホワイト化」がなされた事例もあるのではないかと懸念される。

　関連して、平成30年に導入されたいわゆる「日本版司法取引」においては、組織犯罪対策の観点から犯罪組織の実態解明や事件の全体像の把握が期待さ

れているものの、この男性のように、自白(情報提供)によってその後の生活が脅かされることが予想される状況で本当に活用されるのか懸念が残るのも事実である(工藤会の一連の裁判からその困難さが実感される)。

それに対し、米の証人保護プログラムなどのような強力な仕組み・後ろ盾が必要だとの意見もある。米の証人保護プログラムは、住所が特定されない場所に政府極秘の国家最高機密で居住、内通者により居所が知られないとも限らないので、パスポートや運転免許証、果ては社会保障番号まで全く新しいものが交付され完全な別人になるものだが、これにより、やはり犯罪者の「ホワイト化」の問題が生じることになる。組織犯罪に所属した人間であれば、証言と引き換えに反社チェックなどから完全に逃れることができることになり、それが本当に正しいことかは慎重な検討が必要だといえよう(一方で、課徴金減免制度が予想以上に機能している現状もあり、組織犯罪対策としてどうあるべきかについては、さらに悩ましい問題である)。姓名の変更事例や日本版司法取引の導入など、本人確認を巡っては、今まさに、組織犯罪対策における捜査協力者の保護のあり方が問われているといえる。

(4)社内暴排

平成30年7月、和歌山県は、従業員が暴力団に関係していたとして、建設業法に基づき土木建築会社「酒井組」の建設業許可の取り消し処分をした。和歌山県の文書によると、「株式会社酒井組の元和歌山営業所長は、和歌山営業所長(建設業法施行令(昭和31年政令第273号)第3条に規定する使用人)であった当時、暴力団員による不当な行為の防止等に関する法律(平成3年法律第77号)第2条第6号に規定する暴力団又は同号に規定する暴力団員でなくなった日から5年を経過しない者に該当していることが判明した。このことが、建設業法第29条第1項第2号に該当すると認められる」として、建設業許可の取消しがなされたものである。なお、同法では「第8条の・・・いずれかに該当するに至った場合」に許可が取り消されるものとされており、具体的には、「九　暴力団員による不当な行為の防止等に関する法律第二条第六号に規定する暴力団員又は同号に規定する暴力団員でなくなった日から

五年を経過しない者」、「十一　法人でその役員等又は政令で定める使用人の
うちに、第一号から第四号まで又は第六号から第九号までのいずれかに該当
する者(第二号に該当する者についてはその者が第二十九条の規定により許
可を取り消される以前から、第三号又は第四号に該当する者についてはその
者が十二条第五号に該当する旨の同条の規定による届出がされる以前から、
第六号に該当する者についてはその者が第二十九条の四の規定により営業を
禁止される以前から、建設業者である当該法人の役員等又は政令で定める使
用人であった者を除く。)のあるもの」に該当したものと考えられる。さらに、
建設業法施行令(抄)において、「使用人」については、「支配人及び支店又は
第一条に規定する営業所の代表者(支配人である者を除く。)であるものとす
る」と規定されている。

　本件については、報道によれば、酒井組が3月、和歌山市に新たに開設し
た営業所の50代の男性所長が暴力団関係者だったということであり、同社
から提出された書類を基に、県警に問い合わせて判明したとされている。し
たがって、同社はこの所長が暴力団関係者であることを知らずに雇用してい
た可能性が高いと推測される。建設業の許可が取り消されることは、まさに
業績・信用・レピュテーション等に大きな影響を及ぼしかねない深刻な経営
リスク、「企業存続の危機」であり、従業員(営業所長)に暴力団関係者がいる
ことをもってそのような大きな危機に直面してしまうことも、反社リスクの
大きさ・怖さとあらためて認識する必要がある。このような状況を鑑みれば、
役員や従業員を対象とした反社チェックを実施することの是非も真剣に議論
されるべきものといえる。

　では、この「役員・従業員からの暴排」、すなわち「社内暴排」にどう取り組
むべきかについて考えてみたい。
　企業が行うべき「社内暴排」の具体的な取り組みとしては、取引先と全く同
様との考え方に基づき、(1)役員・従業員に対しても反社チェックを行うこ
とや、(2)入社時や入社後にも定期的に「反社会的勢力と関係がないことの確
認書(誓約書)」を提出させること、(3)就業規則への暴排条項の導入や反社会

的勢力対応規程等の制定、(4)反社会的勢力に関する社内ルールの周知徹底や研修の実施、及びそれを通して、(5)日常業務をはじめ反社会的勢力の端緒を得たときの会社への報告義務を課すといった、「入口」「中間管理」「出口」における様々な施策が考えられる。

　例えば、採用時に応募者本人に対して、「現在、反社会的勢力でないかどうか」「過去、反社会的勢力であったかどうか」質問してもよいかといった問いをよく受けるが、原則として、現時点の状況については許されるものの、過去については、一定期間の加入歴等の質問にとどめるべきではないかと考えられる。企業内に反社会的勢力が侵入することの危険性や企業内秩序の維持の観点などから、「反社会的勢力でないこと」や「密接交際者でないこと」は本人の「適性」に関する事項であって、違法なプライバシー侵害にはならないと考えられる。また、暴排条例の主旨(関係者が暴力団関係者でないことを確認するよう努めるものとする、などの努力義務)からも、労働契約の締結に先立ってこれらの確認をすることが求められていると解釈できるだろう。一方、過去については、(暴力団離脱者支援の問題が顕在化している中)そもそも更生を妨げるおそれや、関係を断ってから相当の期間が経過しているような場合にまで、本人の「適性」として質問することは認められ難いものと考えられる。したがって、質問の範囲も限定したものにとどめるべきということになる。

　また、就業規則に暴排条項を導入すること(あるいは、反社会的勢力排除規程などの制定)については、会社の姿勢を明示して暴排に向けた役員・従業員の意識の統一を図ること、明文化することで外部からの侵入に対する予防・抑止的効果が期待できること、万が一の際の裁判規範として、雇用契約の解消(普通解雇・懲戒解雇等)をより円滑に進められる効果も期待できるといったメリットがある。また、実際に導入すべき内容としては、服務規律として、「反社会的勢力に属さないこと」「密接な関係を持たないこと」はもちろん、「一切の関係を持たないこと」まで記載することも考えられる。さらに、「関係を知った場合の会社への報告義務」「反社チェック等の会社の定めたルールに従って業務を適正に実施すること」等についても十分に考えるべき内容で

あり、どこまで記載するかは企業のリスク判断事項となる。また、これらを踏まえて解雇事由や懲戒事由についても検討する必要がある（例えば、一切の関係遮断をうたいながら、密接な関係とは言えない程度の私的な接点をも懲戒の対象とすべきかどうかは議論の余地がある）。

　社内暴排のベースとなる考え方は、「雇用契約もまた事業にかかる契約の一つであって、取引先からの暴排と基本的には同様のスタンスを持つべきだ」ということである。さらには、社内暴排は、現在及び将来にわたって、反社会的勢力が役職員として、あるいは役職員を介して企業に侵入することを防止するほか、企業の暴排の取り組みに実効性を持たせるために必要な「意識」付けにとって重要な取り組みの一つであると認識し、これによって、反社リスク対策全般の底上げを図っていただきたい。

（5）犯罪インフラ

　特殊詐欺における「他人名義の携帯電話」、「他人名義の口座」、「（ターゲットとなる個人情報が掲載された）名簿」を「三種の神器」というが、前述した地面師事件における「偽のパスポート」など、犯罪を助長するツールや、それを提供する事業者が世の中には存在する。本書では、これらを総称して「犯罪インフラ」「犯罪インフラ事業者」と呼ぶが、それには、前述した本人確認手続きの脆弱性や自治体による許認可手続きの脆弱性なども広く含まれる。犯罪インフラ事業者を直接、反社会的勢力と認定できるかどうかは議論の余地があるにせよ、そのような事業者と取引をすることで、自社が「間接的に」犯罪を助長しかねないことから、「関係をもつべきではない」とのスタンスを明確にすることが重要だと考える。以下、最近の事例から代表的なものを一部紹介する。

①電話

　特殊詐欺犯にとって欠かせない道具である携帯電話だが、大阪府警は不正契約の疑いがある携帯電話について、事業者側に強制解約を促す取り組みを進めており、平成30年は1,116回線の情報を提供し、大半が格安スマホだっ

たという。また、多くの特殊詐欺では発信元をたどりにくい電話転送サービスが使われている。犯罪による収益の移転防止に関する法律（犯収法）では、悪用を防ぐため事業者に対し、サービス提供先の身元や利用目的の確認、契約書類の保管などを義務付けているが、全国の警察が特殊詐欺犯に電話転送サービスを提供した事業者について調べたところ、利用目的の確認を怠るなど悪質な法令違反の件数が昨年1年間で44件に上ったという。前年は9件で、約5倍に急増しており、「詐欺グループと分かっているのに契約する事業者も多い」との実態も報道されている。正に電話転送サービスが「犯罪インフラ」化している状況だが、一方で、現行法ではこうした事業者の立件が難しい現実もある。格安スマホの中には、インターネットで契約できるものも多く、その手軽さが悪用されている。格安スマホの契約手続きの持つ脆弱性が特殊詐欺などの犯罪を助長しているという意味で、「犯罪インフラ」化しているともいえ、より厳格な本人確認等を通じて不正契約を排除していくことが望まれる。

　また、特殊詐欺では被害者の多くが自宅への電話でだまされている。さらに、犯罪に使われた電話の8割がアナログ回線やIP電話であり、その番号は市場で売買され、犯行グループが電話転送サービスを悪用するなど、電話の「犯罪インフラ」化が進んでいる実態がある。令和元年6月、政府が新たに策定した「オレオレ詐欺等対策プラン」では、警察などが大手通信事業者に協力を要請し、悪質な再販業者が大手事業者と新規の番号契約をできなくしたり、詐欺に使われたことが判明した番号を利用停止にする取り組みが明記され、9月より運用がスタートした。そもそも固定電話はユニバーサルサービスであって、「社会インフラ」だから制限できないとされてきたところ、ようやく「犯罪インフラ」化の阻止に動き出したことは評価できるものだ。とはいえ、特殊詐欺が長年、極めて深刻な被害をもたらしてきたことは明らかであり、それを「社会インフラ」の名の下に「犯罪インフラ」化を放置してきた「不作為」は問題だ。一般的に、「規制」は被害の発生を受けて事後的に導入されるものではあるが、「規制」のあり方こそ社会情勢の変化に敏感でなければならないだろう。

② 自治体の手続きの脆弱性／生活保護（貧困ビジネス）

　平成30年10月、健康保険証を不正に取得し診療費の支払いを免れたとして、兵庫県警暴力団対策課などが、詐欺の疑いで、六代目山口組直系岸本組組長を逮捕した。大阪府藤井寺市に居住していないのに同市に国民健康保険証を交付させ、大阪府内や兵庫県内の医療機関10カ所で診療を受け、診療費約17万円の支払いを免れたという。この事例は、自治体の国民健康保険証の交付手続きの脆弱性が突かれた形であり、その手続きの脆弱性自体が「犯罪インフラ」となってしまっている（自治体の犯罪インフラ化）と指摘できる。

　また、同年には、警察庁がインターネット上の医薬品の無許可販売や無承認医薬品の広告に対する集中取り締まりで、警視庁など12都道府県警が医薬品医療機器法違反の疑いで6人を逮捕、11人を書類送検し、22カ所を家宅捜索したという事例もあった。この取り締まりは、ネットを介して国境を越える医薬品の違法販売を防ぐため、国際刑事警察機構（ICPO）の調整で61カ国・地域が参加したものであり、国内では捜索でED（勃起不全）治療薬、やせ薬などの医薬品648点を押収、事件に使われた疑いがある12口座について金融機関に通報したという。ネット上の非対面取引による医薬品販売については、無許可販売等が横行しており、転売等の犯罪の温床となっている実態がうかがえる。

　さらに、この犯罪インフラは、暴力団による「生活保護ビジネス」としての生活保護受給者を利用して向精神薬の転売を図る新手の「貧困ビジネス」との関係が深いことが指摘できる。生活保護法では、生活保護受給者は、福祉事務所が発行する医療券を使うと、指定医療機関で投薬や手術などが無料で受けられる仕組みとなっているが、ここに暴力団が注目し、医療費のかからない生活保護受給者に病気を装わせて受診させ、処方を受けた向精神薬を廉価で買い取って、インターネットで転売するというスキームが存在している。過去、麻薬及び向精神薬取締法違反（営利目的譲渡、所持）などの事件も起きており、例えば、平成22年10月に大阪で発生した事件では、不眠治療などに用いる向精神薬約1,000錠をインターネットで知り合った数人に約12万円で販売し、3年間で2,000万円近く稼いだといったものもある。この事件では、

知り合いの暴力団関係者を通じて生活保護受給者に向精神薬の入手を依頼するため、医療機関に通わせ、医師に「眠れない」などとウソの症状を申告させたという。

また、「貧困ビジネス」としては、ホームレスを無料低額宿泊所に住まわせ生活保護費を搾取する「囲い屋」もあり、本人に医療負担がない点を悪用させ、医療機関をはしご受診させて大量の向精神薬を入手し転売している実態がある。さらに、この事件では、ハルシオンやエリミンなどの睡眠薬や、レキソタンやデパスなどの精神安定剤の30数種類の向精神薬や医薬品が押収されており、1ヶ月に1種類あたり約220錠を入手した例もあるというから驚く。このように犯罪や暴力団との関わりが危惧される、医薬品のインターネット無許可販売は、正に「貧困ビジネス」として「犯罪インフラ」化が進行しており、これ以上放置するわけにはいかない。

③休眠NPO法人

平成30年11月5日付の毎日新聞によると、本来監督すべき自治体も「野放し」と自認する休眠中の特定非営利活動法人(NPO法人)について、約12%が休眠状態に陥り、中には詐欺や売春の舞台になるケースさえあるという。実は、平成25年に国の有識者会議が休眠NPO法人の問題について、「不正の温床になりかねない」とする報告書をまとめたが、いまだに手つかずのままであり、特定非営利活動促進法(NPO法)施行から20年の節目を迎えたNPO法人の「犯罪インフラ」化が懸念される。

具体的な休眠NPO法人を巡る事例としては、(1)警視庁が平成30年6月、貸金業者から債務者に返還されるべき過払い金をだまし取った詐欺の疑いで実質運営者2人を逮捕した事件で休眠NPO法人が売買されている実態が明らかになったもの、(2)暴力団が絡む事件では、平成16年、山口県長門市のNPO法人「環境福祉ながと支援協会」の理事長が、暴力団組長と共謀して地元の建設会社社長に因縁をつけて100万円を脅し取ったとして山口県警に恐喝容疑で逮捕された例もあり、NPO法人が舞台となった(暴力団の隠れ蓑だとして認可が取り消された)。また、それ以外にも、(3)愛知県のNPO法人

理事長らが廃棄物処理法違反容疑で逮捕された事件では、設立以降、事業報告書を提出していない実態があり、休眠NPO法人が詐欺グループに転売され、その後、口座が詐欺に悪用された。さらには、(4)横浜市を拠点に全国で慈善事業を手掛けていた二つのNPO法人が法人名義で契約していた携帯電話約2,000台が、不特定多数の手に渡り、少なくとも100台が振り込め詐欺や薬物密売、強盗、暴力団の対立抗争などに使用されていた事例もあった。また、(5)「収支ゼロ」とする書類を県庁に提出している石川県のNPO法人が、法人名義の口座で約1,000万円を受領していたことが判明、他界した人物をメンバーとして届け出たり、インターネット上で法人を販売しようとしたりしていたこともあり(仲介業者を通じて一時、数百万円で売りに出されていたという)、石川県は理事長から説明を求めるなど調査を始めたといったものまであった。

　さらに、平成30年には、(6)福岡県警が、休眠NPO法人について「暴力団の統制下にある」と結論づけて、福岡県に通報(結局は自主解散)するという事例もあった。このNPO法人は平成14年に福岡県内に設立され、人権擁護運動をするはずだったが、「面倒くさくなって」放置し、休眠状態になったところ、平成20年10月になっていきなり理事が44人に急増、平成21年6月には50人に達したという。報道によれば、これらの大半は暴力団関係企業(フロント企業)の役員など、いわゆる暴力団関係者だといい、暴力団側の動機や乗っ取り後に何をしたのか詳細は不明だが、寄付で感謝状を受け取るなどしていることから、「肩書取得」による信用獲得が目的ではないかと見られている。なお、福岡県警は、福岡県に対する通知文書の中で、(1)暴力団員との共犯被疑者(容疑者)として代表理事や多数の理事が逮捕、起訴されている、(2)多くの理事が暴力団関係企業の理事等を兼任している、(3)役員人事は全て暴力団幹部の指示のもとに行われている、などと指摘したという。

　さて、本来、NPO法人を所管するのは各自治体である。報告書が未提出の休眠NPO法人が多いのは事実であり、そのような場合、特定非営利活動促進法(NPO法)は、「過料を科す」「認証を取り消すことができる」と定めるが、厳格に適用するかどうかは各自治体に任されている。しかも、報道によ

れば、ある自治体の担当者は、「報告書さえ出せば、活動実績がなくても手が出せない。実態把握は難しく野放しだ」と述べ、自治体自体のリソースの問題も絡み厳格な管理も望めない状況であり、NPO法人の犯罪インフラ化の懸念はますます大きくなっている。翻って、チェックする側の企業としては、NPO法人だからといって安心することなく、実在性や稼働実態も含めて確認をしていくことが必要だといえる。

図表1-2　反社会的勢力とは～犯罪インフラ

犯罪インフラの動向

- ●レンタル携帯電話（及び事業者）
  98%以上で偽造や他人の運転免許証／9割以上の経営者が詐欺やヤミ金、薬物密売経験
- ●格安スマホ・レンタルサーバー
  契約手続きの脆弱性（偽名・借名・なりすまし等による本人特定の困難さ）
- ●空き家
  特殊詐欺の現金送付先／ネット通販の不正利用（転売品の受取先）
- ●ネーム・ローンダリング
  知的障害者を偽装養子縁組・知らない間に養子縁組
- ●貧困ビジネス（公的制度の悪用）
  生活保護不正受給／向精神薬の密売／生活保護費が薬物購入に充てられている

犯罪や反社会的勢力の活動を助長する者は（例えば「公序良俗に反する事業や行為」として）排除してくべきではないか？

（6）忘れられる権利

　反社チェックの主要な手法の一つであるインターネット検索については、いわゆる「忘れられる権利」の動向に注視する必要があるが、平成29年1月、最高裁が初の判断を示している（厳密にいえば、忘れられる権利に直接的に言及したわけではなく、従来の「表現の自由」や「知る権利」の枠組みからの判断したもの）。

　自分の過去に関するネット情報を削除したい場合は、従来、情報発信者に直接削除を求めるケースが主流で、日本においては欧州等と比較して特にそれが機能しているとされる。ただ、それでもなお、近年は情報にアクセスす

るルートを絶つために、検索事業者に検索結果の削除を求める手法へと変化しつつあり、そのようなタイミングでの今回の最高裁の判断が出たといえる。

判決では、まずは、「情報の収集、整理及び提供はプログラムにより自動的に行われるものの、同プログラムは検索結果の提供に関する検索事業者の方針に沿った結果を得ることができるように作成されたものであるから、検索結果の提供は検索事業者自身による表現行為という側面を有する」とし、削除請求の対象となるとの初判断が示されたうえで、その削除については、「当該事実を公表されない法的利益と当該URL等情報を検索結果として提供する理由に関する諸事情を比較衡量して判断すべきもので、その結果、当該事実を公表されない法的利益が優越することが明らかな場合には、検索事業者に対し、当該URL等情報を検索結果から削除することを求めることができるものと解するのが相当」と指摘している。

言い換えれば、検索結果を広く提供する必要性に対して、プライバシーが明らかに優越することが明らかな場合に限り、削除を求めることができるとするもので、事実上、忘れられる権利を認めるケースを限定的に捉え、情報の公共性を重視したものといえる。そして、削除を認めるかどうかの検討においては、「当該事実の性質及び内容」、「当該URL等情報が提供されることによってその者のプライバシーに属する事実が伝達される範囲とその者が被る具体的被害の程度」、「その者の社会的な地位や影響力」、「上記記事等の目的や意義」、「上記記事等が掲載された時の社会的状況とその後の変化」、「上記記事等において当該事実を記載する必要性」の6項目を考慮要素として判断すべきと示された点が大きな意義を持つものといえる。

そのうえで、個別事情について、「児童買春が児童に対する性的搾取及び性的虐待と位置付けられており、社会的に強い非難の対象とされ、罰則をもって禁止されていることに照らし、今なお公共の利害に関する事項である」こと、「本件事実が伝達される範囲はある程度限られたもの」であること、「抗告人が妻子と共に生活し、罰金刑に処せられた後は一定期間犯罪を行うことなく民間企業で稼働していることがうかがわれることなどの事情を考慮」しても、本件事実を公表されない法的利益が優越することが明らかであるとは

いえない」として、削除は認められないと判断された。現時点の実務では、グーグルやヤフーは独自基準を設けて削除要請に対応しているが、今後、今回の最高裁の判断を踏まえた国内のルール整備が喫緊の課題となるといえる。

　ただ、今回の判断が、「表現の自由」や「知る権利」を重んじたのは評価できるとしても、「公共性」と「時間の経過」の比較衡量の観点（何年たてば犯罪報道の公共性がなくなるのか）からの判断が「明確に」示されなかった点（考慮要素の中に「社会的状況のその後の変化」との文言はあるが）は残念で、このあたりは、さまざまな個別の事情についての今後の裁判実務に委ねられることになり、実務上の課題としては残ることになる。犯罪歴は、慎重な配慮を必要とする個人情報（改正個人情報保護法における要配慮個人情報）であり、過失などの軽微な犯罪歴まで、誰でも検索可能な形でネット上に掲載し続けることは、人権上、まったく問題がないとは言えず、そのバランスが判例の積み重ねにより妥当なところで収斂していくことを期待したい。

　そして、暴排実務との関係でいえば、今後、重要と思われるリスク情報（つまり、今、削除されるべきでない個人情報）について、前述の6項目の判断考慮要素が明確になったにもかかわらず、一方で、「報道されない」「匿名報道される」「削除される」傾向が一層強まり（つまり、端的に言えば、「忘れられる権利」が、結果的に「表現の自由」や「知る権利」を凌駕する状況）、事業者が取引可否判断に必要な真実にアプローチしにくくなることが、現実的に大きな懸念事項として顕在化してきている。今後の個人情報保護法改正やEUデータ保護指令などの影響も見極める必要があるが、（特殊詐欺事案や性犯罪なども含めるべきところ）少なくとも暴排実務に関する情報については、反社会的勢力を排除するという社会的要請が強く存在する以上、これらの動きとは関係なく、「地域性」を超えて、きちんと「実名」で報道され、「時間の経過に伴う公共性の減少」の概念の適用外として運用されることが望ましいといえるのではないだろうか。

（7）暴力団離脱者支援

　暴排条例をはじめ個人や事業者の暴排意識の高まり等によって暴力団等の

反社会的勢力の資金源は枯渇の一途を辿り、暴力団離脱者も増加しているにもかかわらず、現時点では、社会復帰したくても許容しない、社会的受け皿がほとんど存在していない現実がある。本来的には、暴力団離脱者を事業者や地域社会という「コミュニティ」の一員として受け入れ、「就労を通して更生していく」ことが、彼らを再び犯罪的生活に戻らせないために決定的に重要であり、暴排と暴力団離脱者支援対策は表裏一体のものとして捉える必要がある。それに対し、事業者等が、懸命な取り組みによって排除した彼らを今度は雇い入れるというのは、現実的なリスク認識（再犯・逃亡・トラブルなど）だけでなく「心情的に抵抗がある」のも理解できるところであり、事業者がその社会的コストを負担できるとすれば、（あくまで私見だが）少なくとも以下の4つの要件が社会的な合意事項として揃った場合に限られる（逆に言えば、目指すべき方向性が見えてきた）と提言しておきたい。

---

(1) 更生に対する本人の意思が固い事（離脱＝更生＝暴排＝反社排除の構図が成立すること）

(2) 本人と暴力団との関係が完全に断たれていること

(3) 5年卒業基準の例外事由であると警察など公的機関が保証してくれること（公的な身分保証の仕組みがあり、それによって事業者がステークホルダーに対する説明責任が果たせること）

(4) 事業者の暴排の取組みの中に離脱者支援対策の視点が明確に位置付けられること（離脱者支援対策が社会的に認知され受容されていること）

　もちろん、反社リスクへの対応が各社の自立的・自律的なリスク管理事項である以上、CSRや社会貢献の観点なども踏まえ、暴力団の離脱者支援に積極的に取組むという事業者が存在する一方で、現実の「更生の難しさ」「再犯可能性の高さ」「会社や社員がトラブルに巻き込まれるおそれ」などから慎

重なリスク評価を行う事業者があっても、それ自体何ら問題があるわけではない。ただし、後者の立場であっても、少なくとも、リスクテイクして取組んでいる前者の事業者や本人の更生の努力を妨げてはならないし、むしろ、積極的に「理解」していこうとすべき状況との認識は必要ではないだろうか。

　離脱者支援はまだまだ道半ばの状況だが、事業者が積極的に取組めるだけの環境、その要件が明確になりつつあり、広域連携の拡がりなどその基盤が整備されつつあるという現状は、一歩前進といえる。その直近の状況については、例えば、暴力団を離脱した元組員の社会復帰を支援するため、自治体の枠を越えて就労先を紹介する全国規模の広域連携が拡大している状況にあり、平成28年2月に福岡県の協議会が中心となって14都府県でスタートし、平成30年12月時点で広島、香川、兵庫など31都府県に広がり、受け入れ先として登録する事業者は計約650社に上るという。少しずつ社会的な合意事項が拡がっていることを実感できる数字だろう。一方、前述した警察庁の「平成30年における組織犯罪の情勢」によれば、平成30年中、警察及び都道府県センターが援助の措置等を行うことにより暴力団から離脱することができた暴力団員の数については、約640人であり、平成28年末、平成29年末と3年連続して同数となっていることから、足踏み状態が続いているようにも思われる。本問題については、廣末登氏の論考（現代警察159号, 33〜39頁）から、重要と思われる点を抜粋して紹介しておきたい。

●職業社会での安定的な就業は、暴力団離脱者の社会復帰における重要な要素です。暴力団離脱者の職業生活に関して重要なことは、彼らが「カタギ」の職業に就業できるかということ自体であり、社会復帰の成否も、これにより大幅に左右されるのです。（略）社会復帰の成否は、誰が、どのようにして判断するのか—この問題を行政任せにすることに筆者は違和感を覚えます。暴力団離脱者問題が社会で注視されるいまこそ、研究者、民間団体、そして地域社会に暮らす我々一人ひとりが、議論を深めるべきではないでしょうか。

●現時点では、離脱者が社会復帰したくても許容しない現実があります。そうなれば、彼らは生きるために、違法なシノギを続ける選択肢しか残されていません。筆者は、調査過程において、社会に受け入れられなかった離脱者が、アウトローとして違法なシノギを選択する様を目にしてきました。それはたとえば、覚せい剤の密売、恐喝、窃盗、強盗、人さらい、詐欺行為等です。(略)社会的に排除され、追い詰められた離脱者は犯罪をエスカレートさせています。

●注意すべきは、社会復帰できなかった離脱者が、社会の表裏両方でアウトローとなっている可能性です。(略)アウトローに掟という楔は存在しません。どんなことでもシノギにする危険な存在なのです。

●暴力団離脱を促進させるためには、離脱におけるプッシュ要因「北風の政策」と、プル要因「太陽の政策」を念頭に置く必要があるということです。暴力団離脱におけるプッシュ要因とは、暴力団に居続けることへの魅力の欠如です。(略)一方、プル要因とは、個人のライフコースにおける暴力団以外の新たな合法活動と道筋に引き付ける環境と状況を指します。それはたとえば、個人が配偶者や子どもを持ち、地域社会に再統合されて就職することです。欧米のギャング離脱研修を参考にすると、こうしたプッシュとプル要因の積み重ねの効果に注目しています。(略)しかし、もし、プッシュ要因のみが強くなり、暴力団を辞めても一般的な社会に戻れないとしたら、家族がありながら職に就けないとしたらどうでしょう。現在、暴力団に在籍している離脱予備軍の離脱を阻む壁を一般社会が作ってしまうことになります。

●筆者は、社会的排除だけではなく、社会的包摂、社会的受け皿の存在こそ、暴力団離脱者問題を好転させると確信します。(略)近年、官民が協働して、暴力団離脱者の社会復帰に向けて具体的な一歩を踏み出しました。(略)【ちなみに、2017年に警察や暴追センターが離脱支援した640人のうち、就労まで支援できた者は全国で37人。そのうち17人は福岡県において就労支援された者といいます。「どこの自治体でも福岡県と同質の支援が受けられたら、社会復帰できる離脱者は増

える」と福岡県暴追センター専務理事。】これらの試みを、より実効的なものとするためにも、一般社会の意識改革や元暴5年条項適用条件の検討等を、同時並行的に行う必要があると考えます。社会的包摂の主体は、行政に加え、企業や地域社会に生きる我々です。暴力団離脱者に限らず、更生したいと願う者を受け入れる健全な社会無くして、真の安心・安全な社会の実現は難しいと考えます。

　反社リスク対策、暴排に取り組む全ての事業者が、暴排が結局は社会不安の解消に役立っておらず、むしろ離脱者の更生を妨げ、犯罪を再生産しているのではないかといった問題意識を一方で持つ必要がある。さらにいえば、暴力団やギャングだけでなく、ローンウルフ型テロリストの過激思想化の阻止や犯罪者の再犯防止の観点からも、「社会的包摂」「社会的受け皿の存在」が極めて重要ではないかと思われる。それはつまり、多様性の受容や再チャレンジできる社会、寛容さが浸透した「健全な社会」こそ、真の安心・安全な社会のベースだということでもある。廣末氏が指摘するとおり、もっと地に足の着いた具体的な支援策、公的な保証、社会全体による社会的包摂のあり方の模索が求められているといえる。

3．最近の事例から反社リスクを考える

　反社リスクは視点によって多様な姿を見せるものであることから、よく知られた事例を取り上げ、さまざまな反社リスクの存在やその対策のあり方、方向性について考えてみることとしたい。

（1）吉本興業「闇営業問題」

①ビジネスモデルと反社リスク

　令和元年6月、吉本興業などの芸人らが、会社に無届け（いわゆる「闇営業」）で反社会的勢力のイベントに出席、報酬を得ていた事案が発覚した。同社で

は、過去の反省を踏まえ継続的にコンプライアンス研修を繰り返し実施してきた。具体的には、（1）外部の調査企業と提携し、徹底した調査をしている、（2）会社の顧問に警察OBを迎え入れている、（3）東京都、大阪府の暴力追放推進センターと連携している、（4）コンプライアンスに関する小冊子を作成している、（5）年に数回、現役の警察の職員を招いて講演を行っている、（6）万一、芸人や社員が予期せぬ形で反社と遭遇してしまった場合に備えて、顧問の警察OBや総務部、法務部の人間が24時間対応する電話窓口を社内に設けている等があげられ、同社社長も、「反社との決別について、日本で一番厳格な会社になる」と語っていたほどだ。

　しかしながら、たとえ「知識」を伝えることはできても、一人ひとりの「常識」や「良識」にまで働きかけることはできなかったということになろう。さらにいえば、そもそも「闇営業」というルール違反に踏み込むかどうかや、相手の素性の確認、相手を反社会的勢力と認識した場合の対応さえ、結局は一人ひとりの「倫理観」「良識」「リスクセンス」などに委ねられてきたのが実態であって、反社リスクの高い業界の中心に位置する同社としては、リスクの高さに見合ったルール・制度上の脆弱性があったことは否定できない事実である。

　同社がどれだけ取り組んできたつもりでも一部の綻びによって極めて大きな「レピュテーション・リスク」に晒されてしまう反社リスクの恐ろしさを目の当たりにしたことは、多くの事業者にとって「対岸の火事」ではなく、正に「他山の石」として厳しい自省につなげるよい機会にすべきだ。コンプライアンス・リスク管理が真に機能するためには、「知識」だけでなく「常識」や「良識」レベルにまで落とし込み、一人ひとりのリスクセンスを磨いて底上げを図ることが求められるが、その困難さがあらためて痛感される。この点について、同社の会長も、「やれることは、出来ていたつもりだった。でも今回こういうことがあった。まだまだ道半ばで、本当に芸人それぞれ一人ひとりの心のところまで、ちゃんと吉本興業の思いが伝わっていなかったのかな」と反省の弁を述べているが、事業者としては、今回のような不祥事を受けて、自社のルールや制度の不備を見直すこと、継続的に改善内容を落とし込んでいくこと、徹底したモニタリングを行って効果を検証していくことなどが、今す

ぐ「できること」、「すべきこと」として重要だ。

　そのうえで、何より重要なことは、その「根本的な背景要因」を突き止め、根本的な改善に向けて取り組むことであり、その出発点となるのが「ヒアリング」など「徹底的な実態把握」だ。同社は、初めて全員と確認書を取り付ける取り組みを行ったが、事業者ができる「目に見える」取り組みとして極めて望ましいものの、その効果（現時点での深い理解、今後も行動を規律し続けられる持続性を確保できるか）を、それだけで十分に引き出せるとは限らない。同社にはまだまだ「できること」があり、例えば、背景要因にあるといわれている「やむにやまれぬ」経済的側面の解消、すなわちギャラや仕事の「適正な配分」、そして「マネージャーの労働環境」の見直しによる「行き届いた管理」の実現や、「見て見ぬフリ」をしてきた組織の不作為体質の一掃（おそらくはビジネスモデルの根幹に関わる問題を含んでいるようにも思われる）にまで踏み込むべきではないかということだ。経済的な困窮を理由に闇営業を正当化することは間違っている（実は闇営業をした芸人の中には「売れっ子」も多く、経済的理由だけとは限らない。さらに、呼ぶ側も「売れっ子」でなければ呼ぶ意味がない）ので、だからこそ、「知識」「常識」「良識」「倫理」「リスクセンス」等に働きかける必要があるのだが、6,000人もの芸人を抱えていることが適正なのか（管理が行き届き、業務とギャラを適正に配分できる範囲の適正な人数に絞り込むことも必要ではないか）、マネージャー等社員の数や業務量が適正なのか（同社は以前、長時間労働で労働基準監督署から是正勧告を受けている）といった観点からビジネスモデルを見直す必要も認められるところだ。このような根本的な構図を変えない限り、これまでも、今後も一人ひとりの「知識」や「常識」「良識」「リスクセンス」等に依存するビジネスモデルであろうとする限り、同様の問題は起こりうるのではないだろうか。

　本問題は、あらためて芸能人が反社会的勢力に利用されるリスクが高いことを思い知らされたが、もちろん「氷山の一角」に過ぎない。個人事業主として活動するタレントのモラル任せの部分が多いほど、反社会的勢力とのつながりを遮断することはもはや困難だといえる。彼らにコンプライアンスの意識が欠けていたことが最大の原因とはいえ、それを誘引した会社のコンプラ

イアンス態勢の脆弱性、さらには会社の監督も甘かったと指摘できる（繰り返しとなるが、吉本興業の反社会的勢力排除の取り組みは一般の事業者のレベルより高いものと推察される。あくまで、それを上回る反社リスクに晒されているのが芸能界・興業の世界ということだ）。

　事業者が行うべきことは、これまでの啓蒙活動をさらに徹底して愚直に行うとともに、仕組みとして、契約書や確認書を交わして「闇営業」を厳格に禁じ、組織として全ての営業先の健全性をチェックすることがタレントを守ることにつながると信じて取り組むことが何より重要である。

　一方で、反社会的勢力を事前に見抜くことは極めて難しく、組織全体のリスクセンスの底上げが急務であることも事業者として本問題から感じ取る必要がある。同社についていえば、「疑わしいものとは関係を持たない」姿勢で今のビジネスモデルで貫けるのか、業界の反社リスクの高さに見合ったビジネスモデルへの転換も急務だろう。

②特殊詐欺グループは反社会的勢力か

　さて、本問題では、「特殊詐欺グループ」の宴会への出席が「反社会的勢力との密接交際」として問題視されたが、そもそも特殊詐欺グループを明確に反社会的勢力と位置付けて論じられている点に着目する必要がある。もちろん、特殊詐欺グループは、「反社会的な集団」であることは論を俟たないが、いわゆる「反社会的勢力」であるとする根拠は何かが実は難しい。

　まず、反社会的勢力の定義からみると、政府指針によってその属性の一つとされた「特殊知能暴力集団等」については、組織犯罪対策要綱（警察庁）によれば、「暴力団との関係を背景に、その威力を用い、又は暴力団と資金的なつながりを有し、構造的な不正の中核となっている集団又は個人」と定義されている。さらに、反社会的勢力の定義に含められる「共生者」については、その5類型のうち、「暴力団員等に対して資金等を提供し、または便宜を供与するなどの関与をしていると認められる関係を有すること」、「役員または経営に実質的に関与している者が暴力団員等と社会的に非難されるべき関係を有すること」などといった部分に包含されるイメージがある。

　一方、特殊詐欺グループと暴力団等との関係については、(1)特殊詐欺グループの首謀者が暴力団員である、(2)特殊詐欺グループのメンバーの中に暴力団員(元暴力団員、暴力団員であることを隠してなど)がいる、(3)特殊詐欺グループの首謀者が半グレ(準暴力団)である、(4)特殊詐欺グループのメンバーの中に半グレ(準暴力団)メンバーがいる、(5)特殊詐欺グループの首謀者が暴力団員と個人的な関係がある(個人的に上納金を支払っている／支払いは特にない)、(6)特殊詐欺グループの首謀者が半グレ(準暴力団)と個人的な関係がある(個人的に上納金を支払っている／支払いは特にない)、(7)特殊詐欺グループから暴力団に直接的(組織的)に上納金が支払われている、(8)特殊詐欺グループから半グレ(準暴力団)に直接的(組織的)に上納金が支払われている・・・といったさまざまなパターンがあり、その関係の濃度や距離感、資金的なつながりもまた多様なものとなっているのが現実である。ただし、特殊詐欺グループは、暴力団やその周辺者と人的・経済的(資金的)なつながりを直接・間接にもっているケースが多いのは事実であり、厳密にいえば「反社会的勢力」と定義付けしてしまうのが早計なケースもあるとはいえ、そのつながりを合理的に推測できることから「反社会的勢力」とみなすことについては大きな問題はないのではないかと考えられる。

　だが、何より、今回の件を通じて、特殊詐欺グループを反社会的勢力とみなすことに社会が「問題ない」と判断している(社会的合意が得られている)ことが大きい(なお、本件で問題となったグループに限定すれば、指定暴力団の組員も多数加わっており、暴力団との密接な関係については大変分かりやすいケースではある)。暴排条例が平成23年に全ての都道府県で導入された当時、芸人と暴力団の密接な関係は「アウト」だということが明確になり、それを「厳しくなった」と感じた市民も多かったが、今ではそれが「当たり前」とみなされている。反社会的勢力の定義はあいまいな部分も多いとはいえ、現時点の「常識」が判断基準であり、それは社会(時代)の変化とともに変わるもの(厳しくなるもの)と認識して取り組むことが重要だといえる。言い換えれば、正に「社会(世の中)がアウト／疑わしいというのだから、アウトとみなして取り組む」ことが求められているともいえる。

そしてそれは、反社会的勢力を見抜くことの限界に対しても同様であり、会社も社員一人ひとりも、「怪しい、疑わしいと思ったら近づかない（断る）」、「怪しい、疑わしいと思った時点で撤退する」スタンスを明確にもつことの方が、データベースや反社チェックを行って形式的に判断するだけでは見抜けないという「限界を乗り越える」ことにつながる。採りうる手を尽くして、それでも分からなかったことを、後になって社会から追求されることがあったとしても、それは「限界」であって、真摯に受け止め、今後の改善に努めるとすべきであり、不作為や故意、重過失とは別次元の話となる（なお、今回の件でもマスコミ報道が過熱した部分があるが、反社リスクは、多くの「限界」があるにもかかわらず、それが「レピュテーション・リスク」に直結して「生殺与奪の権利を握られてしまう」という恐ろしさがあり、不作為や故意、重過失等と混同されがちという意味で極めて対応が難しいものでもある）。

③テレビ局の対応

　事業者にとっての反社リスクを考えるという意味では、テレビ局の対応についても考える必要がある。例えば、問題となったタレントを起用していたテレビ朝日は、当初、この程度のことは吉本興業内で解決できる問題だと高をくくっており、事態は沈静化するものと軽視していたフシがあったように思われる。同局では当該タレントの発言に対して、「実際にスタジオに呼び込まれていたか」の調査をしたということだが、「社内で調べたところ、呼び込まれたという事実は確認できませんでした」として「放送予定には変更はない」と（やや安易な）結論を出した。またフジテレビでは、「コンプライアンスを徹底するという話を聞いている」といった幹部の発言が並んだ。さらには、各局とも「対応を検討中」や（世の中の反応を見ながら）番組を差し替えるといった「受け身」のスタンスが目立った。本来は、事件が発覚した時点で、関係した者の「番組降板」を決断すべきであり、別番組に差し替えるべきだったのではないか（その点、NHKの対応は素早かったし、問題となった番組のスポンサーもいち早く広告を取りやめるなど素早い対応が目立ったことから、余計にその対応の違いに違和感がある）。そもそも、芸人を起用する時

点や起用後の状況についても、厳格なチェックやモニタリングを「能動的に」「主体的に」実施すべきはテレビ局であって、芸能界の反社リスクの高さを踏まえれば、コンプライアンスやリスクマネジメントの徹底をすべきは吉本興業だけでなくテレビ局もそうであるべきではなかったか。

なお、その後、日本テレビやテレビ朝日が、吉本興業に対し、事実関係の確認やガバナンスの徹底などを求める申し入れ書を送付した。具体的な内容としては、「第三者委員会を設置しての早急な事実確認」、「反社会的勢力との関係を遮断する具体的な施策の公表」などだが、これは一般の事業者においても、取引先等に反社会的勢力との関係について疑義が発生したときに、その事実確認等を求める手法として認識しておくべきことでもある。「能動的に」「主体的に」報告を求める姿勢を示すことで、自社（本問題の場合はテレビ局）のステークホルダーに対しても十分な説明責任を果たしていくことにつながるといえよう。

④反社リスクの大きさ・怖さとレピュテーション・リスク

吉本興業は、本問題を受けて、同年8月に経営アドバイザリー委員会を設置した。この場でも、反社会的勢力との決別は真っ先に議題となり、同社の反社リスク対策の状況が報告されたが、委員の一人は「世の中の人たちは、吉本はまだ、昔のように反社とつながりがあるのではというイメージを持っている。ここまで対策をやっていたのは知らなかったので、こうした努力はもっと知らしめるべきだ」と述べたという。

だが、筆者は、「やるべきことはやっていたと思う。しかし、芸能界を取り巻く反社リスクが高かった」という点に尽きると考える。つまり、反社リスクはその企業を取り巻く状況や当該企業の立ち位置によって異なるものであり、自らがそのリスクを厳しく評価し、それに見合った十分なリスク対策を講じるべきものである。本問題に関して言えば、(1)同社と反社会的勢力との関係にかかる過去からの経緯と、それに伴う(2)レピュテーション・リスク、(3)芸能界周辺における反社リスクのあり様、(4)暴力団関係者のみならず特殊詐欺グループや半グレ（準暴力団）の脅威と(5)社会の目線の厳格

化(反社会的勢力の範囲の拡大)、(6)反社会的勢力の不透明化の実態や手口への理解、(7)現状の反社リスク対策のレベル感・実効性など、厳格に評価すべき項目は膨大だ。たとえ同社の取り組みが社会的にみて十分な内容であるかのように見えたとしても、反社リスクやそれに伴うレピュテーション・リスクの大きさ・怖さは、個人や会社の「生殺与奪の権利を握られる」ところにある(芸人らが同社から契約解消されたり、社長と会長が結果的に1年間の50%減棒処分を科され、会社の体質も厳しく糾弾されるなど、個人も企業も社会的に大きな「制裁」を受ける事態となったことは、一般の事業者にとっても衝撃的だったはずだ)。

さらに、問題となった特殊詐欺グループのうち逮捕された人物については、(グループとしては当時すでに犯罪に手を染めていたものの)実際に逮捕されたのは問題となった忘年会後のことであり、いわば「後付けの反社認定」だったという意味では気の毒な面があるのも事実だ。しかしながら、50万円とも100万円ともされる破格の高額なギャラについて、「まったく問題ない会合」だと何の疑問も感じない方が不自然(あるいは感覚が麻痺している状態)である。「反社会的勢力とか反社会的な集団ではないか」、「よからぬイベントではないか」と慎重に構える(そもそも闇営業ではなく、会社を通して判断を仰ぐ)のが一般的な「知識」や「常識」「良識」「見識」だろう。彼らがそのような「懸念」すら抱かなかったのか、「懸念」はあっても「大丈夫」と勝手に判断したのか、全て「認識」していたのか、(後付けの反社認定で一律に切り捨てるのではなく)いずれのレベルに本人の意識があったかが本来は問われるべきであり、それに応じた批判や処分であるべきではないかと思われる。

ただし、会社としては最低限、「懸念」があれば立ち止まる、相談すべきことを日ごろからしっかり伝え、それ以外の勝手な判断は「生殺与奪の権利を握られる」ものとして厳しく戒めることが重要ではないか。それだけの反社リスクの大きさ・怖さまでしっかりと伝え切れていたのか、それが、同社が足りなかった部分の一つだともいえる。さらに一言付け加えるならば、そもそも食えない芸人がどのような行動をとるかに同社としては目を光らせるべきだった(リスクとして認識しておくべきだった)ということにもなる、(前

述したとおり）それにしては6,000人という規模はあまりに大きいのではないかという点だ。そして、今まさに副業・兼業が社会に広がる中、不透明化・巧妙化する反社会的勢力と知らないうちに関わりを持つ可能性は芸人に限らず、一般人である私たちにもある。ましてや、SNSで誰もが知り合い、気軽に業務などを提供してしまう時代であれば、「知らずに接点をもち」、「サービス提供の対価として報酬を受け取る」リスクは身近になってきているともいえる。事業者の取り組みはもちろん、一個人としてどう防衛していくのか、個人として社会全体としてどう取り組むべきかをあらためて考えないといけない状況にきているといえよう。

⑤KYCCの重要性

　本問題では、同社が前述したような取り組みをしていたとしても、「結果的に十分に取り組めていなかったということ」と社会が明確にNOを突きつけたこと自体が全てである。同社が「最大限の努力としてここまでやっていた」と説明責任を果たそうとしていることは理解できるものの、実際のところ、「反社リスクはもっと大きかった」という現実があり、結果的に社会の要請や社会の目線の厳しさを見誤ったこと、リスク評価の甘さが招いた結果であるとの評価となろう。一例としては、今回問題となった特殊詐欺グループもスポンサーとして関与していたイベントにタレントを派遣していたという事実があげられる。同社としては、イベント会社が反社会的勢力とつながりがないことを確認してはいたものの、そのスポンサーの一つが詐欺集団のフロント企業だった事実を見抜けなかったが、この点については、社長も「先の先（スポンサー）までチェックしきれていなかったことは、非常に反省しなければいけない」と率直に取り組みに甘さがあったことを認めている。

　そして、この点については、後述するように、反社チェックのあり方として、反社会的勢力の実態を踏まえれば、従来の「KYC（Know Your Customer）チェック」だけでは不十分であり、よりスコープを拡げた「KYCC（Know Your Customer's Customer）チェック」、「KYCC管理態勢の構築」へと取り組みを進化・深化させていくことが重要となる。ただ、一方で、「全てのイベ

ント会社、イベントについてスポンサーまでチェックすべきか」という問い
かけには、一般的には「RBA（リスクベース・アプローチ）」の考え方を援用し
て、リスク評価による軽重は認められてよいと考えられる一方で、同社を取
り巻く状況を総合的に鑑みて、「タレントが絡むイベントであれば（広告塔と
して悪用されるなど）反社リスクは極めて高い」とリスク評価して、「全ての
関係者をチェックする」とのルールを平時から策定しておく必要があるので
はないかともいえる。

⑥24時間相談窓口の設置

　同社がすでに設置している「24時間相談窓口」は、一般の事業者が独自に
実施するには大変な取り組みであり、その場から「離脱できる」、「リスクを
低減できる」可能性を秘めているという点で極めて高く評価できるものであ
る。ある雑誌のインタビューで会長が、具体的に「このホットラインは、例
えば、夜遅くに芸人が居酒屋で飲んでいたとします。すると近くに座ってい
た人から、「お前、芸人か。一杯飲めや」と言われてビールを注がれた。怖く
て飲んでしまったけれど、そこですぐ電話をすれば、対応を話し合える。実
際に、悩みの相談のような内容や、「僕たちのライブのチケットを買っても
らった人の兄がそのスジらしい。その兄も見に来ると言っているようだが、
どうすればいいか」といったケースもありました」と語っていたが、このよう
な取り組みこそ、社内でより浸透させることで、「懸念」の段階で踏みとどま
ることを可能にするものであり（もっといえば、そのような態勢が整ってい
ることが広く知られることで、反社会的勢力なども安易に近づくことのリス
クを認識するなど、抑止効果もあるだろう）、自社で運営していくのは大変
な苦労があると推察されるところ、同社を取り巻く反社リスクの高さに見
合った取り組みの一つだといえよう。

⑦処分の妥当性

　謹慎処分を受けた芸人らが処分を解かれたことについて、特殊詐欺グルー
プの会合に「知らずに」出た者と、明らかに暴力団関係者が出席する会合に「知

らずに」出た者とが（謹慎期間という点で）同じ処分となっている点が本当に妥当だったか検討する必要がある。特に、後者については、暴排条例に抵触しかねないという点で前者とはレベル感が異なる。もちろん、暴力団関係者と「知らないで」参加したのであれば、暴排条例に抵触することにはならないと考えられるが、本当にそう言い切れるのかがポイントとなる（ないことの証明は「悪魔の証明」で困難だが、一般的に、暴力団関係者の会合に出席する場合、関係者から事前に「このような人たちだから粗相のないように」とレクチャーを受けるものであることを踏まえれば、「知らずに」出たとする経緯の説明が難しいようにも思われる）。同社として、このあたりをどう整理されたのか、本来なら説明責任を果たしてほしい部分でもある。

⑧事業者が取り組むべきこと

　今回の問題を受けて（あるいは、社会的に反社リスクの問題が大きく取り上げられた時に）事業者が行うべきことは何か。それは、一連の報道で反社リスクに関心が高まっている今こそ膿を出し切るチャンスだと捉え、徹底的な研修等のアクションを起こすことだ。コンプライアンス研修や実際の事例の共有など教育も重要だが、まずは、「反社の問題はきちんと対応するので情報を上げてくれ」と従業員に呼びかけてほしい。「いま言ってくれるならこれまでの問題は問わない」など会社の強い意志を示す形で情報を上げやすくする工夫も必要となる。そして、従業員が会社にものを言いやすくする環境作りも重要で、相談できない、あるいは相談しても「数字が足りないんだからガンガン行けよ」と言われるような職場だと、自分が黙ってさえいれば大丈夫だろうと考え反社との接点を持ってしまいがちだ。現場が防波堤になるかどうかの境目はそこにあるといえる。

　そして、最も重要なものは、間違いなく現場の社員の「暴排意識」と「リスクセンス」だが、現場の判断を担う管理職やリーダーのあり方も極めて重要だ。現場における「反社リスク許容ライン」は、実は現場の管理職等のレベルによって定まってしまうものだ。現場によって「反社リスク許容ライン」にバラつきがあることを企業として認識できているのか、あるとしてそれが許容

できる範囲なのか、今一度、全社的に見直してみる機会として、本腰を入れて取り組む必要がある。

(2) スルガ銀行「不適切融資問題」

平成30年10月、金融庁は、スルガ銀行に対し、投資用不動産向けの新規融資業務を対象に6カ月間の停止命令を出した。シェアハウスを含む投資用不動産で、改ざんされた審査書類などに基づく不適切な融資が横行、経営陣も見過ごすなど企業統治に重大な不備があると判断した。なお、銀行への業務停止命令は平成25年12月に反社会的勢力への融資を放置していたみずほ銀行に出して以来という。実は、今回の金融庁の指摘の中に、反社会的勢力排除の実務にも問題があったことが、以下のとおり指摘されている。

---

(5)反社会的勢力との取引の管理態勢、マネー・ローンダリング及びテロ資金供与対策に係る管理態勢の不備

●当行では、既存顧客を新たに反社会的勢力と認定しても、(1)既存のカードローンの与信枠の閉鎖を行っていないため、枠内でローン残高が増加している事例、(2)反社会的勢力に対する新規の預金口座の開設をブロックするシステムの整備が不十分であるため、預金口座を新規開設している事例が多数存在する。

●当行では、既存顧客を新たに反社会的勢力と認定しても、警察への照会件数が少なく、照会する顧客(反社会的勢力)についても取引解消が相対的に容易な先を優先するなど、取引解消に向けた取組みを十分に行っていない。

●当行では、疑わしい取引のチェックを行うシステムにおいて、法人取引を検知対象に含めておらず、管理帳票の出力・確認などの代替の対応策も講じていないなど、法人取引における疑わしい取引の検知態勢を整備していない。また、法人取引時の実質的支配者の確認・記録を営業現場に徹底していないため、実質的支配者の情報を確認しないま

ま、取引を実行している（犯罪による収益の移転防止に関する法律第
4条第1項第4号違反）。

（金融庁「スルガ銀行株式会社に対する行政処分について」）

　総じて、現状の「入口」「中間管理（モニタリング）」「出口」のいずれの実務か
らみても、残念な取り組み実態となっている。例えば、「既存のカードロー
ンの与信枠の閉鎖を行っていないため、枠内でローン残高が増加している事
例」については、既存の顧客が反社会的勢力であると認定した場合、まずは
契約解除（期限の利益の喪失と残債の一括請求）を検討するが、それが難しい
場合は与信枠を減額して、現行以上の与信取引が行われないようにするのが
最低限の措置（与信枠の減額については、返済状況が芳しくない場合に取ら
れる措置でもあり、反社会的勢力排除の実務として特別困難であるとは言え
ない）であって、「出口」対応の拙さはかなり酷い状況だったと指摘できる。

　また、「反社会的勢力に対する新規預金口座開設をブロックするシステム
の整備が不十分」との指摘については、具体的な内容までは分からないもの
の、反社会的勢力と認定してもなお預金口座開設をブロックできないという
のは、チェック内容（判断）と口座開設実務とのリンクが機能不全に陥ってい
る、「内部統制の欠陥の放置」としか言いようがない。

　さらに、「入口」の脆弱性があれば、「中間管理（モニタリング）」でその限
界を乗り越えるべきところ、「既存顧客を新たに反社会的勢力と認定しても、
警察への照会件数が少なく、照会する顧客（反社会的勢力）についても取引解
消が相対的に容易な先を優先するなど、取引解消に向けた取組みを十分に
行っていない」と指摘されており、社会的要請を背景に他の金融機関が推進
してきた「反社会的勢力と正しく認定して排除していく」とする金融機関とし
ての基本がそもそも徹底されていない状況だったといえる。

　このように、「入口」「中間管理」「出口」のいずれのプロセスについても管理
態勢の不備がみられたことは大変残念で、金融機関のみならず、一般の事業
者においてもこの指摘を踏まえた、三つのプロセスの実効性に関する再点検

を実施してほしいところだ。

（3）西武信用金庫「不適切融資問題」

　令和元年5月、金融庁は、準暴力団幹部と疑われる関係者へ融資していたなどとして、西武信用金庫に信用金庫法に基づく業務改善命令を出した。反社会的勢力排除の取組みについては、「十分な経営資源を配分することなく極めて少人数の担当者に頼った取組となっているなど、組織的な対応が不十分」、「一部の営業店幹部は、監事から反社会的勢力等との関係が疑われるとの情報提供を受けていた者について、十分な確認を怠り、同者関連の融資を実行している」といった厳しい指摘がなされた。さらに、主力の投資用不動産向け融資でも審査書類の偽造を見過ごすなど問題融資が横行していたことが判明、不動産業者が顧客の預金通帳や物件の家賃収入表（レントロール）などを改ざんし、職員が看過した可能性が高いのは127件、うち73件（139億円分）で改ざんを確認したといい、28店舗で45人が関与したとされる。さらに返済期間を延ばすため、中古物件の耐用年数を長くするよう職員が外部専門家に働きかける例も258件あり、32店舗で90人がかかわったという。

　これらの実態に対して、「業績優先の経営を推進するあまり内部管理体制の整備を怠った」、「強い発言力を持つ理事長に対し十分なけん制機能が発揮されておらず」、「通常の注意を行っていれば分かったはずだがあえて見ないようにした」（金融庁幹部のコメント）等との指摘がなされている。

　反社会的勢力排除に重要なのは第1線の「健全な意識」と「リスクセンス」であることは論を俟たないが、それらを「曇らせ」、第2線や第3線を「黙らせ」たのが経営トップ（理事長）であり、「組織全体が思考停止していた」事実は重い。そもそも、反社会的勢力にせよ投資用不動産にせよ、このような「本来貸せない相手」に貸して利益を得ようとする金融機関の本旨を逸脱したモラルハザードの典型事例は増加傾向にあり、一方でそれへの対応として営業のノルマを廃止する動きも見られるが、果たしてそれが「正しく稼ぐ」という本質の理解に資するものかは極めて疑わしいように思われる。本件のような事例を見るにつけ、コンプライアンスやリスク管理の基盤がいかに脆いものか

を痛感させられる。

　なお、本件のうち、反社会的勢力排除の態勢不備の指摘については、（直接的には）関東財務局が初めて行政処分を下した内容とはいえ、あらためて整理が必要な状況がある。以下、準暴力団（半グレ）への実務対応を考えるうえでも重要だと思われることから、本件の事実関係について確認しておきたい（あくまで参考程度だが、概ね以下のような内容に集約される）。

- ●西武信金立川南口支店の顧客に、地元でスナックや居酒屋を手広く経営している女性がいたが、彼女は準暴力団「チャイニーズドラゴン」幹部の妻だった
- ●立川市など多摩地区は、チャイニーズドラゴンが跋扈していることで知られており、当該女性の夫もその一人で、傷害容疑で逮捕された前科があるという
- ●同支店の支店長（今回理事長とともに辞任した常勤理事）は、その女性から客を紹介されて取引を拡大していった
- ●西武信金内では、監事が、女性の夫が逮捕歴のあるチャイニーズドラゴンの幹部との情報を入手、理事長に取引停止を進言していた。また、西武信金として、地元警察に照会をしたものの、対象者としていたのは、チャイニーズドラゴンの幹部である夫ではなく女性の方であったため、警察は「暴力団員としての属性がない」との回答があったという
- ●理事長は、その結果から、警察から「お墨付き」を得たと勘違いし、忠告した監事を怒鳴りつけ、取引を継続。その結果、女性本人やその紹介者10人前後で融資総額は合計で40億円近くにまで膨れ上がったという
- ●これら一連の融資について、理事長は金融庁に「毎月きちんと返済されている」と、資金回収に自信を見せたという
- ●現時点の状況については、「現在も当該者の関連者に対する融資残高はあります（債務者名義1人、1社で合計326百万円）」（同金庫の令和1年5月24日付リリース）とのことだが、これは女性に対する債権のみであり、これ以外に10人前後に対するものもあるという（総額で40億円近くに上る

うえ、チャイニーズドラゴン関連の融資総額は10億円を超えるとの情報もある）

　上記情報をもとに（ある程度正しいものとして）、本件の課題をいくつか整理していきたいと思う（以下に述べることはあくまで私見であることをお断りしておきたい）。

　まずは、「準暴力団本人」の確認の問題がある。本件では女性のみを照会したが、夫も照会が必要と考える必要がある。まず、警察の情報提供の内部通達（平成31年3月更新）では、いまだ「準暴力団」であるかどうかを属性のみで回答できる立てつけとはなっていない。したがって、「暴力団員としての属性がない」との回答をそのまま「反社会的勢力ではない」、「準暴力団ではない」と判断するのは問題があるといえる。本件は、夫が「準暴力団ではないか」との疑いから警察への照会に至っており（実際は女性のみ照会）、二人について警察へ照会するに際しては、疑いの根拠等を示しながら、（回答がなされるかは別として）「準暴力団ではないか」、「暴力団と密接な関係があるのではないか」といった方法も考えられるところである。そのうえで、回答結果のいかんに関わらず、過去の逮捕報道や準暴力団との情報を踏まえたレピュテーション・リスクの観点から、慎重な検討を行うべきだといえる。

　次に、「準暴力団本人ではなく、その親族（女性）への融資」と「準暴力団の親族から紹介された融資」の是非についても検討する必要がある。「準暴力団本人への融資」については、現状、おそらくほとんどの金融機関において、「新規」取引においては「取引NG」など相当慎重な判断を下すものと考えられる（既存先についても同様）。また、「準暴力団の親族」のうち、「配偶者」については、暴排実務においては「経済的一体性」を重視して（暴力団本人が直接取引できないことから、配偶者を使って取引を仮装されるケースが多いことを踏まえ）暴力団本人と同列に取り扱う運用が一般的である（なお、配偶者以外の親族である、「親」「子」「親戚」等については、原則は同列に扱わないものの、本人との関係性や暴力団等に対する活動助長性などを慎重に見極めて判断する運用となることが多い）。「暴力団の配偶者」と「準暴力団の配偶者」で実務

が異なるかどうかは実例がまだ多くはないと推測されるものの、「新規」であれば同様に取り扱うことになるのではないかと考えられる。したがって、本件のような場合は、新規融資は本来お断りすべき事例であるといえる。

また、「準暴力団の親族から紹介された融資」については、まず、「準暴力団本人からの紹介」であれば、これも新規取引であれば「取引NG」など慎重な判断となることに異論はないものと思われる。さらに、本件のような「準暴力団本人の配偶者」についても、上記の考え方からやはり相当慎重な判断（取引NG）となるものと考えられる。一方で、「準暴力団本人の配偶者以外の親族からの紹介」であれば、いったんは通常の判断基準とするものの、当該相手先と準暴力団本人の関係性や自行に及ぶレピュテーション・リスクなどを見極め、「関係性が認められる／レピュテーション・リスクが懸念される」のであれば「取引NG」となるであろうし、「関係性がない／レピュテーション・リスクの懸念がない」場合は、一つの考え方として取引はするものの「要監視先」としてモニタリングをしていくことになろうかと思われる。

なお、新規取引の場合は、「契約自由の原則」があり、レピュテーション・リスクの観点を重視して、一律に「取引NG」とする運用も考えられる。また、普通預金取引のみであれば取引は認めるものの、それ以外の与信取引や貸金庫取引等であれば「取引NG」とするのも実務上考えられるところである。このあたりは、一般の事業者の取引可否判断にも参考になるものと思われる。

さらに、本件において、「監事から反社会的勢力等との関係が疑われるとの情報提供を受けていた者について、十分な確認を怠り、同者関連の融資を実行」、「懸念を抱いた監事及び監事会から理事長に対し、複数回にわたって書面で調査を要請したにもかかわらず、理事長は当該要請を拒否し、組織的な検証を怠っている」との指摘に関して、「十分な確認」とはどの程度なのか、警察の回答のみで「問題なし」とした理事長の判断の妥当性なども整理しておく必要がある。

結論からいえば、本件は、そもそも準暴力団の配偶者が接点となっていることから、いくら女性に反社会的勢力の属性に何ら問題がないとの回答が警察からあったにせよ、金融機関としては、準暴力団本人と配偶者の関係性が

問題になることは認識できたはずであり、警察に両名について照会することを検討する、「経済的一体性」や「仮装取引の可能性」を疑い、慎重に判断するのが通常であり（したがって、「あえて見ないようにした」ことが推測される）、「十分な確認」がなされたとはいえないものと考えられる（十分な確認の結果、この関係性を認識したうえで「全く問題ない」と判断したのであれば、それ自体、昨今の社会の要請や金融庁の求める反社リスク管理態勢からみて重大な不備となる）。同様に、理事長が、警察の回答のみでそれ以上の確認を拒絶したのは不作為（「通常の注意を行っていれば分かったはずだがあえて見ないようにした」）であって、善管注意義務違反にも問われかねないといえる。

　さて、本件の行政処分については、明確に反社会的勢力と認定できないグレーゾーン対応に伴う行政処分としては関東財務局で初であることもあって、「辞任まで追い込む必要があったのか」との声も聞かれるところだが、反社会的勢力排除に限ってみても、善管注意義務違反にも問われかねない重大な不作為があり、準暴力団の活動を利することになる可能性も否定できない状況を招き、放置したこと、内部管理態勢の不備もまた明らかであり、これに投資用不動産向け融資の問題も加味すれば、そういった批判はあたらないのではないだろうか。

　また、金融庁の行政処分を受け、西武信金が新理事長名で、「当金庫に対する業務改善命令について」と題する文書をリリースした。詳細は省くが、再発防止策全体としては妥当なところだと思われるところ、最後の注釈部分の「「監事から反社会的勢力等との関係が疑われるとの情報提供を受けていた者」については、警察に確認したところ、「暴力団員としての属性がない」旨の回答を得たことから、暴力団排除条項には該当しないと判断し、現在も当該者の関連者に対する融資残高はあります」については、既存取引先の契約解除に関わる部分であるため、新規取引の場合とは異なるものの、厳密に暴排条項への該当性を検証した結果だと考えられるし、仮に暴排条項を適用したとしても、融資先の状況（一連の融資の借り手は飲食店経営者が多く、十

分な担保価値のある不動産を保有している人物は少ないと見られているという情報もある)を鑑みれば、期限の利益を喪失させて債権を一括で回収することが困難(この場合、再利回収機構の特定回収困難債権の買取り制度の利用が可能なのかどうかも微妙なところ)であって、「債権回収の最大化」を図ろうと思えば、そのまま契約を継続する(「毎月きちんと返済されている」ことが望ましい)と考えることもあり得る。いずれにせよ、本件に限らず一連の契約については、返済状況や属性等の変化など、今後も十分なモニタリングをしていくべきだといえよう。

(4)積水ハウス「地面師問題」

　平成30年、地主になりすまして架空の土地取引を持ちかけて多額の代金をだまし取る「地面師」グループが摘発され、社会的に大きな話題となった。今回の事例では直接は認められていないが、地面師が絡む事案においては、暴力団の関与が疑われるものも少なくない。地面師グループの代表的な手口といえば、例えば、割安な価格で土地取引を持ちかけて契約を急がせる、地主になりすました者や善意の弁護士等が登場する、精巧に偽造された旅券や印鑑証明、不動産登記等が使われるなどが代表的である。さらに、それを支える犯罪インフラである「道具屋」の仕事が虚構の話にリアリティを加えることになる点も特徴的だ。

　一方で、今回の事例では、積水ハウス側の対応の杜撰さが際立つ形となった。具体的には、(1)地主役の本人確認の際に干支や誕生日が不正確だった、(2)代金支払いの前日、所有者役に土地権利証の提示を求めた際、「内縁の夫」とけんかしているとのウソで断られた(にもかかわらず、権利証を確認しないまま全額を支払った)、(3)杜撰な計画については他の不動産会社は軒並み見抜いており、「五反田界隈の土地には気をつけろ」という話は不動産会社の間では有名な話だった、(4)仲介業者として節税目的のペーパー会社の起用を提案された、(5)本来の土地所有者から警告を受けた・・・など、不審な点が多数ありながら「何ら疑いを差し挟まないまま契約を急いだ」という。このように、地面師の問題は、対面取引であっても本人確認の実効性について

は「脆さ」「危うさ」が必ずあることを痛感させられる。

　例えば、一般的には、名刺交換した際、その情報を何ら疑わないものだが、犯罪者がその「思い込み」につけ込む事例も少なくなく、名刺情報すら疑うことが本来のリスクセンスといえる（例えば、読み方が一緒で別の漢字を一文字変えるだけで別人扱いで、データベースを活用したスクリーニング（以下、「データベース・スクリーニング」）や風評チェックからすり抜けることが可能となる）。しかしながら、本件の場合、それ以前の問題で、干支や誕生日が不正確なのに本人と信じるようなリスクセンスが麻痺した状態であり、これでは犯罪者の思うツボだったといえる。そして、そのリスクセンスの麻痺、冷静かつ合理的な判断を曇らせたのは、トップの関与のもと組織全体で取引を急がせたことによる、ガバナンス、内部統制に問題があったということだ。本件について、同社のリリースから問題のポイントを整理しておきたい。

　本リリースによれば、本件について、「売買契約締結後、本件不動産の取引に関連した複数のリスク情報が、当社の複数の部署に、訪問、電話、文書通知等の形で届くようになりましたが、当社の関係部署は、これらのリスク情報を取引妨害の嫌がらせの類であると判断していました。そのため、本件不動産の所有権移転登記を完全に履行することによって、これらが鎮静化することもあるだろうと考え、6月1日に残代金支払いを実施し、所有権移転登記申請手続を進めましたが、6月9日に、登記申請却下の通知が届き、A氏の詐称が判明」したという。そして、その原因として、「担当部署は、直ちに購入に動き出しましたが、A氏のパスポートや公正証書等による書面での本人確認を過度に信頼し切って、調査が不十分な状況で契約を進めて」しまったこと、「マンション事業本部が一線を画し、リスク感覚を発揮すべきところ、その役割が果たされませんでした。さらに、本社のリスク管理部門においても、ほとんど牽制機能が果たせなかった」ことなどが挙げられている。なお、「本社から地面師詐欺を意識した特別な対応を要求することは非常に困難です」という指摘は興味深く（巧妙な手口を見抜くことは確かに難しいが）、とはいえ、他の不動産会社は見抜いて断っている中、同社だけが見抜けなかっ

ただけと解するべきであり、同社のガバナンス・内部統制上の問題として捉えることが必要となる。

　この点、報告書の「本件不動産の取引内容を勘案すれば、審査期間の確保とリスクの洗い出しを指摘すべき」という部分は、管理部門としての防衛線（第2線）のあるべき姿であり、他の事業者においてもこのようなチェック態勢が構築できるかがポイントになるものと思われる。

　さらに、複数寄せられたリスク情報（端緒）への対応についても厳しく自省しており、「これらのリスク情報を取引妨害の類と判断し、十分な情報共有も行われませんでした。その結果、本社からの牽制機能が働かず、現場は契約の履行に邁進することとなりました。個々のリスク情報を一歩引いた目線で分析すれば、本人確認に対する考え方も違っていた可能性は高く、リスク情報の分析と共有を現場と本社関係部署が一体となって実施する必要があったのではないかと考えます」という部分は大変示唆に富むものだ。
「そもそもなぜ「取引妨害の類」と安易に思い込んでしまったのか」こそが、同社の対応を考えるうえでの「肝」だが、報告書では特段の言及はないものの、可能性としては、取引を進めたい、早く進めないといけないという「思い込み」＝「バイアス」が強くかかっていたためではないかと推測される。さらに、そのバイアスがなぜかかったのかがこの問題の本質となるが、それは「上層部からのプレッシャー」だったのだろうと推測される。

　この管理部門の問題については、金融庁のAML/CFTに関するガイドライン等でも言及されていた「3線管理」（現場部門・管理部門・内部監査部門のそれぞれで防衛線を講じること）と同様のフレームワークで説明できるが、とりわけ第2の防衛線である「管理部門」が現場部門に引きずられることなく、「冷めた冷静な目」で案件に向かうことが極めて重要であることに気付かされる。これは反社会的勢力の見極めの実務においても重要なポイントであり、現場の「前のめり」の姿勢をコントロールしながら、社内各署からの「横やり」からフリーとなり、バイアスを排除しながら、いかに組織として冷静な見極めをしていくかが、反社リスク対策の「肝」の一つだといえる。

　なお、「本件を防げなかった直接の原因は、管轄部署が本件不動産の所有

者に関して書面での本人確認に頼ったことにあります。ただ、司法書士も本物と信じたという偽造パスポートや公正証書等の真正な書類が含まれていたという地面師側の巧妙さもあり、また、売買契約締結時には所有権移転請求権の仮登記も実現しているといった事情もあって、初期段階で地面師詐欺を見破ることには、困難な点もありました」という調査委員会のコメントからも、地面師の巧妙さが分かるが、やはり、最も重要なポイントは、「いい話だから早く手続きを進めたい」という点にある。

　そもそも「地面師」の問題は、登記上の手続きにおいて偽造書類等を使って土地が勝手に転売される詐欺犯罪という意味で、登記手続きの脆弱性、あるいは、司法書士や弁護士などがその専門性(肩書き)を悪用する(される)「専門家リスク」などがその根底にある。また、「いい土地を早く押さえたい」と考える買い手側の弱みを上手く突いてくる手口の巧妙さが犯罪の成功率を高めているという側面もある。確かに、未然にリスクを察知するのが困難なほど用意周到に準備されており、プロでも騙されてしまう巧妙さがあるとはいえ、一方で、様々な地面師の案件の手口を追っていくと、やはりどこかに怪しさがあるものだ(具体的には、所有者本人になかなか会えない、代理人が登場する、手続き等に通常と異なる部分があるなど)。だからこそ他の不動産会社は見抜いて手を引いたのであり、本件は、そのような不動産会社ほど用心深くはなかった同社だから騙されたたわけで、他の事業者にとっての教訓としては、全てを巧妙に偽造してくる地面師のような相手に対しては、現時点では、取引においては、相手の言うことを鵜呑みにせず、慎重に裏取りをしながら、また偽造でないことを確認しながら物事を進めていくくらいしか防止する手立てがない(例えば、不動産の権利証は印鑑証明書のような透かしに偽造防止技術が施されていることはなく、一見して明らかなものを除いて偽造を見抜くのはまず無理だと言われている。また、登記識別情報であっても、パスワードさえわかればよいため盗品であることを見抜くことは不可能だ)が、それでもリスクセンスを最大限に発揮して臨むこと、リスクセンスが曇ることのないよう、社内外の牽制がきちんと効くようなガバナンス・内部統制を構築しておくことが重要だといえる。

4．暴力団対策法の改正動向

　直近の暴力団対策法（正式名称：暴力団員による不当な行為の防止等に関する法律）の改正施行は平成25年に行われたが、この改正によって、「適格都道府県センター」として国家公安委員会から認定を受けた暴追センターが、付近住民等（指定暴力団等の事務所の付近に居住している方や勤務している方、あるいは就学している方等）で、指定暴力団等の事務所の使用により付近住民等の生活の平穏又は業務の遂行の平穏が違法に侵害されていることを理由に、当該事務所の使用及びこれに付随する行為の差止めの請求をしようとするものから委託を受けたときは、都道府県暴追センターの名をもって、請求に関する一切の裁判上又は裁判外の行為をすることができるようになった。

　そして、この改正が、今、暴力団の活動拠点を奪う強力な武器となっている。まず、平成29年10月には、神戸山口組の本部事務所（兵庫県淡路市）に対する使用禁止の訴えが認められ、同団体は本部事務所の移転を余儀なくされたほか、同年12月には、神戸・三宮の繁華街にある神戸山口組二次団体の飲食店からのみかじめ料（用心棒代）の徴収拠点となっていた事務所についても使用禁止を求める仮処分が出された。さらに、平成30年9月には、神戸地裁が兵庫県尼崎市にある任侠山口組の本部事務所の使用を禁じる仮処分決定を出した。これらは全て、暴力団追放兵庫県民センターが住民の代理で申し立てていたもので、代理訴訟で指定暴力団の本部が使用禁止となるのは、神戸山口組と任侠山口組の2事例となる。なお、手続きの流れは概ね以下の通りとなっている（出典：石川県暴追センター）。

●当センターが、付近住民等から暴力団事務所使用差止請求の委託に関する相談を受けた場合は、専門委員として選任されている金沢弁護士会の民事介入暴力対策委員会に所属している弁護士から意見を聴い

た上で、委託を受ける旨及び委託に係る請求の内容の決定を検討し、理事会において委託を受けるか受けないかを議決します。

●委託を受けることが決議された場合は、委託を希望されている付近住民等との間で委託契約を結びます。

●当センターと委託契約を結ばれた付近住民等以外の住民の皆さんに対しても、委託の機会を確保するため、当センターが委託を受けたことを広報します。

●訴訟等に関する手続は、当センターが弁護士に委任します。

●訴訟を提起した場合は、訴状の原告者名には、当センターの代表者名が記載され、委託契約を結ばれた付近住民等の氏名は、代理権を授与した者として訴状に記載されることとなります。

●訴訟等に要した費用は、委託契約に基づいて、当センターが支出します。しかし、必要がある場合は、理事会の決議を経て、その一部又は全部を当センターと委託契約を結ばれた付近住民等に請求する場合もあります。

今後も、「活動拠点の排除」という暴力団弱体化に向けた強力な切り札として、全国的に広く活用してほしいものである。

5．暴排条例の改正動向

暴排条例が全国の都道府県で施行されて以降、それぞれの暴排を取り巻く状況にあわせて改正が行われてきたが、最近では、資金源を封じ込める切り札として、暴力団対策法と連動したみかじめ料（用心棒代）対策強化に向けた改正が全国で行われている。

令和元年10月に改正された東京都暴排条例を例にとると、改正の背景として、「平成23年10月に施行された東京都暴力団排除条例では、「暴力団と交際しない」等を基本理念に掲げ、事業者等と暴力団との関係遮断を推進し

てきた。しかし、都内の主要な繁華街では、事業者が未だ暴力団と交際し、暴力団へ利益供与している事案が後を絶たず、関係遮断が図られていない実態が散見されている。よって、東京都暴力団排除条例を一部改正し、都内の主要な繁華街を「暴力団排除特別強化地域」と定め、同地域内においては、特定の事業者と暴力団員との間で、用心棒料等の利益の授受等を禁止する措置を追加した」と述べられている。そのうえで、「暴力団排除特別強化地域（暴力団排除活動を特に強力に推進する必要がある地域）」として、都内29地区が「暴力団排除特別強化地域」として選定」、風俗営業や風俗案内所、飲食店などを「特定営業/特定営業者」と指定している。さらに、「特定営業者の禁止行為」として、「用心棒の役務の提供を受けること」、「用心棒の役務の対償又は営業を営むことを容認する対償として利益供与すること」が該当し、「暴力団員の禁止行為」については、「用心棒の役務を提供すること」、「用心棒の役務の対償又は営業を営むことを容認する対償として利益供与を受けること」が該当する。さらに、今回の改正の最も肝となる部分である「罰則」については、「1年以下の懲役又は50万円以下の罰金」と定めている。なお、「自首減免」措置も設けられており、「特定営業者が自首した場合については、任意的減免を規定」し、「刑法上の自首に規定されている「捜査機関に発覚する前」の減軽要件は必要なく、被疑者として特定され逃走している者が出頭してきても自首として減免することができる」こととして、「特定営業者の積極的な申告を期待」するとしている。

　このような改正によって、みかじめ料を支払う店側にも直罰規定が適用されることになったことから、長年続く慣習等からこれまで関係を断ち切れなかったとしてもそれを断る理由となりうることが期待される。一方で、前述した半グレ（準暴力団）については、今回の改正でも直接は規制の対象となっていない（ただし、暴力団との共謀関係が認定されれば規制の対象になりえる）。やはり、暴力団対策法とあわせ、半グレ（準暴力団）を取り締まる何らかの法的枠組みが必要な状況だといえる。

その他、先進的な暴排条例である福岡県については、最近では次のような改定があったが、今後、他の自体体でも導入を検討する可能性があり、参考にしておくべきといえる。

平成28年3月、改正された福岡県暴排条例は、みかじめ料など暴力団への資金提供を自主的に申告すれば、福岡県公安委員会が中止勧告や業者名の公表を見送ること（リニエンシー制度の導入）や、組織から離脱した元組員の就労支援に関する規定などが柱だが、とりわけ後者については、暴力団離脱者支援にかかる規定で、今もって全国でも珍しい内容である。具体的には、「暴力団からの離脱を促進するための措置の新設（第12条の2関係）」として、福岡県が、暴力団離脱者を雇用する事業者や暴力団離脱者に対し、関係機関等と連携を図りながら、雇用や就労の支援等を行うものであり、これとあわせ、福岡県暴追センターの新事業として平成28年4月1日から、「雇用給付金（暴力団離脱者を雇用）最大72万円（雇用から1年間）」、「身元保証制度（暴力団離脱者により被った損害等に対する見舞金）最大200万円（雇用から1年間）」といった取り組みを始めている。その他、福岡県警と福岡県弁護士会、福岡県暴追センターが、反社会勢力による民事介入暴力に連携して対応する協定を締結したが、3者による協定のうち、離脱者の社会復帰支援を盛り込んだのは全国で初めてだという。また、本協定では、離脱者支援だけでなく、弁護士や市民らによる暴力団事務所の撤去活動などでも情報交換することも盛り込まれており、総合的な暴排協定の全国的な先駆けとなったものでもある。

第2章

暴排を巡る最近の論点を踏まえた実務上のポイント

具体的な反社リスク対策を進めていくにあたり、あわせて考えておくべき、最新の論点を踏まえた実務のあり方について、そのポイントを指摘しておきたい。

1. 反社会的勢力の捉え方

　本項では、現在、企業が直面している「属性要件」「行為要件」あるいは「共生者」といった主に属性の捉え方、判断のあり方について具体的に考えてみたい。

　まず、一般的な反社会的勢力の定義としては、政府指針（企業が反社会的勢力による被害を防止するための指針）における「<u>暴力、威力と詐欺的手法を駆使して経済的利益を追求する集団または個人</u>である「反社会的勢力」を捉えるに際しては、暴力団、暴力団関係企業、総会屋、社会運動標ぼうゴロ、政治活動標ぼうゴロ、特殊知能暴力集団等といった<u>属性要件</u>に着目するとともに、暴力的な要求行為、法的な責任を超えた不当な要求といった<u>行為要件</u>にも着目することが重要である。」といった考え方をベースとすることでよいが、政府指針が出された平成19年当時から現在に至る社会情勢の変化（暴排条例の施行、更なる不透明化・潜在化の進展、半グレ集団等を意味する準暴力団などグレーゾーンの拡大など）を踏まえれば、この考え方に「共生者」や「元暴力団員」なども加えることが実務上は妥当である。

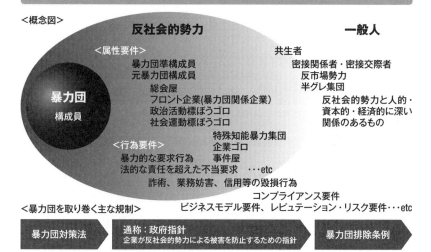

図表 2-1　反社会的勢力　不透明化の実態

反社会的勢力とは

<概念図>

反社会的勢力　　　　一般人

暴力団　構成員

<属性要件>
暴力団準構成員
元暴力団構成員
総会屋
フロント企業(暴力団関係企業)
政治活動標ぼうゴロ
社会運動標ぼうゴロ

<行為要件>
暴力的な要求行為
法的な責任を超えた不当要求　　…etc
詐術、業務妨害、信用等の毀損行為

共生者
密接関係者・密接交際者
反市場勢力
半グレ集団

反社会的勢力と人的・資本的・経済的に深い関係のあるもの

特殊知能暴力集団
企業ゴロ
事件屋

コンプライアンス要件
ビジネスモデル要件、レビュテーション・リスク要件…etc

<暴力団を取り巻く主な規制>

暴力団対策法　｜　通称：政府指針　企業が反社会的勢力による被害を防止するための指針　｜　暴力団排除条例

(1)共生者

　平成19年警察白書によれば、共生者とは、「表面的には暴力団との関係を隠しながら、その裏で暴力団の資金獲得活動に乗じ、又は暴力団の威力、情報力、資金力等を利用することによって自らの利益拡大を図る者」と定義されており、平成23年に改定された全国銀行協会(全銀協)の「銀行取引約定書における暴力団排除条項参考例」に具体的な5類型として集約され例示されている。したがって、共生者については、以下の全銀協の概念を含む反社会的勢力の周縁部分として認識しておくべきである。

(1)暴力団員等が経営を支配していると認められる関係を有すること

(2)暴力団員等が経営に実質的に関与していると認められる関係を有すること

(3)自己、自社もしくは第三者の不正の利益を図る目的または第三者に

損害を加える目的をもってするなど、不当に暴力団員等を利用して
いると認められる関係を有すること

(4)暴力団員等に対して資金等を提供し、または便宜を供与するなどの
関与をしていると認められる関係を有すること

(5)役員または経営に実質的に関与している者が暴力団員等と社会的に
非難されるべき関係を有すること

(2)元暴力団員

平成19年の政府指針には特段の明示はされていなかったが、平成23年10月までに全国で制定された暴排条例により、「構成員でなくなった日から5年を経過しないもの」までを規制対象とする考え方が支配的になっている（いわゆる「5年卒業基準」）ことにより、一般的に認識されるようになったカテゴリーである。確かに、暴力団を脱退して更生しようとする者の活動を妨げることは、暴排条例でも禁じられているように、あってはならない。しかしながら、真に注意すべきは、そのような状況や暴力団対策法の規制逃れの観点から「偽装脱退（偽装離脱）」を推奨している暴力団の活動実態、さらには、真に更生することが困難な現実である。警察でさえ、本当に脱退したのか、組との関係が一切断たれているのかを明確に立証することが困難な状況の中、過去の報道事実のみを鵜呑みにして、5年以上経っていることを理由に「シロ」と安易に（機械的に）判断することは極めて危険である。「元暴力団員」のカテゴリーから逃れられたとしても、暴力団と一定の関係を有するものは「共生者」であり、反社会的勢力として排除すべき対象であることもあわせて認識しなければならない。

このような現実・実態を踏まえれば、「元暴力団員」についても「共生者」同様、あくまで、「現時点の当人及び周辺の状況」を最大限の努力で確認し、総合的な観点から慎重な判断が求められると言える。そして、データベース・スクリーニング等の実務においては、過去の報道内容から5年とか10年以

上過去の記事で、当時既に「元暴力団員」と記載されていることをもって機械的に問題ないと判断することは、リスク管理上問題があるのであり、実務上は、いったん、「グレー」と捉えて、現時点の状況について十分な事実確認を行うべきである。

（3）反社会的勢力の捉え方

　反社会的勢力の不透明化の実態とは、「ブラックのホワイト化」（暴力団等がその姿を偽装したり隠ぺいしたりして実態をわかりにくくすること）の深化だけでなく、「ホワイトのブラック化」（暴力団等とは関係のない一般の個人や企業がそれらと関係を持つこと）も進んでいること、つまり、反社会的勢力のグレーゾーンが拡がっていることを理解することが大変重要である。そのうえで、企業実務における反社会的勢力の捉え方、考え方については、そもそも、反社会的勢力という用語自体、暴力団対策法をはじめ全国の暴排条例でも使われておらず、その意味するところは実は社会的に確定していない。あえて言うなら、前述の政府指針等でその捉え方が示唆されているにすぎず、結論から言えば、企業が自らの企業姿勢に照らして明確にする努力をしていくしかない。「反社会的勢力の不透明化」は、結局は「暴力団の活動実態の不透明化」であり、もう一方の一般人の「暴力団的なもの」への接近、その結果としての周縁・接点（グレーゾーン）の拡大であって、反社会的勢力自体がア・プリオリに不透明な存在（明確に定義できないもの、本質的に不透明なもの）であるともいえよう。

　また、半グレ（準暴力団）の台頭、暴排条例の施行や反社会的勢力への融資問題や企業の不祥事例を巡る議論の高まり、それらに伴う社会の要請の厳格化によって、結果として反社会的勢力の不透明化の度合いがますます深まっており、その結果、彼らが完全に地下に潜るなど、いわゆる「マフィア化」の傾向が顕著になりつつある。表面的には暴力団排除が進んだとしても、「暴力団的なもの」としての反社会的勢力はいつの時代にもどこにでも存在するのであって、その完全な排除は容易ではない。だからこそ、企業は、その存続や持続的成長のために、時代とともに姿かたちを変えながら存在し続ける

反社会的勢力を見極め（したがって、反社会的勢力の定義自体も時代ととも
に変遷することも認識しながら）、関係を持たないように継続的に取り組ん
でいくことが求められるのである。つまり、反社会的勢力を明確に定義する
ことは困難であるとの前提に立ちながら、暴力団や「現時点で認識されてい
る反社会的勢力（便宜的に枠を嵌められた、限定された存在としての反社会
的勢力）」だけを排除するのではなく、「暴力団的なもの」「本質的にグレーな
存在として不透明な反社会的勢力」を「関係を持つべきでない」とする企業姿
勢のもとに排除し続けないといけないとの認識を持つことが必要であろう。

　したがって、ここでは、便宜的に、反社会的勢力を、「暴力団等と何らか
の関係が疑われ、最終的には「関係を持つべきでない相手」として、企業が個
別に見極め、排除していくべきもの」として捉えていくこととする。便宜的
とはいえ、反社会的勢力を事細かく定義することによって、「そこから逃れ
てしまう存在」にこそ、彼らが逃げ込もうとするのであり、このくらいの大
きな捉え方をしたうえで、ケースごとに個別に判断していくことこそ、実務
においては重要であり、極めて実務的な捉え方であると強調しておきたい。

図表 2-2　「反社会的勢力」定義のポイント

共生者／元暴力団員等、不透明化する反社会的勢力の実態を踏まえると

「現時点の当人・周辺の状況」を最大限の努力で確認し、
総合的な観点から慎重な判断が求められる

現時点で自社が関係を持つことについて、対外的に説明責任を
果たせるだけの十分な客観性・合理性を確保する必要がある

反社会的勢力とは、暴力団等と何らかの関係が疑われ、
最終的には「関係を持つべきでない相手」として、
企業が個別に見極め、排除していくべきもの

（4）反社会的勢力の定義の曖昧さに関する議論

　さて、平成25年に発覚した反社会的勢力への融資問題を踏まえ、警察庁の暴力団等に関する情報データベースを民間と接続する、全銀協・生保協会・損保協会等の保有するデータベースを信販業界等も含め共有していく、グループ・ガバナンスの一環として、グループで保有する反社会的勢力データベースを共有するといった動きが加速した。データベースの限界については後述するが、データベースを巡る問題と重なるものとして、「反社会的勢力の範囲はどこまでか」が実務上の大きな課題であることは明らかである。そもそも、反社会的勢力排除の取組みにおいては、反社会的勢力の範囲（定義）が明確でなく、曖昧なままとなっていることが、その難しさの根本にあるのは疑いがない。では、その範囲（定義）さえ明確に線引きがなされ、それが社会全体での共通認識となれば、（データベースの限界は別として）社会からの反社会的勢力排除は実現されるのだろうか－。答えは「否」である。そして、極論すれば、「事細かに詳細まで定義すべきではない」のである。以下、その根拠を簡単に説明していくこととする。

　前項で、反社会的勢力を、「暴力団等と何らかの関係が疑われ、最終的に『関係を持つべきでない相手』と個別に見極めて、排除していくべきもの」と定義したが、それは、そもそもが「本質的にグレーな存在」である実態を踏まえたものである。一方で、反社会的勢力の範囲を詳細に定義することが可能になれば、データベースの収集範囲が明確となり、その結果、データベースの精度が向上し、排除対象が明確になり、暴排条項該当への属性立証も円滑に進むであろうことは容易に想像できる。

　しかし、そこに落とし穴が潜んでいる。反社会的勢力の範囲の明確化は、反社会的勢力の立場からすれば、偽装脱退などの「暴力団対策法逃れ」と同様の構図により、「反社会的勢力逃れ」をすすめればよいだけでの話となる。社会のあらゆる局面で、排除対象が明確になっており、データベースに登録されている者を、あえて契約や取引の当事者とするはずもなく、最終的にその

存在の不透明化・潜在化を強力に推し進めることになるだろう。その結果、実質的な契約や取引の相手である「真の受益者」から反社会的勢力を排除することは、これまで以上に困難な作業となっていくのは明らかである。つまり、反社会的勢力の資金源を断つどころか、逆に、潜在化する彼らの活動を助長することになりかねず、結局はその見極めの難易度が上がる分だけ、自らの首を絞める状況に追い込まれるはずである。

　さらに、反社会的勢力の範囲の明確化を企業側から見た場合、排除すべき対象が明確になることで、「それに該当するか」といった「点(境目)」に意識や関心が集中することになることから、逆に、反社チェックの精度が下がる懸念がある。そもそも、反社会的勢力を見極める作業(反社チェック)とは、当該対象者とつながる関係者の拡がりの状況や「真の受益者」の特定といった「面」でその全体像を捉えることを通して、その「点」の本来の属性を導き出す作業でもある。表面的な属性では問題がないと思われる「点」が、「面」の一部として背後に暴力団等と何らかの関係がうかがわれることをもって、それを反社会的勢力として「関係を持つべきでない」排除すべき対象と位置付けていく一連の作業である。その境目である「点」だけいくら調べても、反社会的勢力であると見抜くことは困難であり(さらに、今後その困難度合が増していくことが予想される)、全体像を見ようとしない反社チェックは、表面的・形式的な実務に堕する可能性が高くなるであろう。

　反社会的勢力の範囲を明確にすることで、表面的・形式的な暴力団排除・反社会的勢力排除の実現は可能であろう。企業実務に限界がある以上、また、一方で営利を目的とする企業活動である以上、最低限のチェックで良しとする考え方もあることは否定しない。しかしながら、すでに述べた通り、私たちに求められているのは、暴力団対策法によって存在が認められた暴力団や当局が認定した暴力団員等、あるいは、「現時点で認識されている反社会的勢力(便宜的に枠を嵌められた、限定された存在としての反社会的勢力)」の排除にとどまるのではなく、「真の受益者」たる「暴力団的なもの」「本質的にグレーな存在である反社会的勢力」の排除であることを忘れてはならない。反社会的勢力の範囲を明確にすることが、直接的に相手を利することにつな

がり、対峙すべき企業が自らの首を絞めるとともに、自らの「目利き力」の低下を招くものだとしたら、これほど恐ろしいことはない。

図表 2-3　定義の明確化におけるポイント

反社会的勢力の定義の明確化に関する考察

極論すれば、
「こと細かに詳細まで定義すべきではない」のではないか

反社会的勢力とは、暴力団等と何らかの関係が疑われ、最終的に
「関係を持つべきでない相手」と個別に見極めて、排除していくべきもの

▶▶ **詳細に定義することで、「該当しない」グレーゾーンの拡大（反社会的勢力の不透明化・潜在化）を招くおそれ**
　●「真の受益者」の潜在化を助長
　●定義に「該当するか否か」に見極めのレベルがとどまり全体像を見ないおそれ

機械的・システム的な判断は、あくまで「代替策」にすぎない

「銀行口座開設、保険契約、クレジット契約等」と「融資契約、代理店委託契約、売買契約等」は手法が異なって当たり前

▶▶ **大量かつスピーディな処理では「入口」の精度が不完全であることを認識し、中途（モニタリング）・出口（排除）における端緒の捕捉精度を上げることに注力すべき**
　データベース・スクリーニングにおいては、個々のデータベースの限界を踏まえ、重層的かつ高頻度での活用が望ましい

2．反社会的勢力データベース

　すでに述べた通り、反社会的勢力データベースの活用が注目を集めており、「公助」としての警察庁データベース、「共助」としての全銀協や生保協会・損保協会等のデータベースを、「自助」としての各社のデータベースと組み合わ

せて、自社の枠を超えて広く活用する動きが加速している。これらのデータベースを活用したスクリーニング（データベース・スクリーニング）は、反社チェックにおいては極めて重要な手法であることは間違いないが、その限界について厳しく認識したうえで、「本質的にグレーな存在」である反社会的勢力を見極め、排除していく取組みの中に、データベース・スクリーニングをどう位置付けるかを慎重に検討していく必要がある。ここでは、データベースそのもののあり方や限界、それと密接に関係するデータベース・スクリーニングのあり方や課題について、考えてみたいと思う。

（1）代表的なデータベース

　まずは、代表的なデータベース等について簡単に紹介するが、重要なことは、それぞれのデータベースには一長一短があり完璧なデータベースなど存在しないということ、全ての事業者が全てのデータベースを活用できるとは限らないということである。自社の企業姿勢や置かれている状況に応じて、自助・共助・公助のデータベースを組み合わせて利用していくことが求められている。

①警察庁
　現時点で実際に警察庁のデータベースと接続されている団体として、日本証券業協会（不当要求情報管理機関）や全国銀行協会があるが、例えば日本証券業協会の利用には以下のような制約がある。

●新規口座開設業務での活用に限定
は本データベースの活用は認められていない。
既存の証券口座のチェックや株式公開（IPO）支援業務といった他の業務では本データベースの活用は認められていない。
●回答内容は「組員の可能性の有無」のみ
　具体的な情報の提供は行われず、機械的に二択の回答がなされるだけである。
●組員と同一人物であることを確定させるには各都道府県警へ個別に照会

該当の可能性が示唆された場合は、システム経由ではなく、他の事業者と同じく、リアルな個別の警察照会を通じた情報収集の流れになる（したがって、該当情報の回答がリアルタイムになされているわけではない）。

なお、データベースに依らない警察からの情報提供については、警察庁の内部通達「暴力団排除等のための部外への情報提供について」（平成25年12月、平成31年3月更新）にしたがって情報提供を受けることになる（この点は後述する）。

また、平成31年1月から、新規の個人向け融資取引などの申込者が暴力団員かどうかを確認するため、銀行がオンラインで警察庁のデータベースに照会するシステムの運用が開始された。本スキームは、職務上知り得た個人情報などの秘密保持が法律で義務付けられている預金保険機構のサーバーと警察庁のサーバーを接続、銀行に設置された専用端末から申込者の氏名や生年月日などを入力し、機構を通じてオンラインで照会するもので、回答は該当の有無のみ、該当した場合は改めて都道府県警に個別に照会する流れとなっている。警察への照会の結果、同姓同名の別人でないことなどを確認し、最終的に暴力団員らと認められれば取引を拒否することになる。なお、警察側が回答するのはプライバシーを守る観点から、組員かどうかの情報に限定されている（なお、「所属はしていないが組織の活動に関わる準構成員などに該当するかどうか回答」されるとしているものあるが、当事者である金融機関に対して、どのような範囲のデータベースであるか、詳細は知らされていないという）。

以下、本システムのスタートがもたらす反社チェック業務への影響等について少し考えてみたい。警察庁からデータベースで提供される情報の範囲は「暴力団構成員（及び準構成員）」ということになるが、まずは、そもそもの警察庁内部通達（暴力団排除等のための部外への情報提供について）の内容を確認しておくと、本通達では、「提供する暴力団情報の内容」として、具体的に、

「暴力団員、暴力団準構成員、元暴力団員、共生者、暴力団員と社会的に非難されるべき関係にある者、総会屋及び社会運動等標ぼうゴロ、暴力団の支配下にある法人」が列記されている。だが、これらのカテゴリーに該当する確度が高いと事業者側が思っていても、警察からは十分な情報が提供されないケースも少なくない。

　それは、例えば、「元暴力団員」の情報提供については、「現に自らの意思で反社会的団体である暴力団に所属している構成員の場合と異なり、元暴力団員については、暴力団との関係を断ち切って更生しようとしている者もいることから、過去に暴力団員であったことが法律上の欠格要件となっている場合や、現状が暴力団準構成員、共生者、暴力団員と社会的に非難されるべき関係にある者、総会屋及び社会運動等標ぼうゴロとみなすことができる場合は格別、過去に暴力団に所属していたという事実だけをもって情報提供をしないこと」といった規定があり、その規定にしたがって回答をしていることによるものである。

　同様に、例えば、「暴力団員と社会的に非難されるべき関係にある者」の情報提供については、「例えば、暴力団員が関与している賭博等に参加している場合、暴力団が主催するゴルフコンペや誕生会、還暦祝い等の行事等に出席している場合等、その態様が様々であることから、当該対象者と暴力団員とが関係を有するに至った原因、当該対象者が相手方を暴力団員であると知った時期やその後の対応、暴力団員との交際の内容の軽重等の事情に照らし、具体的事案ごとに情報提供の可否を判断する必要があり、暴力団員と交際しているといった事実だけをもって漫然と「暴力団員と社会的に非難されるべき関係にある者である」といった情報提供をしないこと」と規定されている。

　つまり、単純に「元暴力団員」や「暴力団員と社会的に非難されるべき関係にある者」に外形的に該当するというだけでは警察としては情報提供できず、現時点（照会された時点）の属性の状況（更生の状況）や事情の軽重等を踏まえて個別具体的な事案ごとに検討のうえ回答を行うことが決められている。したがって、データベース照会とはいえリアルタイムでの100％の回答が困難

であることはある意味当然であり、「事実確認・実態確認」を所轄等に行う運用となっているものと考えられる（その結果、回答までに時間を要することになる）。一方、警察庁が（データベースの更新等の運用をどのように行っているかは分からないが）スピーディに回答しようと思えば、「確実に該当している情報（確実に該当していることが分かっている情報）」のみの提供に限定されることになる。したがって、今回のスキームでは、確実（あるいは確実である可能性が高いもの）であって、スピーディに回答できるものとして、「暴力団構成員（及び準構成員）」のみに限定されていることは当然の帰結といえる。

さらに、このようなデータベース接続が銀行の（さらには、それを参考とする事業者の）反社チェックに影響を与えるかどうかについては、おそらく「あると助かる」といった程度のレベル感ではないかと思われる。平成25年の銀行等の不祥事を受けた、平成26年の金融庁の監督指針の改正におけるパブコメ回答で、金融庁は、「警察庁データベースとの接続のみをもって、「反社会的勢力との関係を遮断するための取組みの実効性を確保する体制」や「適切な事後検証を行うための態勢」が構築されたと判断するものではありません。また、警察との連携体制の構築にあたっては、監督指針案のとおり「平素より、警察とのパイプを強化し、組織的な連絡体制と問題発生時の協力体制を構築すること」が特に重要と考えます」と回答している。新たに警察庁とデータベースが接続されたからといって、金融庁のスタンスとしては、「これが全てではない」として、これまでの運用に重ねて利用されることを想定しているものと考えられる。

なお、少し横道にそれるが、当該パブコメに示されている金融庁のスタンスをあらためて確認することで、反社チェック実務の本質的な部分について、もう少し深く考えてみたい。

まず、回答の中には、「反社会的勢力はその形態が多様であり、社会情勢等に応じて変化し得るため、あらかじめ限定的に基準を設けることはその性質上妥当でないと考えます。本ガイドラインを参考に、各事業者において実

態を踏まえて判断する必要があります」との記述があり、これが、金融庁の想定している「反社会的勢力の捉え方」であると思われる。

これを踏まえて、データベースの整備のあり方については、「データベースについては、それぞれの金融機関の事業特性等を踏まえ、反社会的勢力との取引に晒されるリスクに応じて、反社会的勢力との関係を遮断するために必要な程度の情報を備えたものである必要があると考えます」と述べているほか、反社会的勢力の認定のあり方については、「反社会的勢力であることの判定については個別取引毎に具体的状況に即して行う必要があり、一般的には、自社のデータベースや現場での交渉記録、警察等からの提供情報等を総合的に勘案した上で判断することが必要となると考えます」とされている。

これらを総合すると、警察庁データベースもまた「反社チェックの要素の一つ」であり、自社データベースや現場からの端緒情報等を踏まえて反社会的勢力を見極めていくというスタンスこそが反社チェックのあり方であることが理解できよう。前述した通り、警察庁の暴力団排除における情報提供の範囲に比べて、今回の警察庁データベースの提供範囲がそもそも限定的であること（警察庁データベースの内容が反社会的勢力の全てではないこと）、適切な見極めのための必要な判断材料を収集するためには、実際の現場の端緒情報や「真の受益者」の特定の観点から相手の関係者まで含めて疑わしさがないか確認していく姿勢（KYCからKYCCへ）や手を尽くして（積極的に）情報を収集すること、などが反社チェック実務の本質的な部分にあたるのではないかと思われる。

また、入口での反社チェックに限界があることを踏まえ、「適切な事後検証」の必要性については、「取引開始後に属性が変化して反社会的勢力となる者が存する可能性もあり、また、日々の情報の蓄積により増強されたデータベースにより、事前審査時に検出できなかった反社会的勢力を把握できる場合もあると考えられることから、事前審査が徹底されていたとしても、事後検証を行うことには合理性が認められるものと考えます」と述べていることに加え、日々の情報を「積極的に」収集・分析することを実務として盛り込むよう求めているが、その「積極的に」の意味については、「日頃から、意識的

に情報のアンテナを張り、新聞報道等に注意して幅広く情報の収集を行ったり、外部専門機関等から提供された情報なども合わせて、その正確性・信頼性を検証するなどの対応が考えられます」といった形で、継続的な情報の収集及びその分析・活用に向けた体制の整備を求めている。

なお、本文書は、今読んでも特に事業者側のコメント（質問・意見）に認識の甘さが見受けられるが、現時点での事業者の認識が4年前より進化・深化しているのかは気になるところだ。この認識の甘さが意味しているのは、データベースによるスクリーニングを反社チェックの唯一の方法と考え、過度にデータベースに依存することの危険性である。つまり、データベースに過度に依存することは、（反社会的勢力から見れば、自らに代わってデータベースに該当しない者に取引をさせればよいということになり）反社会的勢力の不透明化・潜在化、手口の巧妙化をさらに助長しかねないのであって、一方で、そこに安住することによって現場の目利き力の低下も招きかねない。その結果、「取組みの実効性が確保されない」のは当然の帰結である。また、「適切な事後検証」のためには、データベースだけではなく、日常業務を通じた端緒の把握や継続的なモニタリングなどにも取組むべきであり、（繰り返しになるが）データベースの利用だけでは十分でないとの指摘もまた的を得たものだといえる。

全銀協と警察庁データベースとの接続スキームについては、照会してから（該当があれば）段階を踏んで具体的な回答が得られるまで相応の時間を要すること、新規取引における取引可否判断のスピードにも影響が及ぶこと、銀行と競合する貸金業などは本スキームの対象外であり競合戦略上も無視できない影響が考えられることなど、実務上の限界や課題があるとはいえ、これまで積み重ねてきた反社会的勢力排除の実務に、実効性を高める有力な武器が増えたとして、評価できるものといえる。

②全国銀行協会（全銀協）

属性要件と行為要件について、協会が加盟行からの提供情報や独自の情報収集・精査等を踏まえてデータベース化、その情報を各行に定期的に配信し

ている。各行では、この情報を自らのデータベースに取り込みながら業務に活用している。

③全国暴力追放運動推進センター(暴追センター)

暴追センターでは、最近、警察庁発表の暴力団逮捕情報をはじめ、収集した情報等について、加盟企業・団体向けの提供を行っている。

④記事検索サービス・インターネット検索

記事検索サービスにおいては、記事を提供している報道機関のスタンス(個人情報保護の観点)により、一定年数(報道機関により異なる)を経過した記事については、「匿名化」された情報提供に切り替えられるなど、過去の情報の精度に一定の限界が生じていることは認識しておく必要がある。インターネット検索においても同様であり、一定期間経過後、元の報道記事は削除されるのが一般的であり、当該記事がブログ等に貼りつけられるといった形で拡散されていなければ、検索してもヒットしないことも認識しておく必要があろう。

⑤海外反社データベース

暴力団を中核とする反社会的勢力は、資金獲得手法の巧妙化によって、その活動はマネー・ローンダリングや武器売買、テロ組織との取引、麻薬取引・人身売買などにまで及んでいることから、国際的には正に国際犯罪組織として認知され、その排除・弱体化がグローバルな要請となっている。一方で、グローバルなビジネスにおいては、アンチ・マネー・ローンダリング(AML)やテロ資金供与対策(CFT)、腐敗行為リスクへの対応、租税回避行為への対応、北朝鮮やイランに対する国連等の制裁への対応といった海外コンプライアンスの観点から、その関係者を排除することが当然の如く要請されており、国内の反社会的勢力も当該行為に関与する限り排除の対象となっている。したがって、企業としては、反社会的勢力排除といわゆる「海外反社」排除とを、「取引先管理」という同一の文脈の中で、本質的には同じもの(関係を持

つべきでない相手)として捉え、対応していくことが求められていると認識すべき状況にあるといえよう。

　ただし、「海外反社」は、まだ一般的に認知されている呼称ではないため、ここでは、狭義の意味合いとしては、AML/CFTなどの海外コンプライアンスにおいて、排除すべき対象としてリストアップされている団体または個人について便宜的に呼ぶことにする。

　国内の反社会的勢力を定義することが難しいのと同様に、「海外反社」に明確な定義はないが、本来的な意味合い(広義)としては、国内の反社会的勢力の捉え方のフレームワークを用いれば、「反社会的な組織との関与もしくは反社会的な行為が認められるとして、『自社と取引してよいか、関係を持ってよいか』の総合的な見地からみて『ふさわしくない』と判断する海外の団体・企業・個人等」として総称できるのではないかと思われる。要は、実務上は、国内の反社会的勢力排除に加えて、「取引先・口座開設者・業務提携先・資本提携先・株主等に海外反社がいないか」「海外の取引先や海外の現地法人の取引先等に暴力団等の反社会的勢力や海外反社会がいないか」といった点に一層注意を払う必要があるのであって、それらとの関係者とみなされれば、資産の凍結や取引禁止、免許剥奪といった制裁もありうるし、グローバルなビジネスセンスの欠如・反社会的な組織に協力したとして、レピュテーション上も重大な影響を受ける可能性があることを踏まえる必要があるということである。

●海外反社チェックのあり方

　「海外反社」を捉えるにあたっては、国内の反社会的勢力排除の考え方をベースとして捉えることが望ましい。ただし、暴力団は、マフィアなど海外の犯罪組織とは同質ではない点に注意が必要である。国内では、暴力団対策法において(指定)暴力団が定義されていることが反社会的勢力排除の全ての取組みの前提となっているのに対し、マフィアなど海外の犯罪組織は、非合法の完全秘密組織であることが前提となっており、ともに構成員や関連企業などの不透明化と潜在化が進んでいるものの、本質的な違い

を有している。例えば、暴力団を属性で捉えることがまずもって重要であるのに対し、そもそもある人物がマフィアに属していることは公になることはない（属性で把握することはできない）といった違いがある。

したがって、「海外反社」を捉える視点は、現時点では、国内の反社会的勢力の関与という視点以外については、あくまで各国政府機関等が公表している「制裁リスト」「取引禁止リスト」等への該当の有無を確認することを中核として、コンプライアンス、レピュテーションなどの観点から「関係をもって問題がないか」が中心になるといえる。とはいえ、国内の暴力団以上にその存在が不透明化している海外の犯罪組織関連の団体・企業・個人等と関係を持たないために企業ができることとしては、「制裁リスト」「取引禁止リスト」等への突合、WEBや外部データベース等を活用したワールドワイドでの風評や記事等のチェック、取引を通じて得られる様々な情報や風評など、収集した企業や団体に関する周辺情報や一般犯罪情報などが、それらと犯罪組織との関与を認知する端緒になりうることにも注意しておく必要がある。つまりは、本質的には国内の反社チェックと何ら変わることのない取組みを行うことになろう。

●外部データベースの活用

海外コンプライアンスにおいては、各国政府機関等が公表している「取引禁止リスト」「資産凍結リスト」「重要犯罪者・テロリスト等に関する情報」などに対するスクリーニングを行うことがまず求められる。それらのリストは、原則、誰でも入手可能であるが、現実的には、リストの数が多いうえ、リストの最新性の確保やリストアップされている企業・個人等の数が膨大なものになるなどの問題があり、外部専門会社の提供するデータベースによるチェックが正確性・効率性の観点から望ましいものと思われる。具体的な対象リストの例としては、例えばLexisNexis社が提供する横断的な制裁リスト・ウォッチリスト等のスクリーニング・サービスなどがあり、そこに収録されている代表的なものは以下の通りである。

オーストラリア外務通商省	OSFI（カナダ統合リスト）
イングランド銀行統合リスト	マネー・ローンダリングに関する主要な懸念
米国産業安全保障局 （輸出入制裁対象機関）	マネー・ローンダリングに関する主要な懸念−司法
国家元首・外国政府首脳	テロリスト排除リスト
DTC輸出規制対象者	無認可銀行
欧州連合統合リスト	国連統合リスト
FBIハイジャック容疑者	世界銀行不適格企業
FBI最重要指名手配者	オーストラリア準備銀行（RBA）
FBI最重要指名手配テロリスト	オフショア金融センター（OFC）
FBI探索情報	米国先物年取引委員会（CFTC）
FBI最重要指名手配者10名	外国エージェント登録ACT（FARA）に基づくリスト
香港金融管理局	アイルランド財務監督無許可会社リスト
インターポール最重要指名手配者	日本財務省資産凍結者リスト
シンガポール通貨監督庁リスト	日本経済産業省外国ユーザーリスト
OFAC非SDN機関	日本金融庁国連決議に基づく取締まりリスト
OFAC制裁	中国銀行規制リスト
OFAC SDN	UKFSAリスト

　当然ながら、実際の海外反社チェックにおいては、これらのデータベースを活用したスクリーニングだけにとどまらず、「企業概要（企業基本情報）」「与信・財務情報」「実在性の確認」「風評や周辺情報の収集」「信頼できる現地調査会社への依頼」といった自社固有の調査手法と組み合わせることが、実効性を高めるものといえる。

● 行為要件・風評等のチェック

・行為要件・風評チェックの調査手法（データベース・スクリーニング以外）

　国内の反社チェック同様、「記事検索」「ネットでの風評検索」「業界・近隣における風評・情報の収集」などが有効である。

・海外反社における具体的な調査手法の例

　収集すべき情報は、国内反社に準ずることが望ましく、ネット風評の検

索(ネガティブ情報の収集)や現地における情報収集などについては、現時点における具体的・効率的かつシステマティックな手法としては、例えば、LexisNexis社の提供する「海外ニュース・ビジネスデータベース」(世界26,000媒体以上の新聞記事・通信社記事・雑誌・専門誌・業界紙、プレスリリース、テレビ・ラジオ放送のトランスクリプトなどについて、過去から蓄積しているデータベースに対して、詐欺／不正／横領などのネガティブワードを含む記事を横断的に検索する手法)によるスクリーニング(ネガティブニュース検索)の実施が有効であると思われる。

(2)データベースの限界

　前述のとおり、様々なデータベースが提供・共有され、「公助」「共助」「自助」の取り組みが進んでいる。これらの取組みは、反社会的勢力の見極めの精度を高めることに大きく貢献することが期待されるものの、必ずしもそのデータベースが万全ではない(限界がある)ことも十分認識する必要がある。

　まず、限界として認識すべき点として、警察や暴追センターが提供する情報が全ての反社会的勢力をカバーしているわけではなく、むしろ、警察庁の内部通達「暴力団排除等のための部外への情報提供について」に明記されている「立証責任」(情報の内容及び情報提供の正当性について警察が立証する責任を負わなければならないとの認識を持つこと)や「情報の正確性」の確保に鑑み、提供して問題のない確証のある情報(例えば、現役の暴力団構成員など)に限定される傾向が一層強まっている点があげられる。その帰結として、データベースに登録されている者や情報提供の対象者が比較的直近の属性や犯罪に紐付いている傾向にあること(つまり、データベースに「時系列的な厚み」があまり期待できないこと)、したがって、共生者や周辺者といったグレーゾーンに関する情報があまり期待できないこと(経験的に、グレーゾーンに位置する者は、「直近ではない過去」に何らかの犯罪に関与しているケースが多いため、共生者等の把握にはデータベース上の「時系列的な厚み」が必要不可欠となる)、さらには、「真の受益者」が背後に隠れている実態を踏まえれば、そのようなデータベース上の属性を有する者が、チェックの対象となる

者(＝契約等の当事者)になりうるかといった根本的な懸念すら拭えない状況にある。そして、当然のことながら、反社会的勢力は、そのようなリスクを、代理契約、偽名・借名・なりすまし等によってヘッジしている現実がある。

このようなデータベースの限界にとどまらず、真に憂慮すべき問題は、これらの情報を利用する側の企業姿勢にある。つまり、データベースに「依存」「安住」するあまり、それ以上の取組みについて「思考停止」に陥ってしまうこと(これで十分だと誤信してしまうこと)、もっといえば、反社会的勢力の不透明化や手口の巧妙化の現実を踏まえれば、現場の「目利き」力を高めるべき状況にあるにもかかわらず、「思考停止」によってその能力の低下すら招きかねないという点にあるのではないだろうか。例えば、企業が暴排コンプライアンスについて、営業活動を阻害する「やっかいなもの」との認識を持っており、このようなデータベースの活用が推奨されることによって、一定の「お墨付き」を得られるとの感覚があるとすれば、根本的な解決には程遠いと言わざるを得ない。

そもそも反社チェックとは、日常業務の中から「疑わしい」端緒を把握し、それを基に組織的に見極め、排除に向けて取り組むことに他ならない。現場の端緒情報を軽視しデータベースに依存することだけでは反社チェックの精度を十分に確保することは難しいし、現場における暴排意識やリスクセンスの向上なくしては、反社会的勢力の実質的な排除、あるいは、その前提となる見極めすら期待できないと言ってよい。それが実質的に高い精度が期待できないデータベースであればなおさら、それがどのようなものであれ、「データベースに該当しないこと＝反社会的勢力でない」との短絡的な思考が、それ以上の思考を停止させ「目利き」力を低下させること、つまり、反社会的勢力排除のためのデータベースが、反社会的勢力排除の実効性を阻害するという本質的な矛盾を生じさせる危険性を孕むことを強く認識していただきたいところだ。

(3) 目利き能力を如何に高めるか

反社チェックとは、日常業務の中から「疑わしい」端緒を把握し、それを基

に組織的に見極め、排除に向けて取り組む出発点である。したがって、反社チェックを支えるものは、あくまで現場における高い「暴排意識」と「リスクセンス」であり、データベースはそれらと相互に補助しあう役割を担っているといえる。反社会的勢力につながる端緒情報をデータベースから得られることは、現場の意識を高めること、すなわち、チェック（観察力）の精度を高めることにつながるし、現場で収集された風評や取引や接触等を通じた違和感や怪しさといった「ぼんやりとした」端緒情報にデータベースが客観的な事実（確証）や示唆を与えることにもなる。その意味では、データベース・スクリーニング自体は「必要条件」や「十分条件」にはなりうるものの、単独で「必要十分条件」にはなり得ないといった性質のものといえよう。また、あるメガバンクでAML/CFTの取組みについて伺ったところ、AML/CFTシステムにおける膨大なロジックによりシステム的に抽出された端緒情報（異常値）と現場行員から寄せられた疑わしいとの端緒情報の「精度（この場合は、最終的に金融庁に「疑わしい取引」として届出をすることになる比率）」を比較すると、後者の方が圧倒的に高いという。

データベース偏重が現場の思考停止を生むことをリスクとして認識しながら、現場の目利き力を高めるためには、まずは、「何かおかしい」と個人が思えること・気付くこと（リスクセンスが麻痺していないこと）、その個人的な感覚が組織の感覚とマッチすること（組織の論理が個人の常識や感覚を封じ込めないこと）、つまり、組織の外においては健全に機能する各人の「社会の目」を組織内にどれだけ取り込めるかという組織風土（社風）に着目する必要がある。したがって、組織風土の醸成との観点から言えば、「風通しが良い」「正しいことを正しいやり方で正しく行う」「正しいことが評価される（正しいことをやろうとして犯した失敗にはある程度寛容である）」といった当たり前のことが、暴排の取組みにおいても極めて重要だといえるのである。

（4）反社チェックにおけるデータベース・スクリーニングの位置付け

そもそも、反社会的勢力を見極める作業（反社チェック）とは、当該対象者＝「点」とつながる関係者の拡がりの状況や「真の受益者」の特定といった

「面」でその全体像を捉えることで、その「点」の本来の属性を導き出す作業である。表面的な属性で問題がないと思われる「点」が、「面」の一部として背後に暴力団等と何らかの関係がうかがわれることをもって、それを反社会的勢力として、「関係を持つべきでない」排除すべき対象と位置付けていく一連の作業であって、この本質的な反社チェックのあり方から見た場合、データベース・スクリーニングに代表される機械的・システム的なチェックやそれに伴う判断は、あくまで本来的な反社チェックの「代替策」に過ぎないといえよう。「預金口座の開設」「保険契約」「クレジット契約」「個品割賦購入契約」といった大量かつスピーディな処理が求められている業務においては、効率性と精度をある程度のところで両立させる有効な方法が他にないが故の「代替策」であって、他の手法とどれだけ組み合わせられるかは企業努力次第ということになる。したがって、このような限定的な手法に依存するしかない「入口」審査においては、データベースの限界と相まって精度が不十分である（すなわち、不完全である）こと、結果として、反社会的勢力がすり抜けて入り込んでしまっていることを強く認識した業務運営を行うべきである。したがって、「入口」審査の限界を踏まえた「事後チェック」「中間管理」の精度向上の視点が一層重要となるのである。

　データベース・スクリーニングの手法に限っていえば、データベース更新の都度行うという高頻度のスクリーニング、あるいは、複数のデータベースを組み合わせて利用することによって「粗い網の目」を幾ばくか狭めていく工夫などが求められよう。実際、IPOの場面では、自社による反社チェック（記事検索サービスやインターネット検索、専用データベース等の活用による自律的・自立的なチェック）以外にも、主幹事証券の保有するデータベース、証券取引所の保有するデータベースと少なくとも3段階の異なるデータベースによるスクリーニングを実施することで、万全を期すための努力を行っている。また、データベース・スクリーニングが本来的な反社チェックの「代替策」に過ぎないことを踏まえれば、「融資契約」「代理店・加盟店等の業務委託契約」「売買契約」をはじめとする他の契約類型においては、「登記情報の精査」「風評の収集」「実体・実態確認」その他の反社チェックの手法を組み合わ

せるなど、反社チェック本来の形に近づける努力をすべきであるし、それが求められている。

　さらに、「入口」審査の限界を踏まえた「事後チェック」「中間管理」の精度向上においては、データベース・スクリーニングの高頻度かつ重層的な活用以外にも、中途でのモニタリング強化の視点が必須となる。そこでの主役は、現場レベルの「日常業務における端緒情報の把握」であり、一人ひとりが「暴排意識」と「リスクセンス」をフルに発揮できる環境作りと情報の集約・審査体制の整備、さらには排除を可能にする積極的な仕掛け作りが求められる。このあたりの視点については、金融庁の「反社会的勢力との関係遮断に向けた取組みの推進について」（平成25年12月26日）にも、以下のような項目があげられていることからも理解できるし、現時点でも通用する普遍的なものであり、あわせて参考にして頂きたい。

　金融庁及び各金融機関・業界団体は、反社会的勢力との関係遮断の実効性を高めるため、関係省庁及び関係団体とも連携し、下記の取組みを推進する。また、金融庁は、年度内に所要の監督指針の改正を行うものとする。

---

1. 反社との取引の未然防止（入口）

●暴力団排除条項の導入の徹底

　各金融機関は、提携ローン（四者型）を含め、暴力団排除条項の導入を改めて徹底する。

●反社データベースの充実・強化

・各金融機関・業界団体の反社データベースの充実

　各金融機関・業界団体において、引き続き反社会的勢力の情報を積極的に収集・分析して反社データベースの充実を図るとともに、グループ内や業界団体間での反社データベースの共有を進める。

・銀行界と警察庁データベースとの接続の検討加速化

　警察庁が保有する暴力団情報について、銀行からオンラインで照会

できるシステムを構築するため、金融庁、警察庁及び全国銀行協会の実務担当者の間における、情報漏洩の防止の在り方を含めたシステム構築上の課題の解決に向けた検討を加速する。

●提携ローンにおける入口段階の反社チェック強化

提携ローンについて、金融機関自らが事前に反社チェックを行う態勢を整備する。また、各金融機関は、提携先の信販会社における暴力団排除条項の導入状況、反社データベースの整備状況等を検証する。

2. 事後チェックと内部管理（中間管理）

●事後的な反社チェック態勢の強化

各金融機関は、反社データベースの充実・強化、反社チェックの頻度アップ等、既存債権・契約の事後的な反社チェック態勢を強化する。

●反社との関係遮断に係る内部管理態勢の徹底

各金融機関は、反社会的勢力との取引の経営陣への適切な報告や経営陣による適切な関与等、反社との関係遮断に係る内部管理態勢を徹底する。

3. 反社との取引解消（出口）

●反社との取引の解消の推進

各金融機関は、警察当局・弁護士等と連携し、反社との取引の解消を推進する。なお、事後に反社取引と判明した案件については、可能な限り回収を図るなど、反社への利益供与にならないよう配意する。

●預金取扱金融機関による、特定回収困難債権の買取制度の活用促進

金融庁及び預金保険機構は、特定回収困難債権の買取制度の運用改善を図るとともに、提携ローンにおいて、信販会社が代位弁済した債権を買い戻した場合も同制度の対象となること等を周知することにより、同制度の活用を促進する。

●信販会社・保険会社等による、サービサーとしてのRCCの活用

特定回収困難債権の買取制度の対象とならない信販会社・保険会社等の反社債権について、RCCのサービサー機能を活用する。

3．警察情報の提供の限界

　反社会的勢力の見極めの実務においては、企業における自律的・自立的な反社チェック以外に、警察から暴力団等に関する情報提供を受けることも重要なステップと位置付ける必要がある。とはいえ、企業が望むような情報を警察が全て提供してくれるわけではなく、既に述べたとおり、内部通達「暴力団排除等のための部外への情報提供について」に基づいた対応となっていることを理解しておくことが重要である。

　さて、当該通達においては、「特に、相手方が行政機関以外の者である場合には、法令の規定に基づく場合のほかは、当該情報が暴力団排除等の公益目的の達成のために必要であり、かつ、警察からの情報提供によらなければ当該目的を達成することが困難な場合に行うこと」、「条例上の義務履行の支援、暴力団に係る被害者対策、資金源対策の視点や社会経済の基本となるシステムに暴力団を介入させないという視点から、(略)可能な範囲で積極的かつ適切な情報提供を行うものとする」と情報提供の主旨、姿勢が明示されている。したがって、情報提供を受ける事業者としては、情報提供により達成される「公益」や「最終手段性」を警察が認識できる形で依頼することが肝要となる。排除実務においては、この警察による情報提供は事実上必須のステップであるため、相談に当たっては、以下のような項目について説明ができるよう準備を行ったうえで相談することが求められている。

●自助努力で行った調査内容（疑わしいとする根拠）
●組織としての排除の意思
●実現可能性を裏付ける暴排条項等の締結状況
●排除に向けた取組み状況や個人情報管理の状況　等

　また、本通達では、提供される情報の範囲として、「事業者が、取引等の相手方が暴力団員、暴力団準構成員、元暴力団員、共生者、暴力団員と社会

的に非難されるべき関係を有する者等でないことを確認するなど条例上の義務を履行するために必要と認められる場合には、その義務の履行に必要な範囲で情報を提供するものとする」と規定されており、ベーシックな反社会的勢力の範囲が網羅されている。

　一方で、この通達では、「情報の正確性の確保」について、「暴力団情報を提供するに当たっては、（略）必要な補充調査を実施するなどして、当該情報の正確性を担保すること」とされ、「情報提供に係る責任の自覚」として、「情報の内容及び情報提供の正当性について警察が立証する責任を負わなければならないとの認識を持つこと」と立証責任を意識した慎重を期した情報提供のあり方が前面に出ている点にも注意が必要である。さらに、平成25年12月改定では、「情報の正確性の確保について」は、「暴力団情報を提供するに当たっては、その内容の正確性が厳に求められることから、必ず警察本部の暴力団対策主管課等に設置された警察庁情報管理システムによる暴力団情報管理業務により暴力団情報の照会を行い、その結果及び必要な補充調査の結果に基づいて回答すること」といった記述が追加されるなど、立証責任を見据えた一層の情報の正確性へのこだわり（属人的な情報提供を極力排する意図）が見てとれる内容となっている。したがって、情報が提供されないケースもあることは認識しておく必要がある。警察といえども、反社会的勢力を100％把握できているわけではないし、情報提供を求めた結果、「シロ」という回答だったにせよ、「クロという確証がない」といった認識の持ちようも企業には必要である。あくまで、「自社として関係を持つべきでない」との結論を導くためのステップの一つであって、企業の自律的な判断が大前提であり、法的に問題なく対応できるだけの根拠に欠けるということであり、取引可否においては、そのあたりを踏まえた総合的な判断とすべきである（すなわち、「クロでない」との回答を「シロ」と直結しないとの考え方に立つということ）。

　警察が立証責任に慎重になるには相当の理由があり、例えば、詐欺事案において、被告が「準構成員」に当たるかどうかを巡る裁判が京都地裁で審理されるなど、全国で同様の状況が散見される。この事案では、元会社役員の男が準構成員であることを隠して、不動産業者を通じて自宅用マンションの売

買契約をしたとして詐欺罪に問われているもので、契約書には準構成員など「反社会的勢力」でないことを確約する暴排条項があり、この条項への該当の可否が問われている。準構成員については、実際には、日ごろの人間関係や暴力団との関与の度合いなどから警察が認定するとされている。報道によれば、検察側が「組事務所の掃除や組員の送り迎えをしていた」との元組員の証言を引き出す一方で、弁護側は「知人に組員はいるが、組員になる前からの知り合いで、組の活動とは無関係」と主張、また、警察に照会した際には、準構成員としての開示はなされなかったとのことである。準構成員の認定、警察の情報提供のあり方、企業の自律的・自立的な判断など様々な論点を含んでおり、注目される。

4. 入口と出口における対応の限界

(1)入口における見極めの限界

　反社会的勢力は「本質的にグレー」な存在であることは既に述べた通りだが、そもそも、反社会的勢力の範囲は社会情勢によっても変動しうる不明確なものでもあり、警察が認定するものだけが反社会的勢力ではない。最終的には「関係を持つべきでない」と企業が個別に判断するものであるが、結果的に「企業が判断した時点ではなく、社会が評価を下した時点」における社会情勢がその適否を判定しているとさえいえる、あいまいなものである点にも注意が必要である。したがって、入口における反社チェックの精度をどんなに高めても、100%事前に把握することは困難である。企業が反社会的勢力との関係を断つことは当たり前であり、警察のデータベースを利用することが最も精度の高い方法だと社会が認識している可能性があるが、このような「社会の要請」と「反社会的勢力排除の本質的な意味」あるいは「企業実務」とのギャップが厳然と存在することを踏まえれば、企業は、可能な限り反社会的勢力の端緒を広く捉えながら、個々の状況と社会情勢(社会の要請レベル)を慎重に見極めていくこと、反社会的勢力に該当するか否か、取引してよいか

といった判断を可能な限り合理的かつ論理的に導くこと、説明責任を果たせるかどうかの観点からそれらを評価していくことといった観点が重要となる。

（2）出口における対応の限界

入口における反社チェックに限界があることを前提とすれば、企業としては、「疑わしい」という端緒を得た時にどれだけ適切な対応ができるかの中途及び出口（排除、関係解消）戦略が極めて重要となる。ただし、社会の要請は、「疑わしいものを何故放置するのか」といった、至極当然のことながら実は極めて厳しい水準にまで高まっており、その点についても、「反社会的勢力排除の本質的な意味」あるいは「企業実務」と「社会の要請」との間にギャップがあると言える。そして、その出口における限界もまた、反社会的勢力の範囲の不明確さに起因している。とりわけ、既存取引先との関係解消においては、訴訟に耐えうるような明確な根拠が一般的には必要であり、属性の立証については警察に情報提供を求めることが実務上は必須である。ところが、既に述べた通り、警察サイドも立証責任があることから情報提供に慎重な姿勢を見せており、必ずしも十分な確証が得られるわけではないのが現実であるし、属性の立証が困難な場合は、その他の解約事由への該当がないか、他の方法で実質的に関係を解消できる方法はないかの検討をすることになるものの、それでも簡単に関係解消に踏み込めるわけではない。

出口対応の難しさについては、平成25年の反社会的勢力への融資問題で言えば、オリコが同行の債権を代位弁済したのは147件、計約1億8,000万円にのぼるが、その中で暴排条項が入っていた契約が39件、うち融資金を一括請求したのは1件のみという状況で、全て正常債権であったという事実があり、このような状況では、即時回収が相当難しいことが推測される。したがって、実務上は「継続監視」という状態に置くしかないのだが、社会の目には「放置」していると映るかもしれない点が、この出口問題における最大の懸念事項である。

それに対して、企業の取るべき対応としては、具体的には、反社会的勢力

に該当するか否かを、民間事業者で出来る最大限の努力により手を尽くし（適切な第三者による調査や弁護士からの意見書の取り付け等も考えられる）、そして、その結果を踏まえた取引可否判断を可能な限り合理的かつ論理的に導くことである。また、取引可否判断においては、シロかクロではなく、「継続監視」や「追加取引には応じない」「次回契約更新せず」といった状況に応じた具体的なステイタスを付与することが考えられる。そして、社会の目を強烈に意識して、そのステイタスの適正性や遵守状況をモニタリングするなどして、いつでも「説明責任」を果たしうるだけの準備をしておくことが次に重要な点といえる。

（3）適切な対応を行わない場合の現実的なダメージ

●取引先からの関係解消リスク

　平成25年の反社会的勢力への融資問題では、取引先の企業（地銀等による当該信販会社との提携解消等）や自治体（例えば、公金管理の指定金融機関の指定等）から、同行との取引を停止させる動きも実際にあった。相手方からみれば、同行について、反社会的勢力との不適切な関係が認められること（あるいは、金融庁による「業務改善命令」や「業務停止命令」の発動）をもって、「取引停止」「追加取引停止」といった取引可否判断を行った結果といえる。あくまで企業姿勢の問題であり、どのような取引可否判断が妥当かは一概にはいえないが、状況が公になってもなお、漫然とこれまでの関係を継続するのではなく、自社なりのリスク評価とスタンスを明確にしておくことが今後の説明責任においては重要となることはいうまでもない。翻って、一般的な場面においても、反社会的勢力との関係が発覚した場合には、取引先からの関係解消リスクが、経営に与える直接的なダメージとしての代表的なものとなる点は十分認識しておく必要がある。

●株主代表訴訟リスク

　同行の親会社の株主が、子会社の監督を怠った責任は重いとして、歴代の経営陣19人に11億7,000万円の賠償を請求するよう、会社の監査役に求め、60日以内に実現されない場合、同金額を請求する株主代表訴訟を

提訴することが報じられた。取締役の善管注意義務違反に対する責任を問われており、担当だったかどうか、認識していたかどうかにかかわらず、取締役としての職責を果たせなかったことに対する責任が問われるのが善管注意義務である。したがって、暴力団員等への融資を認識していたかどうかは、さほど問題ではなく、不作為に注意を怠ったとしても賠償責任を負う点が今後注目される。なお、この点については、「蛇の目ミシン事件」の最高裁判決が代表的な先行事例であるといえる。反社会的勢力排除は内部統制システムを整備したうえで組織的に対応すべき問題であり、取締役の善管注意義務や忠実義務に関わる問題となることも十分認識する必要がある。

●銀行法違反リスク

同行の親会社の株主から委任を受けた大阪市の弁護士グループが、銀行法違反（虚偽報告、検査忌避）容疑で東京地検に告発状を送付している。同行の第三者委員会の報告書を見る限り、重要な事実認定においても危うい部分が散見される。それが（意図的な）誤りであったとされれば、さらに大きなダメージを被ることも考えられる。一般の事業者にとっても、暴力団等との関係を禁じた業法違反等に問われるリスクは当然認識しておく必要がある。

●業務停止命令リスク

この問題では、実際に、銀行法に基づく一部業務停止命令が出された。これをトリガーとして、取引先が他行に流れるなど直接的なダメージが極大化する可能性があるとともに、最悪、自治体から指定金融機関の指定が外されかねないといった中長期的にわたる信用の失墜につながることも予想された。前項同様、許認可事業者であれば、業務停止命令につながるリスクであることもあらためて認識しておいていただきたい。

第3章

反社会的勢力排除の
内部統制システム

政府指針で、反社会的勢力排除は内部統制システムによって行われるべきものであるとの方向性が出されている点は既に認識されていると思うが、言い換えれば、従来の「属人的な対応」から「組織的な対応」へということでもある。なお、ここでいう内部統制システムとは、会社法上の「取締役の職務の執行が法令及び定款に適合することを確保するための体制その他株式会社の業務の適正を確保するために必要な」体制にあたり、取締役に構築義務があると解されるものである。

　反社会的勢力を内部統制システムにより排除するとはどのようなことか、どのような内部統制システムであるべきかを考えるにあたり、まずは、企業と反社会的勢力の接点、侵入事例や、実際の内部統制システムの脆弱性を認識する必要がある。以下に、当社がこれまで知り得た代表的な事例を紹介しながら、そのあたりの認識に努めて頂きたいと思う。

1. 企業への反社会的勢力の侵入事例

(1)業務ミスにつけ込まれた事例

　最も典型的な事例としては、「スタッフの対応ミスがきっかけで暴力団に特別なサービスを続けるようになってしまった」といったものがあげられる。相手に脅されて、あるいは、一度応じてしまったことに負い目を感じて、といった形で暴力団側の要求に応じ続けてしまう形である。特徴として、彼らからの要求がエスカレート、際限なく長期化、拡大化してしまう傾向がある点があげられる。

　このような事態に陥らないためには、まずは、会社のルールを順守すること、例外的な対応を行わないこと(例外的な対応を行うのであれば、組織的な対応とすべき)が大原則となる。それでもなお、不当な要求等が続き、組織として受忍範囲を超えるのであれば、たとえ、(反社会的勢力に対する特別の利益の供与という)不祥事が発覚するとしても、その負の連鎖を早い段階で断ち切ることしかない。政府指針に「反社会的勢力による不当要求が、

事業活動上の不祥事や従業員の不祥事を理由とする場合であっても、事案を隠ぺいするための裏取引を絶対に行わない」とあるのは、正に、このような状況を指しており、あわせて、ダメージをコントロールしていくためには、対処に要するスピードと（批判を受忍する）誠実さ・謙虚さが求められる。すなわち、業務ミスを公にしたくないという隠ぺい意識（間違った企業防衛意識）に付け込んでくるのが反社会的勢力であることを理解して、公になった場合のリスクも想定したうえでの対応が必要であり、逆に反社会的勢力から「公にしたくないなら要求を呑め」という悪質な脅迫の手口を公にするなど、それに屈せず、自らのミスを認め改善・再発防止に取り組む誠実さ・謙虚さが求められるということである。

　また、このような状況であれば、社内関係部署だけでなく、警察や弁護士といった外部専門家と連携することにより、事態を沈静化させることは可能であり、徒らに隠ぺいに走ることなく、速やかに反社会的勢力からの不当要求を拒絶する対応を行うことが肝要である。

（2）暴力団に借りをつくってしまった事例

　他にも、「お客様の不当要求が厳しく対応に苦慮していたところ、依頼をしたわけでもないのに別のお客様が上手くとりなしてくれた。そのことで借りが出来てしまい、過剰なサービスを提供せざるを得なくなってしまった」というパターンもよくある。両者が裏で連携していることも多く、同様のケースとして、街宣活動や総会屋への対応に苦慮する企業に対して、別の関係者が接近してくるといったものも多い。重要なことは、助けてもらったお礼としての対応と取引開始は別次元の話と区別し、特に後者については組織として決められたルール通りに反社チェック等の審査を行い、総合的に取引可否を判断していけばよいだけである。また、それが不当な要求や強要にあたる場合は、前項同様、民事と刑事の両面から法的に粛々と対応を進めればよい。

（3）趣味などを通じてプライベートで接近された事例

「プライベートの趣味を通じて知り合った人物が暴力団員だった。『あんたと

仲良くなったぞ」という雰囲気を出されたため、交際を断れなくなってしまった』」という相談事例も多い。特に、役員や支店長といった権限のある立場の役職者や、金融機関や上場企業の社員等については、相手が下調べをしたり素性を把握したうえで接近してくるケースもあるため、特に注意が必要である。

　企業としては、「役職員のプライベートの問題だから深く立ち入れない」というのではなく、反社会的勢力排除の視点からは「社内暴排」への対応も必要であり、プライベートでの交友関係にも積極的な関心をもって注意深く監視していく姿勢すら求められる。例えば、大阪府暴排条例における「暴力団密接関係者」の定義では、役員だけでなく、支店長や課長といった管理職レベルであっても、暴力団等と密接な関係を有していることが明らかになれば、公共事業から排除される可能性が示唆されている（公表されるなどすれば、結果として企業の存続の問題にまで発展しかねない）し、本人は問題ないと思っても、私的な会合への参加などですらプライベートでの接点が社会の理解を得られず、会社自体のレピュテーションの毀損につながる可能性もある。また、そもそも、反社会的勢力はその広い人脈を通じて活動範囲を拡げる特性があることから、プライベートでの反社会的勢力との接点が、（本人の意図的な行為か否かを問わず）その「人」を介して、企業と反社会的勢力との接点になりうる蓋然性が極めて高いことも認識しておく必要がある。

　したがって、経営層や経営に影響を及ぼす権限を有する幹部等に対する反社会的勢力に関する意識（暴排意識）をしっかりもってもらうためにも、任期ごとに誓約書を取り付ける、コンプライアンス研修を定期的に行いつつ、反社会的勢力への対応体制に関する社会の目線の変化を常に認識して経営にあたることが必要である。

（4）相手が反社会的勢力だと知らずに取引していた事例

　取引を通じた事例としては、相手がそうだと知らずに関係を持ってしまっていたというケースが多い。反社チェックの限界にも起因する問題ではあるが、入口だけでなく事後においても、不断の端緒情報の把握が欠かせないこ

とは既に述べた通りである。

　しかしながら、例えば、「開発案件に絡み、住民対策の一環として住民代表から紹介された取引先の社長が脱税で暴力団員とともに逮捕された。地元では以前から噂はあったらしい」といったケースはどうだろうか。「地元では以前から噂はあったらしい」ということから、現地の社員は前から把握していた可能性がうかがわれるのであり、会社が本当に「知らなかった」としても、それを対外的に説明することが難しくなる。現地の端緒情報が速やかに組織に認知される仕組みの整備や、「怪しいとの情報は速やかに報告すべきだ」とする社風を醸成し、社員が報告をあげやすくする環境を整備すること、すなわち、そのような内部統制システムを構築すべき理由が理解頂けると思う。

（5）相手の関係先が反社会的勢力だった事例

　東京都や福岡県の暴排条例で明示されている、いわゆる「関連契約」からの暴力団排除の問題がある。例えば、「完成品メーカーに部品を納入している部品メーカーが納品の際に起用している運送会社が反社会的勢力であることが判明した場合、完成品メーカーとして、部品メーカーに対して、当該運送会社との関係を遮断するよう要請するとともに、もし部品メーカーがその関係を遮断しないのであれば、そもそもの部品の納入契約自体を暴排条項によって解除する」といった考え方である。また、業務委託先と再委託先との関係に置き換えても同じである（数次にわたる下請け構造がある場合でも、この考え方を応用して商流上から反社会的勢力を排除する形を整えることが求められる）。このように、自らが関与する商流の中で知らず知らずに関係者と位置付けられ、結果的に反社会的勢力を利することにならないよう、取引先の関係先にまで気を配る（さらには、そのような暴排条項まで整備する）といった取組みが今後の実務においては欠かせない視点である。

（6）相手がいつの間にか反社会的勢力になっていた事例

　例えば、「新規取引開始時に反社チェックを実施し問題がないため取引を開始したところ、半年後に同社の役員が一斉に入れ替わっていたことが分

かった。その後も取引を続けていたが、最近、クレームが多いし、管理者や社員の流出も激しいようだ。あらためて調査した結果、既に、暴力団関係者に会社を乗っ取られていたことが判明した」という事例もある。ただし、中途で経営を支配されたり、経営に深く関与されるなどして、当該企業が反社会的勢力に変貌してしまう際には、外形的にも何らかの変化(兆候)が認められることが多い。日常業務における端緒情報の把握とは、正にその変化を「疑わしい」と感じ取ることである。そして、「疑わしい」と感じ取るためには、相手を日頃からよく観察することが欠かせないのであり、このあたりは与信管理と共通する視点であるといえる。

(7)不当要求に応じたことがきっかけとなった実例

数年前、A社(家具販売業)B店の副店長が、商品を個人客Cに届けたところ、「今、金がないので、代金は後日払う」と言われた。本来、A社では、個人客への掛売りは認めていないものの、副店長は、同客の(暴力団風の)人相風体に負けて申し出を受け入れた。Cは、上記代金支払いの延期を要求するとともに、数年にわたって掛売りでの追加注文を繰り返したり、仲間を連れてくるなどしたため、その都度様々な便宜の供与を要求し、最終的な未払代金と商品の不正な横流し等により約5,000万円に上る損害を会社に与えるに至った。実は、当該副店長には現金を与える等で取り込み、事案が顕在化することを妨げていた。副店長は、店舗の販売管理システムを不正に操作して多額の未払代金の隠ぺいを図っており、会社としても同僚からの内部通報により不正の端緒は掴んでいたが、暴力団への対応を躊躇し何ら有効な対策を講じてこなかった。最終的に、このような事態が、新たに就任した社外監査役の知るところとなり、速やかに社内調査を実施、賞罰委員会を開催したうえで、同人を懲戒免職の上、刑事告訴した。なお、不正に利用されたPOSシステム上の不備についても速やかに解消した。

本事例からの教訓として、本来ある会社のルールの逸脱(小さな一つの対応の不備)から最終的に大きなロスが生じうること、例外的な顧客対応が反社会的勢力の侵入を招いてしまうこと、個人と組織の脆弱性を突かれて反社

会的勢力に侵入されること、さらには、組織的な対応の必要性と社風の醸成の重要性などがあげられよう。実は、Ａ社においては、その後の全社的な調査で同様の事案が他の拠点でも数多く存在していたことが発覚した。正に内部統制システムの脆弱性を多方向から突かれたものの典型であったといえる。

（8）日常業務における端緒の重要性①

　Ｄ損保Ｅ支社のＦ代理店は、生命保険や自動車保険等の大口法人契約や個人の新規契約を多数獲得するなど活躍していた。数年前に隣県から引っ越してきた社長の人脈での契約が多いのだという。また、政治家との付き合いの深さも自慢であった。ただ、Ｆ代理店の損害率は全体的に高止まりの傾向が継続してみられ、高級車の高額車両保険の付帯率が高い傾向や、有無責の判断の困難な目撃者のいない単独事故や盗難事故が散見される、提携先のＧ修理工場との支払い保険金額の協定にはトラブルが多い、生命保険契約では職業や年収と付保金額のアンバランスな契約が多いといった「少し手のかかる代理店」であった。ある時、Ｆ代理店の自動車保険と火災保険の新規顧客が、契約してすぐに自動車の単独事故を起こし、さらに１カ月後には自宅の全焼事故があったため、調査会社による調査を実施したところ、当該顧客が多額の借金を抱えていたことが判明した。ただし、事故内容に他に不都合なところはなく、Ｆ代理店からの強い要請もあり、Ｄ損保では、当該事案自体有責処理とした。後日、Ｇ修理工場の社長が「出資法違反」で暴力団組長とともに逮捕され、Ｆ代理店の社長も失踪する事態となった。Ｇ社長が経営に関与する消費者金融会社の債務者に保険を付保させ、次々と保険金詐欺を敢行していたことが思料された。

　本事例においては、明らかに日常業務における様々な端緒があったものが見過ごされてきたことが見てとれる。営業優先の社風、代理店の発言力の大きさといった過去からの流れもあって、保険会社としての引受管理・保険金支払い時の判断の甘さが誘発されたものと推測される。会社のルールを意図的に逸脱したとまで言えないものの、ルールの存在理由や保険のあるべき姿

に立ち返れば極めて異常な状況であったことは気付くべきであり、反社会的勢力排除の観点からのチェックが疎かになっていたこととあわせ、健全な社風の醸成の重要性を痛感させられる。

（9）日常業務における端緒の重要性②

　H生保は、10年前から継続して非上場会社J社の株式を保有している。J社は、5～6年前に、取引先に紹介されたK社と業務提携を行い新たな分野に参入し、その分野で成功を収めたことで順調に業績を拡大し、上場準備をすすめていた。ある時、H生保の支社長は「J社は暴力団とつながりがある」との噂を他社から聞いた。実際、J社では、最近人の出入りが激しく、業務上のトラブルも続発していたが、そのような話もあるのだろうと、転勤後間もない支社長は判断し特段の対応はしなかった。先日、H生保にJ社の第三者割当増資の引受け要請があり、H生保内でも成長著しく上場も確実との判断から応諾の方向で検討をすすめていたところ、突然、J社のメインバンクのL銀行が、J社から融資を引き上げるとの情報が入ってきた。驚いたH生保が、支社長に確認させたところ、反社会的勢力との関係の噂があるらしいことが判明した。調査の結果、J社の元代表が、過去に元暴力団員と共謀して詐欺で逮捕されていたことが発覚した。J社の現代表は元代表の個人的な関係から招聘されてきた人物であり、あわせて、J社を紹介したK社（最重要得意先）についても、暴力団関係企業が出資していたことが判明した。また、あわせて、J社にはK社から複数の部長クラスの人材が転籍していることや、J社からK社に対して多額の貸付が行われていた様子もうかがわれた。

　前項同様、日常業務における端緒情報が組織に報告されなかった点が大きな課題だといえる。また、本事例では、暴力団関係企業が企業に接近する手口や資金や資産の流出の手口などの典型的な事例であるともいえる。そのような場合は、外形的にも変化（兆候）が感じ取れるものである。その情報伝達に断絶があった点については、その情報を報告すべきとする意識を徹底することが出来ていなかった組織的な問題があったといえよう。

（10）減損処理と低廉譲渡による資産の流出スキーム

また、例えば、次のような事例もある。

反社会的勢力との関係の噂がある元代表とその関係投資先との関係を解消する過程で、彼らに対する「特別な利益の供与」の懸念があった。「当社にとって価値がない」ことなどを理由に（表向きは純資産価額による評価）、思い切った減損処理を実行して特別損失を計上（市場環境の激変による大規模な減損処理・特損計上の中に紛れて処理される）。事業年度をまたいで間もなく、退任した元代表の関係会社に対してそれらの企業を安価で売却（低廉譲渡）、売却後の業績は好調であり、すぐに大きな収益をあげるといった外形的な事実が認められた。また、当該会社では、売却時に特別利益も発生。「元代表関連先を恣意的に減損処理し、その後廉価で売却する」といった資産流出（資産移転）スキームの存在、それにより反社会的勢力の活動を助長したことが疑われる。

極めてテクニカルなスキームであるが、個々の取引・判断は、弁護士や会計士によって「適法・適正な処理」だとされたものである。しかしながら、「疑わしさ」が拭えない取引・判断が数多く存在し、それらが全て元代表の手に最終的に渡っているという外形的な事実の積み重ねを見た場合、その全体的なスキームが「適切な処理」であったかどうか極めて疑問の残るケースであったといえる。客観性や透明性に懸念があり、十分な説明責任を果たすことが難しい事例であったにもかかわらず、本スキームが公になることなく実行されたことに、反社会的勢力の手口の巧妙さがうかがわれる。

（11）暴力団排除条例における勧告事例

これらは、反社会的勢力によるビジネス（収益源）の活動実態を知るうえでも参考となるため、代表的な事例をいくつか紹介しておきたい。なお、暴排条例の最大のポイントは、「暴力団の活動に役立つであろうことを知って、商取引等を行ってはならない」という点にあり、相手が暴力団等と知っていた場合は通常のサービスの提供でもコンプライアンス上問題があるというこ

と、これまで漫然と行ってきた行為でも問題となりうる点を理解する必要がある。したがって、東京都の条例のように、相手が疑わしい場合には「関係がないことを確認すること」(反社チェック)や、そうだと判明した場合に備えて「暴排条項を導入すること」等が努力義務として明記されていることも十分に認識し、今現在、不適切な契約や取引、接点がないかをあらためて総点検する必要がある。

●ガソリンスタンドが自社の敷地を暴力団に駐車場代わりに利用させた
●駐車場運営会社が暴力団関係者と知りながら駐車場賃貸借契約を締結した
●組事務所の内装工事を請け負った
●会社役員が個人的に暴力団員に携帯電話を貸した
●演歌歌手が暴力団の主催するイベントと知って歌を披露した
●飲食店が暴力団の会合と知って場所と食事を提供した
●ゴルフ場が暴力団員と知りながらプレーさせていた
●葬儀場が暴力団関係者の組葬と知りながら会場を提供した
●海の家の組合が暴力団関係者と知りながら出店を許可した
●レンタカー会社営業所長が暴力団関係者の行事の送迎用と知りながらレンタカー貸渡契約を締結した
●造園業者が(みかじめ料込みの)高値で飲食店などに転売されるのを知りながら盆栽を暴力団に販売していた
●コンサルタント会社社長が高校時代の先輩の暴力団組長に高級車を貸与していた
●露天商組合が暴力団に用心棒代を支払っていた(勧告を無視し公表された。その後、同組合は解散)

(12)暴力団関係企業に10億5,000万円余りを不正融資した事案(特別背任で逮捕)

　某地方銀行の関西の支店で、10億5,000万円余りを暴力団関係者に不正に融資した結果、最終的に回収不能になった約9億5,000万円の損害を銀行に

与えたとして、特別背任罪に問われた元支店長が有罪判決を受けている。判決理由で「元支店長は、金品をもらったり、ゴルフ接待を受けたりするため、無担保で不正融資を続けた」、融資を受けた元暴力団員については「うその決算書類を銀行側に提出し悪質」と指摘している。

　反社会的勢力のアプローチは、本事例のように、銀行であれば支店長レベル、企業であれば役員や管理職レベルに対して行われるのが常である。理由は、「権限があるから」に尽きる。彼らが個人を籠絡するのは得意中の得意であり、その負い目を、自らに有利なように利用していくのが典型的な手口である。ある意味、個人の弱さが反社会的勢力に突かれたものであり、組織としては、それを食い止めるのは難しいとの言い分もあろう。しかしながら、反社会的勢力が当該個人を「接点」として、何らかの資金や利益を得るためには、当該個人が、会社のルールを逸脱する局面が必ず存在する。結果として、当該個人の逸脱した行為をけん制できない（未然に防止できない）組織的な脆弱性が突かれていることに他ならず、結局は、個人の問題であるとともに組織の問題であると自覚することが必要である。このように、財務諸表の健全性に係る内部統制システムの構築も、反社会的勢力排除の取組みにとっては必要不可欠なものであるといえる。

　また、反社会的勢力は、役員と接点を持つことで、良好な友人関係を構築し、役員経由で取引を持ちかけることも多い。従業員が役員から取引を指示された場合、社内におけるルールが全て例外処理と化し、形式的な審査に堕してしまうことは容易に想像できる。これは、役員だけでなく、有力な取引先や株主、経営に近いところにいる顧問や相談役などに置き換えても同様である。このような形で内部統制システムが上から無力化されることすら、反社会的勢力は熟知して利用しているのが実態なのである。

　これらの事例から、企業への反社会的勢力への侵入は、何らかの内部統制システムの脆弱性を突かれていること、そこには役職員という反社会的勢力との「接点」が必ず介在していることが理解頂けると思う。そして、これらの実態をきちんと理解することによって、反社会的勢力排除の内部統制システ

ムの正しいあり方が実感・展望できるのである。

2．内部統制システムの考え方

　さて、具体的な事例を通して内部統制システムの脆弱性等について見てきたが、反社会的勢力排除のために構築すべき内部統制システムとはどのようなものか、あらためて考えていくこととする。

　ここでいう内部統制システムについては、会社法上の「取締役の職務の執行が法令及び定款に適合することを確保するための体制その他株式会社の業務の適正を確保するために必要な」体制として整備すべきものと位置付けられるが、内部統制システム構築義務に関しては、法務省の「内部統制システムの整備自体は、会社法を待つまでもなく、各社の事情に応じて、業務執行者の善管注意義務の一環として求められるものであり、会社法の施行によりその整備が義務づけられることとなるようなものではありません。業務執行者が善管注意義務の一環として構築していたはずの内部統制システムを引き続き構築・維持していただければよい」といった見解の通り、当然のもの（所与のもの）として認識して頂きたいと思う。

　内部統制システムは、「仕組みやルール」と「社風（統制環境）」という形で既にどのような事業者にも存在（内在）するものである。これを、リスク管理の視点から見れば、「今ある仕組みや社風」を社会の要請を踏まえて見直していく営み（動的なもの）として捉える必要がある。一度定めた「仕組みやルール」を適宜見直していくことは、実務上、極めて困難が伴うものである（やっかいである）とはいえ、反社会的勢力排除にかかる社会の要請レベルが高度化・厳格化している現状においては、「従来からの取組みを漫然と継続する」ことでさえ「放置」と見なされるリスクに繋がることを認識する必要があろう。一方で、その「仕組みやルール」を形式的に運用していくだけでは、反社会的勢力の実態の不透明化や手口の巧妙化に対抗できるはずもなく、そこに「魂を入れる（実効性を確保する）」必要がある。それが「社風」の役割であり、突き詰めれば、個々の役職員レベルにおける「暴排意識」や「リスクセンス」の徹底

と底上げに注力することが重要となる。本来、自然に形成されていく「社風」自体を見直していくには相当の動機や勇気・覚悟、そしてエネルギーが必要であり、「社風」を見直すことを厭わない、それを可能にする柔軟性が組織に備わっていなければならない。「社風」を変えるのは、「仕組みやルール」を見直すこと以上に困難な営みであるが、それを可能にするのは、社会の目を強烈に意識した「経営トップの強い意志・姿勢」であり、個人としても納得感や共感が得られるものであるということだろう。このように、「新たな仕組みやルールの定着が社風を変え、社風が仕組みやルールの実効性をさらに高める」といった相互作用も意識しながら、内部統制システムを不断に見直していくことが、内部統制システム構築の本質的な意味である。

　本書でも反社会的勢力排除の取組みの困難さ、限界について事あるごとに言及しているが、社会の要請レベルの変化（厳格化）を踏まえれば、それでもなお、民間企業として出来る最大限の努力により、社会に対する説明責任を果たせるだけの取組みをし続ける必要があることを強く認識頂きたいと思う。

図表 3-1　内部統制システム構築の全体像

> **内部統制システムの構築とは**

「今ある仕組みや社風」を社会の要請を踏まえて見直していく営み（動的なもの）

▼

仕組みだけでなくその前提となる社風も見直していくこと
社風を変えるのは、経営トップの強い姿勢
仕組みの定着が社風を変え、社風が仕組みの実効性を高める

反社会的勢力との関係は企業存続にかかわるリスクであることを認識すること

▶▶ 取引解消リスク／株主代表訴訟リスク／業法違反リスク／業務停止リスク…

民間企業としてできる最大限の努力により、社会に対する説明責任を果たせるだけの取組みをする必要があること

3．実効性を確保するために必要なこと

　では、実務面における困難さや限界を踏まえつつ、組織的対応を念頭に置いた「内部統制システム」のあり方とその実効性を確保するために必要な視点、そして、反社会的勢力排除の内部統制システムの構築とはどのようなものだろうか。

　それを一言でいうなら、「認知」「判断」「排除」の各プロセスの取組みレベルを、社会の要請に適合させることであり、それを「いかに正しく行うことができるか」がポイントとなる。とりわけ、反社会的勢力排除の取組みにおいては、現場レベル（個々の役職員）の「暴排意識」や「リスクセンス」の自発的な発露が最も重要であり、厳格なコンプライアンス（あるいは、形式的コンプライアンス至上主義）に陥りがちな「やってはいけないことをやらない」という一段低いレベルでの取組みであってはならないという点が重要である。

図表 3-2　内部統制システム構築のポイント

現時点における内部統制システム構築のポイント

認知　　判断　　排除

これらのプロセスを社会の要請に適合させること
「正しいことを正しく行う」
≠
「やってはいけないことをやらない」

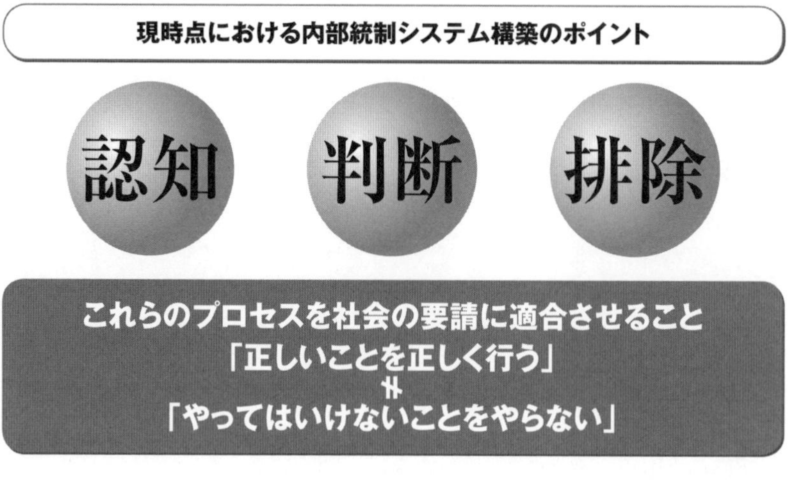

（1）強い危機感の認識

　反社会的勢力排除を取り巻く環境は、今、正に「有事」の状況にある。政府指針、暴排条例の施行によって企業の意識が高まりを見せるとともに、暴力団対策法の度重なる改正によって、反社会的勢力による資金獲得活動は確実に難しくなっている状況である。したがって、彼らも相当追い込まれているのであり、そのことを踏まえ企業側の「脇の甘さ」が命取りになりかねないという強い危機感を社内で共有する必要がある。また、このような「有事」の状況であるにもかかわらず、この問題には「これさえやっていれば大丈夫」といった抜本的な対応策がないのが現状である。だからといって、「何もしない」ことはありえないし、「これまでの取組みレベルに安住すること」すら致命的なダメージを被る可能性があるという危機感も持つ必要がある。

　したがって、強い危機感に裏打ちされた、内部統制システムの絶え間ないブラッシュアップこそが、最終的にはこの「有事」を勝ち抜く大きな武器となることをあらためて認識頂きたいと思う。

（2）「正しく行う」とは

「認知」「判断」「排除」の各プロセスを「正しく行う」ことが本取組みのポイントであると述べたが、企業の意思決定や行動を「正しく行う」とは、つまるところ、「常識」的な対応を組織として行うことに他ならず、個人と組織の常識が一致しているということに帰着する。具体的には、役職員一人ひとりが反社会的勢力を「社会悪」として捉え、個人的に関係を持ちたくないと心から思っていること（＝社会の常識）をベースとして、組織もまた、彼らと関係を持つことが「おかしい」ことだと当たり前に判断し、排除に向けて行動できることといえる。至極当然のことのように思えるが、多くの事例を見る限り、個人の常識と組織の常識の間に「業務」が介在することによって、（当事者が強く意図しない形で）大きな乖離が生じてしまっているように思われる。「業務」を遂行することを通じて、過去の慣習等に囚われたり、問題を隠ぺいしようとする意図が働くなど、（排除に踏み込めない）例外的な理由、「仕方がない

状況」を何とか作り出してしまっているのである。社外では健全な常識人が、自らの組織運営・業務の遂行上の問題となると、途端に、その健全な常識が働かなくなる、しかも集団催眠のように、「何となくしっくりこないが、仕方がない」という状況に陥るのだ。残念なことに、そのような組織運営・業務の遂行状況によって、個人の自発的な発露の妨げとなる悪循環に陥っている組織が多いのが現実ではないだろうか。

　したがって、個人の常識な感覚と組織の意思決定・行動との間に違和感がないことこそ、安心して業務に専念できる、すなわち、取組みの実効性を高めるポイントであり、それこそが、コンプライアンス体制、内部統制システムが有効に機能した状態であるといえる。

(3) 目に見える属性が全てではない

　反社会的勢力排除の取組みとは、単に目に見える契約当事者からだけではなく、「真の受益者」から反社会的勢力を排除することこそが本質的な要請であるという点は既に述べた通りである。彼らは、代理契約、偽名・借名・なりすまし、意図的な虚偽申請や本人確認資料の改ざん、ネーム・ローンダリングなど、（企業側のチェックの甘さを突くような）匿名化スキームの複雑化をすすめ、「契約当事者が本人でない」「データ上の本人と一致しない」状況など「真の受益者」の潜在化を図っている状況にある。その意味では、反社チェックをはじめ、反社会的勢力排除の取組みは最終的には「本人確認精度の問題」に帰結するとさえいえよう。そのような状況を踏まえれば、関係者による共謀、犯罪スキームなど背後関係・相関関係の把握の重要性が増している（すなわち、「点」ではなく「面」で捉えることの重要性が増している）のであり、金融機関や不動産事業者等の犯罪収益移転防止法に定める「特定事業者」に限らず、一般の事業者においても、AML/CFT実務における「KYCからKYCCへ」の流れや「マネー・ローンダリングや詐欺事案等まで拡げた組織犯罪の動向や手口の把握」といった視点が必要となっている。

(4) 不作為とは真逆の企業姿勢が求められる

　反社会的勢力排除の取組みにおける様々な限界を踏まえれば、そのスタート地点の認識としては、「既に取引しているかもしれない」との強い危機感と覚悟が必要である。したがって、これだけ厳しい社会の要請下にあっては、反社会的勢力との関係の端緒が社内の各部署から上がってくるのをただ待つのでなく、組織として、いち早く（外部から指摘される前に）「問題を見つけにいく」といった不作為とは真逆の企業姿勢が求められているといえる。

　また、排除すべき対象の範囲や関係のあり方は、「判断時点」という過去ではなく「現時点」における社会の目が判断基準となっている。その間の社会情勢の変化により、過去「問題ない」「このくらいは大丈夫」と判断したものが、後になって問題視されるリスクが既に顕在化している。つまり、反社会的勢力排除の問題は、現在進行形として、過去に遡って深刻な拡がりを認識すべき問題でもあるといえるのである。したがって、過去の自社の取組みすら厳しく自己批判していく「ジャッジメント・モニタリング」の視点もまた重要だといえる。そのような現状においては、まずは、既に「保留にしている」「判断に違和感がある」「再検討が必要である」と言われてすぐに頭に浮かんでくる契約や取引などから、優先順位を決めて計画的に取り組んでいくことが必要である。着手を躊躇っていることは「放置」「不作為」に他ならず、気になるところから潰していくことがまずは肝要である。

4．認識すべきこと

　最後に、反社会的勢力排除の内部統制システム構築にあたり、認識しておくべきポイントについて、一部重複する部分もあるが、以下の通り、整理しておきたい。

（1）強い危機感＝「有事」であるとの認識

　現在の社会情勢を踏まえれば、甘い対応は命取りになりかねないこと、従来からの取組みを漫然と行っているだけでは社会から認められないとの強い危機感をもって、常に、内部統制システムのブラッシュアップを図っていく

ことが求められている。そして、「認知」においては、企業が反社会的勢力を「100％認知することは不可能」との厳しい前提に立つことが必要であり、その帰結として、リスク管理の視点からは、「排除」の実現可能性を高めるために、平時から有事を想定し、最大限の準備をしておくべきだといえる。さらに、有事の際の対応は、その時点の社会の目から評価されることになることを踏まえ、現時点でやるべきことを全てやり尽くした、手を尽くした、と客観的に言えるレベルまで取り組むことを目指すべきだといえる。

（2）認知・判断・排除の取組みにおいて重要な認識

まず、反社会的勢力の侵入が、「人」を介して、組織の弱さや例外的な取扱い等の「隙」を突いて生じている現実を強く認識する必要がある。つまり、役職員一人ひとりのレベルでの「暴排意識」を極限まで高めることが「接点」となることを食い止め、日常業務の甘さから彼らの侵入を許すといったことが避けられるのである。

また、反社会的勢力との関係の端緒が日常業務の中に潜んでいると認識することも、とりわけ「認知」のプロセスにおいては極めて重要だといえる。つまり、役職員一人ひとりのレベルでの「リスクセンス」を極限まで高めることで、様々な形ですり抜けられてしまっている反社会的勢力を認知することに直結するのである。

これらの個人レベルでの高い「暴排意識」や「リスクセンス」に裏打ちされた実効性の高い取組みを、組織として機能させていくためには、反社会的勢力との関係の端緒を、組織的に、いつでも、どこからでも認知でき、それを正しく見極め、適切な判断のもと、速やかに排除できるための仕組みやルールとなるよう配慮していくことが求められている。それこそが、反社会的勢力排除の内部統制システムの本質的なあり方だといえる。

図表3-3　反社リスク対策のポイント

反社リスク対策において認識すべき重要なこと

◆反社チェックの限界≠DB（データベース）の限界
- ●端緒の把握に「手を尽くす」ことでDBの限界を乗り越える
- ●それでも100％の排除は難しい（反社リスクの大きさは取組みレベルに左右される）
- ●排除実務は、認知レベルと密接に関係する

◆反社リスク対策を含むリスク管理において重要なもの
- ●最前線の役職員の「意識」と「リスクセンス」
- ●特定の時点のチェックのみでは不十分　⇒　「モニタリング」の実効性
- ●最新の犯罪の手口、海外の規制強化の動向等の情報収集と分析
- ●「リスクベース・アプローチ」に基づく持続的かつ効果的なリスク管理

第4章
認知・判断の実務

1．認知（反社チェック）のあり方

　これまでの議論を要約すると、反社チェックのあり方については、以下のような視点が必要である。

(1)反社チェックとは、日常業務の中から「疑わしい」端緒を把握し、それを基に組織的に見極め、排除に向けて取り組むことに他ならない。現場の端緒を軽視しデータベースに依存することだけでは反社チェックの精度を十分に確保することは難しいし、現場における「暴排意識」や「リスクセンス」の向上なくしては、反社会的勢力の実質的な排除、あるいは、その前提となる見極めすら期待できないといってよい。

(2)反社チェックとは、別の言い方をすれば、当該対象者＝「点」とつながる関係者の拡がりの状況や「真の受益者」の特定といった「面」でその全体像を捉えることで、その「点」の本来の属性を導き出す作業である。表面的な属性で問題がないと思われる「点」が、「面」の一部として背後に暴力団等と何らかの関係がうかがわれることをもって、それを反社会的勢力として、「関係を持つべきでない」排除すべき対象と位置付けていく一連の作業だといえる。

(3)例えば、データベース・スクリーニングのような手法に依存するしかない「入口」審査においては、日常業務における端緒情報の不足の問題、及びデータベースの限界と相まって精度が不十分である（すなわち、不完全である）こと、結果として、反社会的勢力がすり抜けて入り込んでいることを強く認識した業務運営を行うべきである。したがって、「入口」審査の限界を踏まえた「事後チェック」の精度向上の視点が重要となる。

　反社チェックの具体的な手法については、データベース・スクリーニング以外にも、「取引経緯や取引途上の特異事項等の把握（日常業務における端緒情報の把握）」、さらには、「風評チェック（リアル／ネット）」「登記情報の精査」

図表 4-1 反社チェックの対象範囲

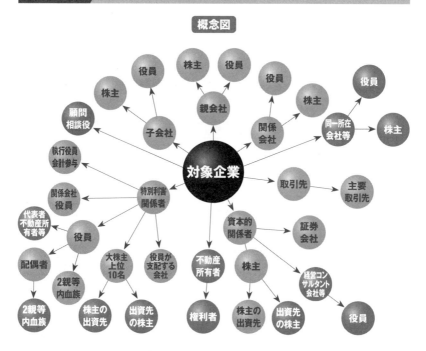

概念図

「実体・実態確認」といった複数の手法があり、それらを可能な限り複数組み合わせることによって、多面的に分析していくことが重要である（別表を参照のこと）。

　さらには、法人の反社チェックにおいては、商号変更されている場合は現在の商号だけでなく、以前の商号もチェック対象に加える、現任の役員だけでなく、既に退任した役員までチェック対象に含めるといった時系列的な観点からのチェック対象の拡大、また、経営に関与しうるとの観点からは、重要な取引先や株主、顧問や相談役などにまで対象を拡げることすら検討していく必要がある。

＜反社チェックの具体的手法の例＞

チェック手法項目	チェック概要
属性要件・行為要件・コンプライアンス違反等への該当の有無	データベース・スクリーニング／記事検索／インターネット検索
反社会的勢力排除条項の締結状況	"排除条項締結を合理的な理由なく拒む"、"排除条項付き契約書の押印が遅い" など不審点がないか
商業登記情報の精査	商号・役員・所在地・事業目的の変更理由等は合理的か
風評チェック	業界内や近隣での噂、ネットでの風評等に好ましくないものがないか
取引の経緯のチェック	取引を行う理由が明確か、紹介者は問題ないか、代替可能性があるか、必要な調査や検討手続きは適切に行われているか
取引上の懸念事項等のチェック	異例・例外的な部分はないか、企業実態はしっかりしているか、資本政策や主要株主・役員等の動向に急激な変化や与信上の問題はないか
現地確認・実在性チェック	経営の規模に応じた事務所の規模か等
閉鎖登記・不動産登記情報の精査	過去の役員、不動産登記簿謄本上の所有者等や最近の動向に不審な点はないか
財務分析	粉飾や不自然な資金調達が行われていないか等

　そのうえで、入口におけるデータベース・スクリーニング主体の反社チェックを行わざるを得ない場合に、その限界を乗り越える工夫について、いくつか実例を紹介しておきたいと思う。データベース・スクリーニングにおいては、「同一性の精査」についても悩ましい問題であり、最終的に警察に情報提供を求めることがあるべき姿であると言える。その中で、審査に十分な時間をかけられない制約がある場合には、以下のような取組みが考えられる。なお、これらのあり方については、あくまでも企業姿勢によるところが大きいことを付言しておく。

●新規取引開始時の審査であれば、自社で出来る範囲の追加調査(ネットで情報を収集するなど)にとどめ、それ以上の情報収集をせず(新聞記事の取得や警察に相談することなく)、ある程度同一と疑われるものについて「契約自由の原則」によりNG対応とする(同一でないと判断したものについては、判断の根拠について記録を残す)。

●同一性の精査を一切行うことなく、「同姓同名・同年齢」レベルのデータベースへの該当事実をもって新規取引を行わないことを組織的判断とする。

●他に問題がなければ、いったん審査を通過させて、警察相談や専門家への調査依頼など十分な審査を行った結果、問題がある場合には、関係解消に向けたアクションを起こす(継続監視として関係を解消出来る機会を探る、次の契約更新をしない、確証が揃った時点で中途での契約解除に踏み込む、など)。

●自社で出来る範囲の追加調査にとどめつつ、第三者である専門家に風評等のチェックを依頼し、その範囲内で同一性の判断と取引可否判断を行う。

2．反社チェックの具体的な手法

　以下ではこれに引き続き、反社チェックをどういった範囲で行えばいいか、また、調査手法には具体的にどのようなものがあるのかをより詳しく解説する(全ての業種・業態の参考になるものと思われるため、金融機関を例に検討することとする)。

(1)反社チェックの調査範囲

　既に述べたとおり、事業者に求められる反社チェックは、全国の暴排条例等で求められるレベルを大きく超えている。例えば、金融機関であれば具体的には平成23年6月に改正された「銀行取引約定書における暴力団排除条項」の内容を踏まえて、当該企業が「暴力団員等が経営に実質的に関与していると認められる関係を有する」かどうか、「暴力団員等に対して資金等を提供し、

または便宜を供与するなどの関与をしていると認められる関係を有する」かどうか、といった点にまで注意を払うことが求められている。

このような観点から、事業者には、対象企業の商業登記情報（以下「登記情報」）を取得するなどして「現在の商号と取締役・監査役」等を把握し、それを過去の記事検索や自社のデータベース、外部の公知情報データベースと照合して、該当事項がないか確認するということが広く行われている。しかし、反社会的勢力は、そのような反社チェックを見越して、すでに巧妙に実態を隠しており、表面的な情報だけで反社会的勢力を見極めることは困難になっている。したがって、実効性ある反社チェックを行うためには、閉鎖された登記情報を取得するなどして、「退任した役員」「会社設立当時の役員」「会社の来歴」等にまでチェック対象を拡大し、「隠したい過去」を導き出す（見つけにいく）といった取組みの深度が必要になる。事業者の取組みが表面的であればあるほど、反社会的勢力にとっては、実態や手口、真意（狙い）の隠蔽や偽装が容易となる。「面倒だから」「難しいので」ということで表面的な取組みに終わらせること自体が、相手に隙を見せることになるのである。また、反社会的勢力は、企業等に接近し、接点が生じるや、関係者を一斉に送り込んでくるなど、「面で活動する」行動様式に特徴がある。その意味では、反社会的勢力に関する端緒（兆候）は、事業者を取り巻く様々な接点（例えば、関連会社や資本・業務提携先など）に点在していることにも注意が必要である。

以上を踏まえると、望ましい反社チェックの調査範囲としては、対象企業の現時点の状況に限定することなく、図表にあるような過去の関係者や周辺の関係者にまで拡げることが重要となる。経験則上も、とりわけ外から見えにくい部分に反社会的勢力が潜んでいることが多いといえる。

図表 4-2 反社チェックの対象範囲

時系列上の関係者（過去にさかのぼって調査・分析：縦に掘り下げて調査）

「現在の商号・代表者」「現任取締役・監査役」の確認だけでは不十分であり、「退任した取締役・監査役」「過去の商号」といった過去の情報まで確認する必要がある
▶▶ **現在事項証明書ではなく、少なくとも5年以上過去にさかのぼって、履歴事項全部証明書、閉鎖事項証明書等により退任した人物や時系列上の変遷を確認することが望ましい**

当該企業の周辺の関係者
（人的・資本的つながりを調査・分析：横に拡げて調査）

- 退任した役員
- 子会社や関係会社
- 主要な取引先
- 主要な取引先等の紹介者（仲介者）
- 主要株主
- 主要な従業員（取締役以外の執行役員、中途入社した部長など）
- 顧問や相談役、コンサルタント、アドバイザー
- 外部から招聘した取締役・監査役及びその経歴先企業
- 投資先や融資先・法人所有不動産や役員個人所有不動産の債権者など

（2）反社チェックの調査手法

　実効性ある反社チェックを行うには、調査範囲を拡げるだけでなく、データベースの限界も踏まえ、多面的な角度からの調査（情報の収集・分析）、複数の調査手法を組み合わせていくことが求められる。そこで得られる一つひとつの端緒情報を積み重ねることが、見極めの精度を高めることにもつながる。ここでいう「多面的な調査手法」には、具体的には前述のようなものがある。これらについて自社の反社会的勢力の定義を踏まえ、どこまで踏み込むべきか、それを業務プロセスの中にどのように落とし込んでいくかを検討する必要がある。

暴力団関係企業(フロント企業)の認知においては、通常とは異なる「異様・違和感・例外」といった端緒情報が重要となる。日常業務において、いつでも、どこからでもそれを組織的に収集できる仕組み(例えば、職制だけでなく内部通報制度など複数の報告経路や、取引先管理台帳・業務日報等の情報の共有など)を備えておくことも重要なポイントとなる。反社会的勢力への対応は、「特定の部門・人による有事の際の排除」から、「全員参加による、組織的な、平時における有事への備え＝平時と有事の連続性を重視した取組み」に転換されている。このことを踏まえ、「疑わしい端緒を把握した際の見極めから排除」という一連の取組みを支える重要なプロセス(単なる形式ではない)として、反社チェックを位置づける必要がある。

①登記情報のチェックポイント

　ここでは、「反社チェック」の方法の一つである「登記情報分析」のポイントについて取り上げる。

<登記情報分析>

　商業・法人登記は、会社・法人を設立するうえでの義務(必須事項)である。すでに取引のある先であり、取引開始時に商業登記情報を取得・確認している先であれば、それを「反社会的勢力の見極め」という視点から再活用することを考えたいところである。登記情報を分析することによって、その企業の表面的な姿(情報)の裏側に潜む「隠したい事実」や「隠そうとする意図」までもが浮かび上がることがあるからだ。ただし、それにはできる限り時系列で、その企業の変遷を確認することが必要である。そのためには、「現在事項証明書」ではなく、「履歴事項全部証明書」や「閉鎖登記簿謄本」等の情報を確認することが望ましいといえる。

<登記情報分析の視点>

　反社チェックにおける登記情報分析においては、「内容に整合性があるか」という視点が最も重要である。具体的には、「商号、本店所在地、役員を変更する理由は何か」、「事業目的が大きく変わった理由は何か」などを確認す

ることになるが、実際のチェックにあたっては、以下のような点を踏まえて分析し、当該会社の来歴、経緯の把握に努める必要がある。

- ●履歴事項全部証明書は「情報の入り口」であり、閉鎖登記情報は「隠された事実の宝庫」であることが多い
- ●最近は、登記情報に反社会的勢力の属性要件に該当する人物が登記されていることは少ない。したがって、できる限り過去に遡って登記情報を精査し、反社会的勢力としての属性を有する者の有無を確認する、あるいは過去に潜在する懸念事項を可視化する、といった調査の深度も必要となる
- ●登記情報については、登記されていることを確認するだけなど、形式的な審査・確認のみで済ませることなく、登記情報から会社の沿革や役員の変遷状況を精査して懸念事項の有無を確認することが重要である
- ●不自然な商号変更、本店移転、業態転換、役員の総入替えなど、会社の継続性に疑義のある登記事項がないか、「会社の継続性」の観点からチェックする
- ●可能な限り役員経歴書の提出を受け、代表者等の役員の就任経緯や経歴会社、空白期間について情報収集を行う

　会社法の改正により、資本金1円、取締役1名から株式会社を設立できるようになっている。このことから最近は新設間もない会社が、経歴に問題のない人物を役員に据えるなどして、表面的に問題のないような会社に偽装してアプローチしてくる場合も多くなっている。一方、資本の大きな会社を設立するには資本金の払込証明が必要であり、業歴の長い会社をいきなり設立することも不可能であることから、休眠会社を買収して、そのような会社に仕立て上げるといった偽装もよく行われている。さらに、貸金業などの許認

可付きの会社がネット上で売買されている事実があり、監督官庁等の審査を経ず、いきなりそれらを手に入れることも可能となっている。新たに会社を設立するよりもコストと期間がかからず、長期の業歴や潤沢な資本を有する会社になれるため、休眠会社等の利用は少なくない。そのため登記情報の時系列的な流れを確認し、商号・設立・目的・役員各欄の情報を精査することが必要であり、また会社としての継続性やその履歴の合理性・整合性を確認することを通し、その手口を看破することに努めなければならない。

<登記情報分析のポイント>

登記情報分析は以上のような観点から行っていくが、その際、次に当てはまる企業については特に注意が必要だ。

●主要事業の変更(業態転換)がある
●事業目的間の関連性が低い
●事業目的が多岐にわたりすぎている、大幅に変更されている
●短期間での大規模な増資や小口の増資、減資などが続いている
●商号、本店所在地、役員が頻繁に変わっている
●複数役員が一斉に退任している、「解任」された役員がいる
●会社の合併、分割がある
●債権譲渡などが登記されている
●商業登記簿謄本が存在しない
●登記内容の変更手続きが常態的に法定期間を超えている

ただし、これらはあくまで暴力団関係企業(フロント企業)などに多くみられる特徴にすぎず、それだけで反社会的勢力と特定できるものではない。反社会的勢力を見つけるためには、その他の調査結果や収集された端緒情報と併せ、総合的にチェックを進めるという慎重な姿勢が必要となる。

②不動産登記情報分析のポイント

　必要に応じて会社所有不動産、代表者等の個人所有不動産の登記状況についても確認することが望ましく、その場合のポイントは以下のとおりである。

● **不動産の所有者に不審なものがいる**
- ・会社不動産の所有者に当該会社や役員以外の者がいる
- ・代表者の個人資産の所有者に本人及び会社関係者以外の者がいる

● **登記内容に以下のような登記がある**
- ・「差押」「仮差押」の登記がある
- ・「競売開始決定」の登記がある
- ・「所有権移転請求権仮登記」の登記がある
- ・「破産」「予告登記」の登記がある
- ・「譲渡担保」がみられる

● **抵当権や根抵当権の設定状況で以下のような登記がある**
- ・抵当権や根抵当権設定が異常に多い、評価額と対比してみてオーバーしている
- ・「市中金融」の担保設定がある
- ・「個人名」の担保設定がある
- ・「根抵当権設定仮登記」の登記がある
- ・短期間に担保設定が相次いでいる

---

③風評チェックの手法とポイント

　次に、「反社チェック」の手法の一つである「風評チェック」について取り上げる。

　企業に関する「風評」については、信憑性が疑われて軽視されたり、その取扱いや見極めの難しさから適切に活用されていないのが実情だと思われる。単なる噂話や根拠のない誹謗・中傷も含め、信憑性が疑わしい玉石混交の情

報が氾濫する中では、適切な情報を選別する「情報リテラシー」が求められる。とはいえ、「火のないところに煙は立たない」という言葉を常に念頭に置き、それを裏付ける事実・実態に関する情報を幅広く収集する、つまり「風評の信憑性を検証する」というスタンスが重要となる。実際の事例としては、(1)取引先と反社会的勢力との関係についてネット上に書き込みがあり、その理由を探ったところ、最近外部から招聘した取締役が、仕手銘柄や反社会的勢力が関与しているとされる複数の企業で取締役を歴任していた事実が判明したといったケース、(2)インターネット掲示板で「社長が暴力団員と飲み歩いている」との書き込みがあったので調査を続けたら、社長のSNSの友達リストに暴力団員が含まれていたといったケースなどがある。

　したがって、「風評チェック」については、「相手をじっくり観察する」という反社チェックの原点に戻り、次のような観点から取り組む必要がある。

●風評と企業実態の比較、事件・事故、不祥事等の「風評を裏付けうる事実」の収集に努める
●新聞・雑誌等の情報だけでなく、許認可や行政処分の状況などの公知の事実、同業者や近隣からの情報などを幅広く収集する
●風評は一部分のみが切り出された状態で点在(流布)していることが多く、周辺まで確認範囲を拡げながら、全体像を描くことに努める
●当該情報に限らず反論・反証となるような情報の収集にも努め、できる限り客観的・中立的な立場で情報に接する

　実際に「風評チェック」を行う際の留意点は次の通りである。

＜ネットでの風評検索＞

　ネットでの風評検索には、本来、高度なスキル・ノウハウ・経験が必要であり、そのスキルは個人差が大きいものである。したがって、組織的に反社チェックを行うには、社内における「精度の確保とレベルの均一化」を図る必要がある。例えば、次のようなチェック要領をあらかじめ定め、マニュアル等に明文化するなどして周知徹底することが考えられる。

【現場（第1線）でのチェック】

● 調査対象者(社)の固有名詞と図表のような複数のキーワード（ただし、反社会的勢力として捉える内容によって設定の仕方は異なる）を「and／or検索」により絞り込み、疑わしい情報がないか検索結果を最低10ページ程度は確認する

● 検索した結果、何らかの情報がある場合については、現場レベルで判断をせず、該当情報全てを管理部門等に報告することが望ましい

● 検索結果については、参照ページのコピー、該当URL、追加調査情報、判断結果等とともに証跡を残す

【図表】　ネット風評検索キーワード例

暴力団	反社	総会屋	右翼	逮捕
容疑	違反	不正	処分	疑い
詐欺	インサイダー	金融商品取引法	漏えい	中止命令
株価操縦	暗躍	闇（ヤミ）	グレー	悪

　また現場からの情報に基づき、管理部門等で追加のチェックを行う際には、現場での調査結果の確認に加えて、以下のような観点から精査することも精度を高めるうえでは重要となる。

【管理部門（第2線）での追加チェック】

●キーワード検索した以外の掲示板やブログ、仕手筋等の情報が収集できるような専門サイト等への書き込みがないか、略称や通称、省略、ペットネーム、その他ネット内でのみ使われる呼称といった形での書き込みはないか

●書き込みが、複数の人物や複数のサイトで行われているのか、内容自体に整合性があるか、内容を裏付ける事実があるか

●収集した情報に関係のある会社や人物、ファンド等について、当該事案以外に関与している事案や、その事案に関連して反社会的勢力との関係の端緒がないか、過去の事案・事件への関与はないか

＜業界・近隣からの情報（噂等）＞

　実際、ネット上の風評を検索するだけでは、情報や精度が不足する場合が多いものである。それぞれの業界や近隣における情報を併せて収集することは、情報量や鮮度、信憑性といった面でも大変有用であり、当然ながら与信管理上も必要である。ただし、現実的にこのような情報は専ら現場にあることが多く、したがって管理部門としては、（取引をすすめたい）現場による情報の意図的な隠蔽リスクへの対策も必要となる。たとえその情報がネガティブな内容であっても、担当部門等に情報が適切に伝わるための仕組みづくりが求められる。また、隠蔽が自ら（組織・個人）の存続を危うくするとの共通認識、端緒情報の報告を奨励するといった社内風土が醸成されていることが必要になる。

　そして、緊急性・重要性を帯びた情報だけでなく、日常業務における上司への口頭報告や職場での同僚との会話、営業日報や訪問報告などに記載された中から、必要な端緒情報（リスク情報）をいかにして自らのデータベース等に取り込むかという、取引先管理・データベースの運用上の問題にも配慮する必要がある。つまり、反社チェックにおいては、報告する側と報告される

側双方における「リスクセンス」「暴排意識」こそ重要となるのである。

④現地確認（実体と実態の確認）のポイント

「百聞は一見に如かず」の言葉通り、現場に行かなければ分からないことや、現場に行くことで容易に分かることは意外に多い。また、実際に調査してみると、商業登記情報に登記された会社の本店所在地に会社が存在しないという事例も少なくなく、登記内容、会社案内、HPや提出書類などの記載事項が「実体」と相違がないか確認することは極めて重要である。このように対象企業の「実体」を確認するだけでなく、外観や周囲の環境、人の出入りをはじめ、現地でしか知りえない「同一所在地の別会社」の存在や、会社の業務実態（稼動しているか、事業規模に見合っているか等）、社内の雰囲気などの「実態」を確認して、他の収集情報と照らし合わせることで、分析の精度を高めることも重要だ。なお、具体的には、現地を訪問する前に、住宅地図・Google検索等を活用して実在性を確認するとともに、現地訪問により、次のような疑わしい状況がないかを確認することが望ましいといえる。

●会社事務所が住宅地の中にないか（看板等もなく実在性が疑わしい）
●バーチャル・オフィスでないか（電話代行業者や私設私書箱業者などを悪用したペーパーカンパニーでないか）
●会社に電話したところ、携帯電話に転送される、事務所所在地と電話番号の関連がない等おかしい点はないか
●事務所への従業員や取引業者等に怪しい人物の出入りがないか
●事務所内の設備や調度品等が過度に豪奢でないか

なお、現地訪問の際には、相手に訪問の予定を告げず訪問する、事務所の外から一定時間監視する、といった方法も有効ではあるが、身の安全確保等の観点から、従業員には無理をさせず、可能な限りで確認することを徹底しておくことも重要だ。

⑤その他、端緒情報のチェック

　その他にも、端緒情報としては(あくまで一例とはなるが)以下のようなものもあり、参考にしていただきたい。

●株主・取引先・投資先等に、反社会的勢力や反市場勢力、あるいは、それらと関係を有する人物が含まれていた場合、それらが会社に与える影響を考えなければならない

●現在に限らず、過去の取締役・監査役に、反社会的勢力や反市場勢力、あるいは、それらと関係を有する人物が含まれていた場合、現在におけるそれらの影響力を考えなければならない

●執行役員・顧問・相談役など登記情報に現れない関係者についても同様の注意を払わなければならない。また、他に、どのような企業や団体等でそのような役職を得ているのか、それらはどのようなもので、反社会的勢力等との関連は窺えないのか、といった観点も重要である。

●役員(取締役・監査役)については、出来る限り設立からの登記情報を収集し、役員の変遷に不自然さがないか分析する

●執行役員は、登記情報に現れないので注意が必要である。過去の事例では、ある会社の「副社長」が反社会的勢力であったことが判明したものの、肩書が「執行役員副社長」であり、反社チェックとしては登記情報のみを確認するだけであったことから、そのような重要な情報を見逃してしまっていたというものがあった。同様に、顧問・相談役、アドバイザー、コンサルタント等についても、外部からは確認するのが困難なケースも多く、執行役員同様に細心の注意が必要である

●他の投資先は仕手銘柄でないか、過去に不可解なファイナンスがないか、投資先の株主構成はどうなっているか、といった観点で網を広げることも重要である

●大株主については、反社会的勢力としての属性を有するものが表面化する事例は減少傾向であるが、現在のみならず過去の経歴や投資先に仕手銘柄企業が含まれていたり、仕手銘柄以外の企業であっても投資先の株主に仕手人脈が窺われないか確認が必要である。特に、持株比率が高い者や、関係が窺われるものの持株合計が会社支配権に影響を与えるおそれがある場合は、要注意である

●どんな人物・企業・団体が不動産所有者・債権者になっているか、それら企業の企業概要・株主構成はどうなっているか、といった観点で網を広げることも重要である

●不動産所有者・債権者についていえば、不動産所有者が影のオーナーだったり、債権者が権利行使で経営に関与する場合もあることから、その影響力に注意が必要である。実務上は、不動産登記の確認や決算書の付属明細などを確認により債権者等を把握する必要がある

3．具体的な反社チェック～判断フローの例（某社の反社チェック・マニュアルより抜粋）

1．反社チェックの省略基準

　1次チェックは全ての取引先（ただし、海外との取引、アルバイト料の支払い、慶弔時の供花料は除く）に対して実施するが、2次チェックを省略することができる先を以下の通りとする。ただし、対応責任者の判断により、省略しないこともある。

（1）国、地方公共団体、独立行政法人、認可法人、特別民間法人、共済組合、

特殊法人、指定国立大学法人、公立大学法人

(2)東証一部・二部その他の証券取引所の本則市場上場会社及びその子会社

　【注】「本則市場」とは、証券取引所が開設している市場のうち中心的な市場を指す。例えば東京証券取引所では、第一部と第二部は本則市場に該当するが、マザーズやジャスダックはこれに該当しない。

(3)預貯金等受入金融機関(銀行、信用金庫及び信用金庫連合会、信用協同組合及び信用協同組合連合会、労働金庫及び労働金庫連合会、農業協同組合及び農業協同組合連合会、漁業協同組合及び漁業協同組合連合会、水産加工業協同組合及び水産加工業協同組合連合会、農林中央金庫、外国銀行の在日支店)

(4)金融機関(ただし、証券会社、保険会社、政府系金融機関のみ)

(5)法律事務所、司法書士事務所、行政書士事務所、税理士事務所、特許事務所、監査法人

(6)当社グループ関連会社

(7)対応責任者の認めた先

対応部署	対応責任者	職務
コンプライアンス部	コンプライアンス部長	①反社会的勢力への対応の統括 ②反社チェック業務の統括 ③反社会的勢力との関係の端緒あるいはその可能性を認知した際の対応支援
反社チェック実施部署	実施責任者	職務
①取引担当部署 ②コンプライアンス部	①取引担当部署の長 ②コンプライアンス部長	反社チェック業務の実施 ●1次チェックは取引担当部署で実施 ●1次チェックで該当ある場合、法務・リスクマネジメント部で2次チェックを実施

2. 新規時調査

（1）調査実施要領（基本的な流れ）

「新規時調査」は、以下の通り実施する。

① 仕入先との取引

ア．新規時調査は、取引前の可能な限り早い時期に実施することを原則とする。

・ 新規時調査を早いタイミングで行う必要があるのは、調査の結果、関係を持つことが好ましくないと判断された場合に、事後のトラブルなく速やかに撤退（関係を解消）することを可能にするためである。

・ 遅くとも取引開始前までに新規時調査が終了していなければならない。

イ．新規時調査の実施のタイミング及び大まかな流れについては、以下の通りとする。

・ 取引担当部署による1次チェック

 ➢ 取引担当部署は、「仕入先審査事前チェックリスト」により、該当項目がないか確認する。

 ➢ 確認に当たっては、「端緒情報のチェックリスト」の内容を参照する。

 ➢ 取引担当部署は、「仕入先審査事前チェックリスト」を添付して申請する。

・ コンプライアンス部による2次チェック

 ➢ 1次チェックを踏まえ、コンプライアンス部で、取引担当部署の申請内容を精査する。必要に応じて、取引担当部署に状況のヒアリングを行うこともある。

 ➢ コンプライアンス部の2次チェックでは、以下のチェックを行う。

 ✔ 商号及び代表者名について、外部専門会社のデータベース

及び暴追センターのデータベースによるスクリーニング

- ✔ 上記対象についてのWeb風評のチェック
- ・ コンプライアンス部による追加調査
  - ➤ 2次チェックの結果、懸念がある場合は、コンプライアンス部で以下の追加調査を行う。なお、必要に応じて、対応責任者が調査の範囲・項目・深度を指定する。また、外部専門会社等に相談して実施することもある。
    - ✔ 取引経緯等に疑わしいところはないか、あらためて確認する(取引担当部署にヒアリングすることもある)。
    - ✔ TDB(帝国データバンク)より詳細レポートを取得し、内容を精査する。
    - ✔ 履歴事項全部証明書を取得し、内容を精査する。
    - ✔ 履歴事項全部証明書に記載のあるチェック済み以外の全ての商号(旧商号など)・取締役・監査役(それぞれ退任した者も含む)について、前項の2つのデータベースによるスクリーニングを実施する。
    - ✔ 上記対象についてのWeb風評のチェックを実施する。
  - ➤ 上記の精査の結果、対応責任者が、「特段疑わしさはない」、該当があっても「同姓同名の他人である」等と認めた場合については、反社会的勢力の該当性について「該当なし」と判定し、取引担当部署に回答する。
  - ➤ 以上のチェック内容については、「審査状況リスト」に記録する。
- ・ コンプライアンス部による追加調査結果を踏まえた判定
  - ➤ 追加調査の結果、「該当なし」と判定できるケース以外については、対応責任者は、今後の調査・判断の方向性を決定する。
  - ➤ 1次チェック及び2次チェック・追加調査の情報で判断する場合
    - ✔ 「要注意」と判定した場合は、対応部署にて「要注意リスト」

に記録し、取引担当部署に回答する。

✔ 「該当あり」と判定した場合は、対応部署にて「該当ありリスト」に記録し、コンプライアンス委員長に報告するとともに、取引担当部署に回答する。

✔ 対応責任者が、「該当あり」で警察への照会が必要と判断した場合、あるいは、「要注意」の中でも警察への照会が必要と判断した場合は、コンプライアンス委員長に相談する。

✔ コンプライアンス委員長は、警察への照会が必要かどうか判断する。

✔ 「要注意」先について、コンプライアンス委員長が警察への照会は不要と判断した場合は、対応責任者は、「要注意」との判定を確定し、あらためて取引担当部署に回答する。

✔ 「該当あり」とした先について、コンプライアンス委員長が警察への照会は不要と判断した場合は、対応責任者は、「該当あり」（自社NG認定）との判定を確定し、あわせて「取引不可」の旨、あらためて取引担当部署に回答する。

✔ コンプライアンス委員長が必要と判断した場合は、対応部署にて警察への照会を行う。

✔ 警察への照会の結果、警察から「該当あり」と回答があった場合は、「該当あり」（警察NG認定）と判定のうえ、「該当ありリスト」に記録のうえ、コンプライアンス委員長に報告する。あわせて、「取引不可」の旨、あらためて取引担当部署に回答する。

✔ 警察への照会の結果、警察から上記以外の回答があった場合については以下の通り対応する。

　　・ 警察が全く問題ないとの回答を得た場合は、「該当なし」と判定して、取引担当部署に回答する（警察W認定）。なお、既に「要注意リスト」または「該当ありリスト」に記録していた場合は、その旨追記する（記録の削除等は行

わない)。

- ・ 警察の回答にかかわらず、当社グループとして、関係を解消すべきと判断される場合は、「該当あり」（自社NG認定）との判定を確定させ、対応部署にて「該当ありリスト」に記録のうえ、「取引不可」の旨取引担当部署に回答する。
- ・ 上記以外の場合は、「要注意」との判定を確定させる。対応部署は、「要注意リスト」に記録のうえ、取引担当部署に回答する。

➤ 外部調査を依頼する場合
  - ✔ 対応責任者の判断で、外部調査を依頼する。
  - ✔ 外部調査の結果を踏まえ、あらためて、対応責任者は、反社会的勢力の該当性の判定を行うとともに、取引可否判断のプロセスを決定する。

・ 外部調査会社による調査の具体的な調査項目は以下の通り。
  - ⅰ．DBS該当事項の詳細確認（年齢情報や事案当時の生活圏などに関する情報収集など）
  - ⅱ．現地確認（事務所・周辺の状況、業務実態の状況など）
  - ⅲ．DBS実施対象者（社）の範囲の拡大
  - ⅳ．関係者（社）の閉鎖登記情報・不動産登記情報の内容分析（相関関係の把握）
  - ⅴ．閉鎖登記情報・不動産登記情報に基づく追加のDBS・風評チェックの実施
  - ⅵ．財務分析

・ 調査要領に関する留意点
  - ⅰ．商業登記情報（履歴事項全部証明書）は、対応部署にて取得する。
    - ●必要に応じて、「オンライン化されている閉鎖登記情報」「オンライン化以前の閉鎖謄本（通称「ブック」）」、不動産登記に

ついても、管理対応責任者の判断により、対応部署で取得する。なお、閉鎖登記情報の取得の詳細については、外部調査会社の相談、起用等もあわせて検討する。

●対象が個人又は個人事業主の場合は、本人名義の銀行口座情報等により本人情報を確認し、調査を行うことも検討する。

ⅱ．2次チェックや追加調査、外部調査の実施等において、対応部署は、取引担当部署に依頼するなどして、「株主情報」「主要取引先情報」について収集することがある。なお、それでも収集できなかった場合については、その旨記録として残しておくものとする。

●当該相手先のホームページ・会社案内等の開示情報を収集
●TDBなど信用調査機関の詳細情報等を収集
●相手方へのヒアリングにより収集

ⅲ．対応部署は、調査に関する書類一式を保管する。

② **得意先の調査**

ア．得意先の調査については、事業部門において新規取引開始時に実施する。

イ．以下は、A事業部における得意先の新規調査要領からの抜粋である。新規取引開始時の情報収集と判断のポイントがまとめられており、その他の取引でも活用できるので参照いただきたい。

ⅰ．新規契約申込における与信管理（信用情報の収集）

契約者（事業所責任者）が適切に判断できるよう、面談などでの判断のみならず、商業登記簿、不動産登記簿等、事前の信用調査情報の収集を必須とする。収集すべき信用情報とその収集のポイントは以下の通りである。

●面談

先方の資質の見極めを目的に実施。先方が当社との取引に熱意・誠実さをもって臨んでいるか、風貌、話し方、考え方などを基に総合的、かつ客観的に判断する。

※当社側は複数参席での面談を原則とする。

●契約当事者の法人・個人の区別

契約当事者が法人・個人で責任範囲が異なるため、区別の確認を徹底する。

●資産状況の確認

店舗や自宅の所在地、所有状況等を確認。法人・個人の区別により、決算書や青色申告書の閲覧を要請する。

●商業登記簿謄本

会社名称、本店所在地、資本額、設立年月日、事業内容、代表取締役氏名、住所等の確認の他、会社が実在するか、代表権のある人物か、記載事項(会社名称、代表取締役等)の頻繁な変更がないかをあわせて確認する。

●不動産登記簿謄本

店舗、自宅の所在地情報を基に、不動産の所有者の確認、担保権の設定有無・設定件数の増加の有無、担保権設定者(銀行、信販会社、個人等)などを確認する。

●現地調査

近隣・同業者、取引先の評判等を確認。経営者の人柄、家族状況、店の雰囲気、従業員の様子、売れ行き、在庫・支払状況、資産状況など可能な限りの情報を収集する。

●集合物譲渡担保、契約締結、意思確認

契約時に「先方が倒産」「支払い遅延」の場合等に限り、当社が担保権を実行して商品を引き揚げ、未払い売掛金を回収するために必須とし、当該契約を締結いただく旨を事前に確認する。

●反社チェック

近隣・同業者、取引先の評判、インターネットによる検索等の情報をもとに、先方が反社会的勢力に該当しないこと、関わりを持っていないことを確認する。

●その他

十分な情報収集が困難な場合、信用調査会社を利用する。信用調査会社利用の場合は地区担当に相談する。

ⅱ．契約までの流れ

「新規店契約経緯調査報告書」に基づき契約締結の可否を以下のルートで判断する。

●営業部長

●支店長・営業統括部長

●企画統括部長

●支社長・事業部長

ⅲ．収集情報の保管

ⅳ．契約を締結する場合は、事前に収集した信用情報と契約書をあわせて厳重保管する。

（2）新規時調査における層別区分

新規時調査は、以下に定める反社チェック基準に基づき行うものとする。

①反社チェック基準の詳細

全ての管理対象について、以下の分類にしたがって実施する。ただし、対応責任者の判断で、チェックの範囲・深度等を個別に決定して実施することがある。

反社チェック基準			分類
対象	商号・代表者		◎
	上記以外の取締役・監査役(現任のみ)		◎
	上記以外の旧商号・取締役・監査役(退任)		◎
手法	DBS	属性要件	◎
		行為要件／コンプライアンス違反情報	◎
	風評	業界内や近隣での風評・評判	○

手法	登記情報	履歴事項全部証明書の取得	◎
		オンラインで取得可能な閉鎖情報まで	△
		設立時まで遡って取得	△
		不動産登記簿謄本	△
	その他	実在性の確認（現地確認）	○
		疑わしい取引（紹介者や取引開始の経緯等）	○
		暴排条項等に対する反応等	◎

◎：反社チェック実施部署で実施
○：2次チェックでの判断
△：必要に応じて管理対応責任者が判断

図表 4-3　認知の実務～反社チェック・ルール（例）

【STEP1】1次チェック（部門・事業所）

新規仕入先　　　　　　　　　　　　既存仕入先

仕入先事前審査チェックリスクリスト添付　申請

【STEP2】2次チェック（コンプライアンス部）

コンプライアンス部で必要な審査（反社DB検索・Web風評調査・警察への照会など）を実施

【STEP3】反社排除条項の締結
（部門・事業所）

新規仕入先：取引契約書締結
既存仕入先：排除条項入り契約書締結を確認

【STEP3】反社排除
（部門・事業所/コンプライアンス部）

新規仕入先：取引開始しない
既存仕入先：弁護士・警察等と連携し排除

【STEP4】仕入先マスタ登録
（財務部）

コンプライアンス部の審査承認を確認し、
仕入先マスタに審査済マーク（＊）記入

コンプライアンス部の審査が完了していない
場合、または審査が否認された場合は、仕
入先マスタ登録申請は差し戻します。

3. 随時調査

（1）端緒情報の把握と報告

①取引担当部署に必要な意識

　　取引担当部署は、相手が取引先としてふさわしいか常に意識した上でコンタクトしていく必要がある。また、反社会的勢力の不透明化や手口の巧妙化の現実から、反社会的勢力と知らずに結果的に経済取引を行ってしまう可能性があることを自覚し、取引開始前・取引途上においても、常に相手に対して十分な注意を払っていくことが求められる。

②随時調査を実施する場合

　　以下のような「仕入先事前審査制度」に定められた取引時、「反社会的勢力もしくはその疑いのあるものに関する端緒情報及びその他の重要な情報」を入手した場合に随時調査を実施する。

ⅰ．仕入先事前審査制度における「既存取引先」の以下のケースに該当する場合

●1件30万円（税抜）以上の取引

●年間累計取引金額300万円（税抜）以上に達したとき

ⅱ．反社会的勢力の疑いに関する特異な兆候等の端緒情報

ⅲ．「端緒情報チェックリスト」（省略）及び反社会的勢力の定義の解説（省略）を参照のこと。

ⅳ．その他

　　報告された内容について、対応責任者が、調査が必要と判断した場合

③日常業務におけるチェックリストの活用

　　取引担当部署は、取引開始前・取引途上に関係なく、常に「端緒情報チェックリスト」の内容や以下の項目及びそれに類する事項等及び反社会的勢力の定義の解説について、該当がないか、該当するおそれがないか、その他おかしい点はないかを日常的にチェックし、

疑わしい場合は、次項④に定める関係者に報告する。

　なお、取引担当部署においては、当該端緒情報について自ら評価・判断することなく、出来る限りありのまま速やかに次項④に定める関係者に報告することとする。そのうえで、当該情報の評価、調査、取引可否判断等については、対応部署を中心に組織的に対応することとする。

ⅰ．取引の経緯、取引状況の確認

● 取引の経緯や紹介者に問題がないか

● 会社の実体はあるか（目的不明のペーパーカンパニーでないか）

● 新設企業もしくは社歴が浅い企業か等

ⅱ．行為要件への該当の確認

● 反社会的勢力の定義に該当するような行為が過去を含めてなかったか、今後そのおそれはないか

ⅲ．現地確認及び風評等の状況

● 会社の実態に反社会的勢力の兆候はないか

● 会社の実在性・業務状況に問題はないか

● 業界や近隣において不審な風評、好ましくない風評等はないか

● その他、反社会的勢力の定義）に該当するような事実、懸念等はないか

④端緒情報の認知・報告義務

　取引担当部署は、端緒情報を把握したならば、速やかに対応部署に報告する。また、取引担当部署に限らず、全ての当社グループ社員は、日常業務の中で、反社会的勢力もしくはその疑いのあるものに関する端緒情報及びその他の重要な情報を入手した場合は、対応部署へ報告する必要があり、具体的に以下のいずれかの方法により報告するものとする。

ⅰ．対応部署あて直接報告する。

ⅱ．指揮系統に従い部署の長に報告する。

ⅲ．相談ルーム（相談ルーム）に通報する。

図表 4-4 認知の実務～認知のルート／反社会的勢力排除の社内体制

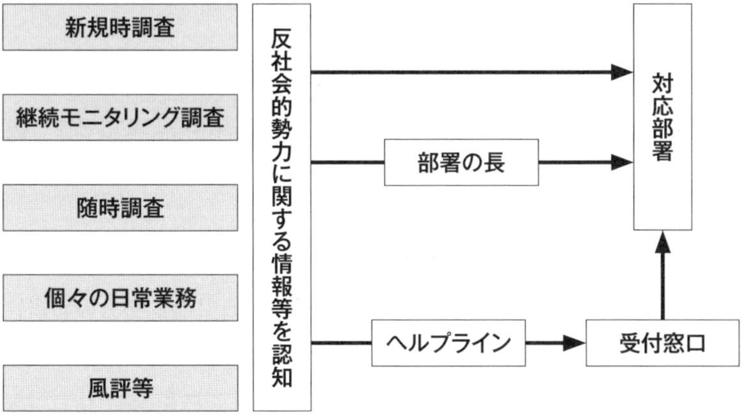

⑤**報告要領**

　全ての当社グループ社員は、反社会的勢力もしくはその疑いのあるものに関する端緒及びその他の重要な情報を把握したときには、上記のルートにより、原則、口頭で報告し、対応部署は文書（「反社会的勢力に関する情報の報告シート」に記録する。

●口頭による報告の受け手である対応部署にて所定の書式に記載して文書化する。

●ヘルプラインを利用する場合は、当該制度の運用に従う。

（2）調査実施要領

①対応責任者は、反社会的勢力もしくはその疑いのあるものに関する端緒情報及びその他の重要な情報に関する報告内容に基づき、随時調査実施の有無について判断する。

②対応責任者は、随時調査の実施を決定したならば、対応部署に、具体的な調査の手法・調査範囲等を指示し、対応部署にて随時調

査を実施する。

③対応責任者が必要と判断した場合は、外部調査会社に調査を依頼
する。

（3）調査内容

随時調査の範囲、深度など必要な細部については、「2. 新規時調査」
の項を参照のうえ、対応責任者が判断する。なお、必要に応じて、外
部調査会社に相談する。

（4）調査結果と取引可否判断、関係解消に向けた実務

①対応責任者は、随時調査の結果を踏まえ、反社会的勢力の該当性
の判定を行う。

②前項の判定結果を踏まえた取引可否の判断プロセスについては、
「4. 調査結果と取引可否判断」の通り。

③関係解消（契約解除）に向けた実務については、「5. 関係解消（契約
解除）の実務」に後述する。

4. 調査結果と取引可否判断

（1）反社会的勢力の該当性の判定

対応部署は、以下の通り、反社会的勢力の該当性を判定する。ただし、
対応責任者の判断により、コンプライアンス委員長またはコンプライ
アンス委員長が招集する反社排除委員会（以下「コンプライアンス委員
長等」と総称）が判断することがある。

①**該当なし**

●疑わしい情報が全くない、データベース上の「同姓同名・同年齢」
が別人と対応部署が認定できる、疑わしさが軽微なものと対応部
署で認定できる場合（自社Ｗ認定）

●警察への照会の結果、全く問題ないとの回答が得られ、当社グルー
プとして問題ないとコンプライアンス委員長等が認定する場合

（警察W認定）

②**要注意**

●疑わしい情報があるが反社会的勢力であるとの確証や強い疑い等がない、データベース上の「同姓同名・同年齢」の判断ができない（同一性を否定できない）、今後の状況を監視していく必要があると対応部署が認定する場合

●警察に照会した結果、「該当なし」あるいは「回答できない」等の「該当あり」以外の回答が得られ、かつ、自社NG認定をしない場合

③**該当あり**

●原則、警察への照会結果、「該当あり」との回答が得られた場合（警察NG認定）

●対応部署にて「強い疑い」があると認定し、コンプライアンス委員長の判断で警察への照会を行わずに、「該当あり」と認定する場合もある（自社NG認定）

●警察の照会結果にかかわらず、コンプライアンス委員長等が、当社グループとして、関係を解消すべきと判断する場合（自社NG認定）

（2）取引可否の判断

　対応部署またはコンプライアンス委員長等の反社会的勢力の該当性の判定結果（以下「判定結果」）を受けて、取引可否を判断する。その判断については、以下の通りとする。

①**判定結果が「該当なし」の場合**

●対応部署は、取引担当部署に判定結果を回答する。

●取引担当部署は、判定結果、取引先のコンプライアンスの状況、さらには公正・適正の観点も含め、総合的に取引可否を判断する。

②**判定結果が「要注意」の場合**

●対応部署は、取引担当部署に判定結果を回答する。取引担当部署は、判定結果を尊重して、総合的に取引可否を判断する。ただし、

取引可否のステイタスとしては、「要監視」または「取引不可」のいずれかとする。

●取引可否のステイタスが「要監視」と判断された場合、半年に1回、モニタリング調査を行う。対応部署は、「要注意リスト」先を管理し、対応部署に1次チェックを依頼、対応部署において2次チェックを行う。当該モニタリングにおいて、変化が認められる場合は、通常の判定・判断のプロセスに従って対応する。

●対応部署に回答する前に、対応責任者の判断により、コンプライアンス委員長に報告、コンプライアンス委員長が取引可否を判断することもある。この場合、取引担当部署は、コンプライアンス委員長の判断に従うものとする。

●さらに、コンプライアンス委員長の判断により、「反社排除委員会」を招集して取引可否を判断することがある。その場合、取引担当部署は、同委員会の判断結果に従うものとする。また、同委員会の検討結果については、社長に報告する。

③判定結果が「該当あり」の場合

●新規取引の場合

・対応責任者は、取引担当部署の長に対し、判定結果を回答する。

・取引担当部署の長は、「取引不可」と判断し、取引を行わない。

●既存取引の場合

・対応責任者は、コンプライアンス委員長に報告する。

・コンプライアンス委員長等は、原則、「取引不可」（関係解消）と判断する。

・関係解消が著しく困難であるなどの理由が合理的に存在する場合（例えば、強い疑いがあると判断するも警察から「該当あり」の回答を得られず、それでも、当社グループとして関係を解消すべきと考える「自社NG認定」）などについては、コンプライアンス委員長は、必要に応じて、「反社排除委員会」を招集して取引可否を判断する。

・結果については、社長に報告する。また、取引担当部署は、当
該判断に従うものとする。

【注】上記のうち、反社チェックの結果以外に問題がない場合の、反社
会的勢力の該当性の判定結果との関係を整理すると以下の通りと
なる。

反社会的勢力の該当性の判定結果	取引可否判断	
	新規取引	既存取引
該当なし	取引可	
要注意	要監視 取引不可	要監視 ＊取引不可とすることも 　できる
該当あり	取引不可	原則、取引不可 ＊反社排除委員会による 　要監視認定あり

（3）反社会的勢力の確証／強い疑いの例

①属性要件（同一性が極めて高いと判断される場合）

●警察の情報

「暴力団排除等のための部外への情報提供について」

●暴追センターや警視庁管内特殊暴力防止対策連合会（特防連）等の
情報

●新聞等の公知情報

②反社会的勢力の行為要件

●違法行為

傷害、暴行、恐喝、強要、脅迫、信用毀損、威力業務妨害、名誉毀損、
侮辱、器物損壊、詐欺、不退去、住居侵入その他暴力行為等

●「暴力団員による不当な行為の防止等に関する法律」（以下「暴力団
対策法」という。）に定める暴力的要求行為

暴力団対策法に定める暴力的要求行為は、指定暴力団員が一般
人等に暴力的要求行為を要求・依頼・そそのかす行為をいう。

●不当要求行為

　　当社グループに対して上記に該当する行為等があった場合、事実経過を時系列でまとめた報告書「反社会的勢力に関する情報の報告シート」を作成し保管する。

③その他注意点

●対応部署は、外部専門機関等と連携しながら、警察及び暴追センター、特防連等に情報提供を求めるなどして、さらなる確証・証拠の収集に努めるものとする。

●警察からの反社会的勢力に関する情報提供については、「暴力団排除等のための部外への情報提供について」の通りである。

●コンプライアンス要件やレピュテーション・リスク要件等への該当がある場合については、反社会的勢力の定義及びその主旨、コンプライアンス・CSR等の総合的な観点から、個別に判断する。

（4）反社会的勢力の該当性の判定／取引可否判断フロー

　以上の流れについては、次ページの通りフロー図に整理しているのであわせて参照のこと。

図表 4-5　認知の実務〜反社チェック・フロー

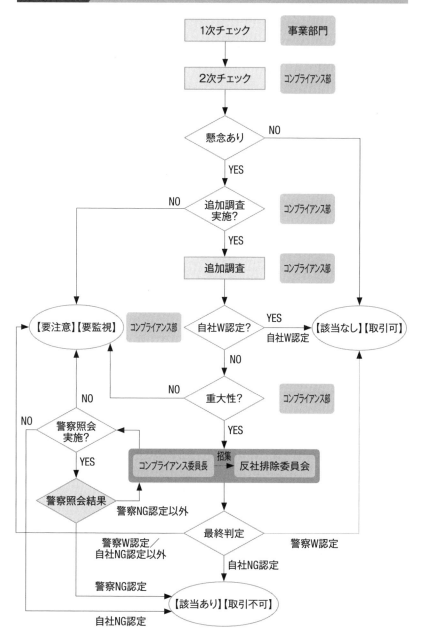

4．判断のあり方

（1）組織的判断

　たとえ、十分な範囲と深度を持った反社チェックを行ったとしても、明確な「確証」が得られることが難しい現実にあっては、その限られた範囲での調査結果を踏まえ、組織としてどう対応すべきかの「判断」が求められる。そして、この場合の「判断」には、「反社会的勢力の見極め（反社会的勢力に該当するか否か）の判断」と「取引可否の判断」の2つあることに注意が必要である。「反社会的勢力に該当する」＝「取引不可」であることについては、疑う余地のないところであるにしても、現実はそう簡単なことではない。

　例えば、反社チェックの結果を踏まえ、「反社会的勢力との関係がある疑いが濃い」と判断した場合、新規取引であれば、疑わしい先とは取引しないとの観点から「契約自由の原則」に基づき「取引不可」の判断となるだろうが、継続取引の場合には、そうは言っても、速やかに関係を解消するための合理的な根拠に足る十分な確証がないとして、「継続監視」や「解消に向けて準備する」、あるいは「期限を切って解消する」といった判断となるのが現実的な対応である。

　「認知」としての反社チェックにおいて重要なことは、反社チェック自体を適切に実施するだけでなく、このような「反社会的勢力の見極めの判断」と「取引可否の判断」を適正に行うことで完結する（「認知」と「判断」のプロセスの一体化・連動）のであり、特に後者の判断を誤ると、その後の対応に苦慮することになることを認識する必要がある。反社会的勢力の見極めにおいて、確証がない場合、売上や利益の優先、誘惑、悪意といった、恣意的・属人的、あるいは統制環境からくる組織的な意思・暗黙の了解などによって、判断機軸を歪めてしまうことが時としてあり、それが反社会的勢力の侵入を許す大きな要因となることを自覚する必要がある。したがって、反社チェックによる調査結果を踏まえた判断もまた「組織的に」行われることが重要であり、

●取引担当部署(現場)による判断／反社会的勢力対応部署による判断

●経営トップによる判断

●合議体(判定委員会など)による判断

について、想定される場面ごとに、誰が判断するのが適切かを明確にするとともに、それが「組織的な判断」であるとする根拠を明文化(職務権限規程や稟議手続きルールなど)することや、組織的な「判断基準」(判断上の原則)を統一・標準化し、明確に規定しておくことが必要である。

　このように「適切な判断」を支えるのは、組織的な判断プロセスとその手続きの適正性であり、判断自体の妥当性に関するモニタリングである。組織的な判断プロセスとして重要なことは判断基準を定めておくことであるが、それと同様に、その判断基準を見直していくことも極めて重要であり、社会の要請レベルから逸脱していないか常に注意を払うことが求められるといえる。それは、例えば、社会的に厳しさを増している「密接交際者」を巡る議論を想起してもらえればよく、とりわけ、東京都の暴排条例の施行前後の時期に、大物芸能人の引退騒動も絡んで大きく世の中の判断基準が変わったことや前述した吉本興業「闇営業」問題などは記憶に新しく、今や暴力団との交際は、その程度を問わず問題視される状況にある(「必要悪」「やむを得ない」といった議論は今やない)。したがって、判断の妥当性については、事後的であるにせよ、世間の基準に照らして検証していく「ジャッジメント・モニタリング」のプロセスが極めて重要となっている点に注意が必要である。

　また、最終的な取引可否の判断は、反社会的勢力排除の観点だけでなく、営業面や与信状況を含む総合的な見地からの判断となるのは当然のこととはいえ、「反社会的勢力の見極めの判断」結果と最終的な「取引可否の判断」に重大な離齟が生じないよう、組織的な牽制やモニタリングについて配慮することも必要である。そして、このような判断機軸の歪みを回避するためには、具体的に、次のような注意や工夫が必要である。

●「反社会的勢力の見極めの判断」「取引可否の判断」の判断基準(原則)や判断・決定プロセスをあらかじめ明確に規定しておくこと

●場合によっては、合議体(判定委員会など)による判断や外部専門家による調査結果・アドバイス(弁護士による意見書を取り付ける等)などを判断・決定プロセスに組み込むこと

●取引可否の判断結果として、「継続監視」「当該取引のみ」など条件付で取引する場合は、取引先管理の主管部署など業務ライン以外の部署で取引状況等を監視(モニタリング)すること

●調査から判断に至る検討過程を含む全てを記録・保管すること

●あらかじめ規定した判断基準に則った判断が、適切な手続きにより遂行されていることを、内部監査部門や監査役等が監視すること

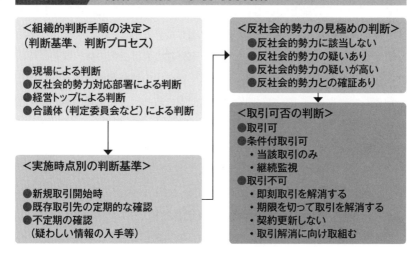

図表4-6　判断の実務～取引可否判断のフロー

<組織的判断手順の決定>
(判断基準、判断プロセス)

●現場による判断
●反社会的勢力対応部署による判断
●経営トップによる判断
●合議体(判定委員会など)による判断

<実施時点別の判断基準>

●新規取引開始時
●既存取引先の定期的な確認
●不定期の確認
(疑わしい情報の入手等)

<反社会的勢力の見極めの判断>
●反社会的勢力に該当しない
●反社会的勢力の疑いあり
●反社会的勢力の疑いが高い
●反社会的勢力との確証あり

<取引可否の判断>
●取引可
●条件付取引可
　・当該取引のみ
　・継続監視
●取引不可
　・即刻取引を解消する
　・期限を切って取引を解消する
　・契約更新しない
　・取引解消に向け取組む

(2)経営判断の原則の枠組みと説明責任

　なお、社会情勢の変化によって、継続監視としていた「グレー」の取引自体が問題化する可能性も十分あり得るところである。深刻なレピュテーション・リスクを惹起する可能性も否定できず、関係を解消することによって短期的な損害を被ることも覚悟し、あるいは、法的なリスクを認識しながら契約解

除に踏み込む、といった対応も場合によっては求められるであろう。

　実際の場面では、自社の反社チェックの結果を踏まえて、警察相談や外部専門家の調査結果などを踏まえて、（機が熟した）適切なタイミングで、「経営判断の原則」の枠組みを意識した対応をとる必要がある。すなわち、「調査に十分手を尽くしたか」という事実認識のあり方、「正しい事実認識に基づき、合理的な結論を、正しい方法で導いたか（議論の方法や過程に誤りはないか）」という結論のあり方に十分配慮することによって、取締役の忠実義務・善管注意義務の履行を担保していかなければならない。

　また、これらが適切に実行されていたことを客観的に確認できるものとして、弁護士からの意見書、判断に不合理性がないことを担保する方法も検討しておくとよいと思われる。

　なお、取締役の忠実義務・善管注意義務が履行されているからといって、社会の目からはそれが十分な対応だと認められない可能性が残る。これこそが、反社会的勢力排除の実務における極めて難しい課題であって、深刻なレピュテーション・リスクにつながることも配慮する必要がある。

　企業としてできることは、民間企業として最大限の努力を講じて関係解消に向けて取り組んでいること、弁護士とともに十分な検討のうえ、それでも法的なリスクを完全に排除できないものについては、「最終的に属性を確認できる根拠が得られれば関係を解消する」「関係解消のタイミングを注意深く監視する」といった組織的判断のもと、常に必要な注意を払いながら厳格にモニタリングを行っていることを、状況に応じて、「いつでも」「丁寧に」説明できるようにしておくことに尽きるであろう。

　なお、前述のような組織的判断は、可能な限り速やかに行っておくべきである。実際の関係解消の実現まで半年後、1年後またはそれ以上に及ぶとしても、今後の関係のあり方について企業としての方向性はすでに明確であること、そのうえで厳格なモニタリングを実施し続けていることが重要であり、組織的判断がなされないままの状態では、「放置」と見なされても仕方がないとの認識が必要であることも付け加えておきたい。

第5章
排除の流れ

1．端緒の把握を契機とした排除の流れ

このパートでは、既存取引先(法人)に関して、反社チェックや社内外からの情報提供により、疑わしい端緒を把握した場合の「取引可否の判断」「具体的な排除に向けた取組み」などについてその実務上の流れを解説する。

大きく以下の排除のポイントに沿って話を進めることとするが、実際の事例においては、必ずしもこの通り事態が推移していくわけではなく、より柔軟な対応が求められることをあらかじめ付け加えておく。

（1）端緒の把握から証拠固めまで

（2）排除実務

これまで述べてきた通り、新規取引開始時や事後チェックにおいて、専用の反社会的勢力データベースの活用や記事検索サービスの活用に代表される「データベース・スクリーニング」、インターネット検索、風評の収集(リアル／Web)といった様々な手法を通じて、反社会的勢力との関係の端緒を不断に把握していくことが求められている。さらに、事後チェックのあり方については、定期・不定期にこれらの手法ならびに「疑わしい端緒」の把握という役職員の日業務における「モニタリング」から、相手方の情報を収集・分析することが重要である。

　こうして得られた端緒情報は、組織の公式・非公式のレポートラインに沿って報告されることにより、組織的な「認知」となり、適切な方法・手順による事実認識、適切なプロセスによる判断を経て、はじめて排除が現実のものとなる。

2. 実態把握

| 端緒の把握 | **実態把握** | リスク評価 | 弁護士相談 | 一次判断 | 警察相談 |

(1)追加調査

　反社チェックや日常業務におけるレポーティングなど、何らかのきっかけにより反社会的勢力の端緒が組織的に認められた場合は、その信憑性や精度を高めることが求められる。当初のチェック対象範囲をさらに拡大することやチェック手法を多面的に展開する(登記情報分析や各種公知情報等の追加収集・分析など)ことにより、自社で詳しい追加調査を行う、外部専門家に依頼するなどして、より深く事実関係を把握し、今後の対応を見据えた証拠を収集する必要がある。

　この時点における追加調査としては、例えば、以下のような調査項目が考えられる。

●チェック対象者の範囲を拡大する(再掲)

　・退任した役員

　・子会社や関係会社

　・過去の商号

　・取引の仲介者(紹介者)

　・主要な取引先について、その主要な株主や融資先・投資先など

　・経営に関与しうる顧問や相談役、外部のコンサルタント・アドバイザーなど

　・同一所在地の別会社・入居ビル所有企業等及びその役員・株主など

・株主や取引先の実質的な支配者など

●チェック手法を追加し多面的に情報を収集する

　・商業登記情報(履歴事項全部証明書・閉鎖事項全部証明書)の分析

　・風評の収集(リアル／Web)

　・許認可・届出の状況

　・代表者等の自宅等に関する不動産登記の状況など

　・資金調達の状況、業績、財務状況など

　・現地確認(実体確認)及び実態確認

　これらの追加調査の状況とデータベース・スクリーニングや新聞記事等の結果を多面的に照合していくことにより、端緒情報の精度を上げる努力をする必要があるが、とりわけ、データベースや新聞記事等との照合においては、「同一性の精査」(同姓同名・同年齢の精査)が重要なポイントとなり、実務上は高いハードルとなる。

　言うまでもなく、銀行の預金口座や保険契約者、個品割賦購入契約の申込者といった新規取引開始時において、取引可否判断の「スピード」が求められる局面では、このデータベース等によるチェックがメインの判断材料とならざるを得ない以上、特に、「同一性の精査」を実務上、どのように整理・判断していくかが重要なポイントとなる。

　最終的には企業姿勢・企業判断となるが、以下のような様々な判断のあり方が想定される。

●「同姓同名・同年齢(ただし、±1歳の範囲)」のマッチングをもって取引不可とする

●同姓同名・同年齢のマッチングに加えて入手可能な情報(住所など)の一致をもって取引不可とする

●判断に要する十分な時間をかける

●対外的にはいったん取引可とし、十分な調査の後、解除に向けたアクションをとる

　ただし、本来「同一性」については、最終的には警察に確認することが望ましく、警察相談を前提とした判断プロセス（スピードを重視したプロセスからいったん外し別ルートとする）の設定をあらかじめ検討すべきであろう。なお、本パートでは、新規取引開始時とは異なる既存取引先の事後チェックの場面を想定していることから、警察相談に向けた流れを述べていくこととするが、警察相談を行う前に、例えば、以下を参照することで、自社でもある程度精査が可能な場合があることは認識しておくべきである。

● データベース・スクリーニング等で判明した事件・事故報道に関する、報道当時の新聞紙面等（原典）を図書館等で入手することが望ましい。以後の排除実務においては、原典の入手が必須でもあり、早めに対応しておくことが望ましいのはもちろんだが、実際の新聞紙面からは、以下の情報が入手できるため、有効に活用したい。

　・事案発生当時の年齢（±1歳の誤差で現在の年齢を推定できる）

　・生活圏・職業履歴等（事案発生当時の背景事情を把握することで当時と現在の連続性など一定の推定も可能となる）

　　【例】役員の欠格期間と実際の就任状況の不整合（報道等から判明した社会不在の時期に役員として登記されている等）、生活圏・職業履歴の不整合（例えば、報道では医師、実際は弁護士といった相違）など

　・掲載されている写真（風体等）

● 許認可・資格取得状況など入手可能な公知情報を追加で収集し精査を行う（全ての経緯・資料等を記録・保管しておく必要がある）。100％の確証を得られない中で自社の判断が求められる場合も多いことに注意が必要である。

● それでも疑わしい場合は、警察に相談することが望ましい（警察相談に必要な事項については後ほど詳述する）。

（2）取引可否判断のための追加情報収集

　反社会的勢力との関係可能性・該当性を追及するだけでなく、それ以外の

部分でも、総合的に「取引可否」について判断するために必要な情報を収集しておく必要がある。ポイントは2つ、「敵を知る」ことと「己を知る」ことである。

つまり、相手の実体・実態をよく知ることはもちろん、自社の対応体制や今後の対応における注意点をあぶり出しておくこと（要は、侵入を招いた、あるいは、接点となった「人」や「紹介者」等を特定し、情報漏えいや隠ぺい工作等を未然に防止するといった配慮、あるいは、今後の戦略に必要な情報の収集など）が必要になる。このような観点から、事前に確認しておくべき事項としては以下のようなものがあげられる。

●**取引経緯**（取引開始の理由、紹介者など）

●**取引状況**（取引条件、取引金額・取引量の推移、値引きや優先割り当て等の特別対応や異例処理の有無、契約条項違反の有無など）

●**相手方の詳細な状況**（自社との取引が先方の取引に占める割合・自社が先方に与える影響の大きさなど）

　【注】自社との取引が相手にとって死活問題となるほど重要な取引の場合、関係解消時の抵抗も大きくなり難易度が高まると考えられる。

●**契約内容**（暴排条項・解除事由の規定状況）

　【注】例えば、対象人物が「共生者」であると疑われる場合、それを排除対象とみなして契約解除の実行に踏み切れる根拠が必要であり、実際締結している契約等の暴排条項に「共生者」の排除が盛り込まれているかどうかが実務上は重要となる。また、暴排条項に「共生者」が盛り込まれていなかった場合には、あらためて「表明・確約書」等を取り付けるステップを加えるといった、関係解消全体の作戦・スケジュールを検討していく重要な情報となる。

●**接点**（双方の窓口担当者、取引開始時からの歴代の担当者、相手との関係の濃度など）

●**事案の発展性**（反社会的勢力との関係が生じていることによって、その後、別の問題が発生していないか、同種の事案が複数生じているようなことはないか）

●**企業姿勢の表明**（自社 Web サイト等による対外的な表明や社内における暴排指針の周知徹底等）

●**対応者の選任と教育・スキル**

【注】今後の対応のための組織体制を明確にし、専任者が自らの役割を自覚するとともに、相応のスキルやノウハウを日頃から研修等を通じて修得しておく必要がある。

●**対応マニュアル等の整備・周知**

【注】具体的な対応要領を社内で周知徹底するためには、あらかじめ、対応マニュアルや研修等が必要である。なお、それが、有事になってからではなく、平時において周知・徹底されていることが望ましい。

（3）注意点

　実態確認のプロセスは、反社会的勢力との関係可能性・該当性や取引可否に関わる最終的な判断を行う前の準備段階であり、関係者以外への情報漏えいリスク（獅子身中の虫を介した情報の漏えい、社内における興味本位の噂や過剰反応等事態の混乱を招きかねないリスク、さらにはそれらによる意図しない外部への漏えいリスク）等を考え、社内における情報共有の範囲を限定しておくことが望ましい。

　反社会的勢力の関与する事案においては、既に述べた通り、社内に深く食い込んでいる可能性が高く、また関係を持ってしまった人物の自己保身等によって、社内情報等が反社会的勢力側に流出するおそれがあることや、端緒情報の段階で社外に情報がリークされることにも十分注意を払う必要がある（機密情報扱いとすべきである）。

　繰り返しとなるが、自社と相手（反社会的勢力等）との接点には、通常、自社の窓口担当者が介在しており、相手方との関係・距離感によっては、自社の動向が筒抜けになり、その後の対応を著しく困難にするリスクを踏まえ、場合によっては、窓口担当者自体に全ての情報を与えない形で情報収集・分析を進めていけるよう、あらかじめ、関係者の範囲や情報共有の方法、当該担当者の異動等の処遇について幅広く検討しておくことが望ましい。

3. リスク評価

　反社会的勢力との関係可能性・該当性や取引可否の判断のために、正確な情報を収集(実態把握)する必要があるのは、最終的にその時点でベストな経営判断を下すためである。

　反社会的勢力との関係可能性・該当性については、(警察から情報を提供された場合以外は)100％の確証を得ることが難しいことから、多くの場合は、企業の自立的・自律的な判断が強く求められるのは既に述べた通りである。

　さらには、結果的に問題が発覚した場合に「社会からどのような評価を受けるのか」をあらかじめ予測することもまた困難であり、そのような中、最終的に社会的に説明責任を果たしダメージを極小化していくためには、正確性・客観性を追求し最善かつ手を尽くした「情報収集」、それに基づく冷静かつ論理的な「情報分析」、それらを踏まえた合理的な結論＝「判断」が必要となる。

　この「リスク評価」のプロセスは、実態確認を踏まえた「情報分析」に相当する部分であり、「排除」実務の方向性を決める重要なステップであると言える。

(1) 実態把握に基づくリスクの洗い出し

　リスク評価を行うにあたっては、(個別の状況にもよるが)大きく以下の2つのリスクを比較考量することになる。

●関係を解消するリスク

　　・相手方からの攻撃・嫌がらせ・ネガティブキャンペーン等への対応(街宣活動、怪文書のばらまき、ネットへの書き込み等)

　　・訴訟リスク(相手方からの名誉毀損等にかかる損害賠償請求や経営責任

に対する株主代表訴訟等)

・実質的なダメージ(契約条項に基づく違約金の支払い、期限の利益の喪失等による相手方の倒産＝債権の回収不能、合意解約のための示談金の支払い等)

・レピュテーション・リスク(事前審査等の脆弱性をはじめ内部統制システムの不備や経営責任等についてメディアやネット等から非難されるおそれ等)

●**関係を継続するリスク**

・コンプライアンス違反(暴排条例や各種業法の違反等)

・実質的なダメージ(取引縮小・停止、契約解除、指名停止、銀行取引停止、株価下落等)

・レピュテーション・リスク(説明責任を果たせない場合は「放置」とみなされるリスク、共生者と同一視されるリスク等が考えられ、一度毀損されたレピュテーション回復には相当の困難が伴う)

　これまでの企業の対応においては、前者の「関係を解消するリスク」を過大に見積もる傾向にあったことは否めない。特に経営幹部等が、反社会的勢力との関係があったことを公にすることによって、経営責任やステークホルダー等からの非難、レピュテーションの悪化等による売上減少等を危惧し、一方の「関係を継続するリスク」を過小評価(経営責任やステークホルダーの非難や追及されるリスクから回避しようとする)するあまり、関係を切れないまま事案の隠ぺいや裏取引、資金・便宜の(さらなる)供与といった対応に走りがちであった(政府指針がわざわざ明記しているとおり)。

　しかしながら、暴力団対策法や暴排条例の施行及びそれらの改正による規制の強化が進むことで、経済的利益を追求する反社会的勢力にとっては、それらの規制に抵触しやすい「リスクの高い行為」を自制する方向にあるのも事実である。さらには、企業にとっても、「知っていて関係を継続する」ことはもはや許されないとの社会的土壌が醸成されつつあること、実際に(一定の不利益を被ったとしても、企業は公益のために)関係を解消することが当た

り前だとする社会の目線等を鑑みれば、もう少し冷静に（かつ積極的に関係解消を選択するという）リスク評価をしても良いのではないだろうか。さらには、インターネットやSNS等の普及・発展・浸透により、社内にとどまっていたリスクが社外に漏えい・発覚するリスクが格段に高まっていることも十分に念頭に置くべきであろう。

また、リスク評価にあたっては、後述する弁護士の意見を踏まえた「訴訟リスク」の見積もり・評価も必要となるが、「訴訟リスク」への対応とは必ずしも「訴訟を避ける」ことだけではない。「訴訟により自社の立場・主張を公にする」（つまり、自社の揺るぎないスタンスや決意を公に示すことで対応の限界を乗り越えようとすること。場合によっては、自社の反社会的勢力排除の内部統制システム上の問題が公になることも厭わない勇気も必要である）という対応も考えられる点も検討すべき要素として認識しておきたい。

いずれを選択するにしても、最終的な「訴訟リスク」の評価は自社の姿勢次第によるところが大きく、あくまで自立的・自律的なリスク評価がその前提となる。

（2）保有リスク

リスク評価を行った結果、全くのシロではないがクロであるとの確実な根拠（確証）もなく、むしろ「淡いグレー」として判断される場合がある。ビジネス上の判断として、そのリスクを「保有」して（すなわち、リスクテイクして）取引を開始する、あるいは、関係を継続するという選択肢もあり得るし、実際にはそのような判断になる場合も多いのではないだろうか。

しかしながら、このような場合、組織としては、あくまでも端緒を既に認知しており、それにもかかわらず「現時点」では、様々な状況を総合的に勘案すれば排除に至るほどではないとして、リスクを「保有」するというリスク評価自体、慎重さが求められ、その判断の合理性には十分注意する必要がある。また、検討・判断の経緯や資料など記録を残しておくといった対応も当然不可欠となる。

そして、リスクテイクとは、リスクを見逃すことではなく、「リスクが顕

在化した時の対応を想定し対策を講じておくこと」が大前提となる点にも注意が必要である。実際の対応としては、定期的に、当該相手先について十分なモニタリングを行い、変化の兆候や端緒情報を収集していくことが欠かせない。さらに、暴排条項の締結の有無にかかわらず、厳格な内容の確認書等を提出させる（あらためて表明保証・確約させる）、取引条件を厳格化するといった、可能な限りの「リスクヘッジ策」を講じ、状況の進展（変化）があった場合に、速やかに排除に向けたアクションが取れるよう準備を整えておくべきだといえる。

4．弁護士相談

端緒の把握　実態把握　リスク評価　**弁護士相談**　一次判断　警察相談

　ここでの「弁護士相談」とは、「リスク評価」を法的な側面から専門家のアドバイスを踏まえて補強することを目的としており、時系列的には、自社のリスク評価を行う時点で同時並行的に弁護士に相談することが現実的な対応であろう。また、この「弁護士相談」を「リスク評価」の一部として取り込むことにより、その判断の客観性・公正性といった部分を担保することにもつながる。

（1）事案の共有

　この段階で弁護士に相談する主旨としては、主に、排除実務自体に潜む法的なリスクを客観的に提示してもらうことであるが、それにとどまらず、「実態把握」に基づく「リスク評価」（＝この場合は特に「会社の姿勢・方向性」）を早い段階で共有するところに大きな意味がある。

　明確な確証があるとは限らない状況において、法的リスク、訴訟リスク（あるいは敗訴リスク）と「会社の姿勢」（例えば、「怪しさが拭えないため、とにかく早く関係を切った方が良いのではないか」など）を貫徹することとの間で

「落とし処」を探り、排除に向けた論理構成や訴訟戦略を見据えて、その後のアクションの方向性を双方ですり合わせていく作業が不可欠である。

(2)確認しておくべき事項

そして、事案を共有するだけにとどまらず、その後の方向性を検討するための「リスク評価」の一環として、以下のような事項についてあらかじめ意見を頂いておくことは極めて有用である。

●同一性の精査

事件性のある事案などについては、「弁護士会照会制度（弁護士法23条の2）」等を活用することによって、より精緻な精査が行えることが期待できるなど、早い段階で同一性に関する見極めができる可能性がある。

●暴排条項／契約解除事由の適用の可能性

その後の追加情報の収集・分析の状況にもよるが、手元にある情報を踏まえて、暴排条項が適用できるかどうかの可能性、あるいは、その他の契約解除事由による契約解除の可能性など、排除戦略の根幹となる対応方針を法的観点からアドバイスを頂くことは極めて重要である。現時点で法的に契約解除できるにはリスクが高いといった場合には、その他の条項の適用に向けた情報収集が必要となるし、そもそも法的対応が難しいと思われる場合には、他の方法での対応を検討する（実質的に取引を縮小するなど）といった方向性での検討が考えられる。

●訴訟リスク／相手方からの反撃リスクの見積り

「訴訟リスク」への対応とは必ずしも「訴訟を避ける」こと（リスクヘッジ）だけではなく、「訴訟により自社の立場・主張を公にする」（リスクテイク）という対応も考えられる。

【注】過去の判例等も参照しながら検討することになるが、弁護士が（勝てない訴訟を起こすはずもなく）慎重な姿勢を示すのは当然であり、自社としては、自らの考え・企業姿勢、そして覚悟・本気度を正確に弁護士に伝え、それに基づく法的なリスク・訴訟戦略を検討頂くというスタンスが必要である。逆説的になるが、最終的な「訴訟リ

スク」の評価は自社の姿勢によるところが大きく、あくまで「自立的・自律的なリスク評価」がその前提となるのである。

●警察相談に関する相談

最終的な同一性の確認や排除に向けた相談・協力要請のための「警察相談」については、企業側の事前の準備が相当程度必要となる。そのためのアドバイスはもちろんのこと、警察相談には、可能であれば弁護士と一緒に伺うことが望ましく、訪問スケジュールの確定や相談内容の確認といった打合せも必要になる。

(3)対応方針の共有

これまで述べた通り、弁護士と事案の共有や様々な確認事項のやりとりを通じて、自社の企業姿勢を伝えつつ、法的リスクや訴訟リスクの検討結果を踏まえて、今後の対応方針(方向性)を相互に明確にし、共有していくことになる。

●警察相談と排除実務に関するスケジュールの策定・共有

警察相談を見据えて、その後の排除に向けおおよそのスケジュールを検討する必要がある(例えば、「契約解除通知文書の送達時期」及びそれを踏まえた「社内体制の整備・周知期間」など)。また、民間同士の契約に関わることとはいえ、実際の排除実務においては、万が一を想定して、警察に保護対策を要請することが一般的であり(実際に警戒要員を拠出して頂けるケースも多い)、それらのスケジュール感等を、この後に続く「警察相談」の段階で提示することも求められることも留意しておかなければならない。

なお、企業における従業員等に対する安全配慮義務の立場から、警察による警戒要員だけでなく、事務所、店舗等、相手方の何らかのアクションが想定されるところへの警備員(施設警備・身辺警備など)の配置や証拠保全を含めた防犯カメラ・センサー等の設置についても警察と協議しておく必要がある。

●訴訟リスクまで見据えた企業姿勢の共有

　法的リスクや訴訟リスクを検討した結果、「リスクを取って」法的対応に踏み込むケースも考えられる（あくまで、最終的には「企業姿勢」次第）。訴訟も辞さないという場合においては、おおまかな訴訟戦略についても、相互に緊密に共有していくことが必要である。

(4)注意点

　これまでの説明で述べた通り、弁護士相談の際には、最低限、自社の考え・対応の方向性をある程度明確にしておかなければならない。弁護士への相談を通して、冷静かつ客観的な状況を把握することはもちろん必要だが、いたずらに企業姿勢や対応の方向性をトーンダウンさせるのではなく、むしろ、その貫徹のためにどう対応していくべきか「知恵を絞る」スタンスで望むことが求められるといえよう。また、訴訟を担当する弁護士等に対する嫌がらせ等にも注意して、従業員等の安全措置と同じく警備等について検討する必要もあることも認識しておきたい。

5．一次判断

端緒の把握　▶　実態把握　▶　リスク評価　▶　弁護士相談　▶　**一次判断**　▶　警察相談

(1)対応方針の一次判断

　これまでの「実態把握」「リスク評価」「弁護士相談」の各ステップでの検討結果等を踏まえて、後述する「警察相談」を前に、いったんここで自社の対応の方向性や対応スケジュールに関する会社のスタンスを明確にする必要がある（なお、ここでは、この明確化のステップを「一次判断」と表記する）。

　例えば、警察に相談するのであれば、「同一性」等に関する「クロ」とする情報が入手できた場合は、「関係を解消する」以外の選択肢がないことを十分認識する必要がある。逆に、そのような明確な企業姿勢がない場合、警察とし

ては、グレーゾーンである「共生者」「暴力団員等と社会的に非難されるべき
関係にある者」等に関する情報提供を行えないことが警察庁の内部通達「暴力
団排除等のための部外の情報提供について」で示されている。

　この通達は、警察が提供する情報に基づき、会社として関係を遮断する姿
勢を明確に示すこと、実際に関係を解消することが「公益」につながり、その
場合に警察からの情報提供が可能となると定めており、企業は「警察相談」に
行く前に、すでにそのような判断（決意）を固めておく必要があるのである。

　ただし、新規取引開始時など、「警察相談」の前の段階で、自社で「関係を
持つべきではない」として「クロ判定」（厳密な意味での「クロ」ではなく、「取
引しない」「関係を持たない」との判断）を行い、「契約自由の原則」により契約
しないといった対応も十分考えられよう。その場合、必ずしも、相手が反社
会的勢力に該当するとの確たる証拠が必要とされるわけではなく、反社会的
勢力への該当性については「グレー判定」であっても、「総合的に判断して」や
めておこうと判断すること（クロ判定）自体は全く問題ない。

【注】「契約自由の原則」とは、「契約締結するか否かを決定する自由」「誰と契
　　　約するか契約の相手方選択の自由」「契約方式の自由」から成っている。

　ただし、新規取引だからといって「契約自由の原則」が無制限に適用される
わけではなく、契約が成立するまでに、当事者の一方に帰責事由（過失）があ
り、これにより、相手方に損害を与えた場合に、損害賠償責任を負う可能性
があるという点には注意が必要である。

　つまり、契約の成立を相手方に期待させ、具体的な経済的負担を生じさせ
てしまっている場面での一方的な契約不成立の申出となるような場合は、（既
存取引先に準じた）極めて慎重な対応が必要となる。したがって、企業とし
てこのような状況に陥らないよう、早い段階で「一次判断」まで行っておくこ
とが求められる。さらにいえば、新規取引開始時の反社チェックの実施のタ
イミングは早ければ早いだけ撤退がしやすいということを踏まえた制度設計
が必要だともいえる。

（2）注意点

「一次判断」とは、決して「仮の」判断ではない。あくまで、組織的な方向性を決める重要なプロセスであることから、最低限、内部統制システム上明確に定められた判断プロセスを踏まえた組織的な決定である必要がある。

具体的な例として、ある企業が取引相手先の信憑性の高い「疑わしい風評」を入手しておきながら、重要な取引先であることを理由に、本来必要な「警察相談」をせず、「十分な実態確認」をすることなく、自社の簡便な調査結果（風評にすぎず「クロ」とするだけの確証がないとの結論）だけを踏まえた判断により「シロ判定」としたと仮定する。その後、事態が急変、相手先の社長が（風評のあった）暴力団関係者とともに逮捕される事件が発生し、取引先等が一斉に手を引いた結果、同社は経営不振に陥り倒産、自社に多額の損失を発生させてしまった・・・。このような場合には、取締役の忠実義務・善管注意義務違反を問われかねないということになろう。

つまり、若干の懸念がある場合の「シロ判定」（グレーをシロにする）については、相当慎重な判断を行うことが求められているということであり、後日、問題が発生した場合の「説明責任」を念頭におく必要があるのである。

このように、排除実務の裏返しとして、「排除しない」とする組織的判断のあり方についても、十分な根拠・相当な注意が求められている点にも十分注意を払わなければならない。

6．警察相談

端緒の把握　》　実態把握　》　リスク評価　》　弁護士相談　》　一次判断　》　**警察相談**

（1）平成25年12月通達（平成31年3月更新）

警察相談に際して、あらためて、一般事業者などからの照会に対して回答する際の基準や手続き等を定めた警察内部の通達である「平成25年12月通

達」(警察庁刑事局組織犯罪対策部長通達「暴力団排除等のための部外の情報提供について」)について整理しておきたい。

　本通達は平成23年12月に出され、平成31年3月にあらためて更新されるなど発出から相当期間が経過しているが、その運用状況については、現役の暴力団構成員に関する情報以外の提供については、極めて慎重な取扱いがなされており(むしろその傾向は強まっており)、必ずしも事業者の望むような情報が入手できるかどうか分からない点に引き続き注意が必要である。

　そもそも、本通達では、当該情報が、「暴力団排除等の公益目的の達成のために必要であり、かつ、警察からの情報提供によらなければ当該目的を達成することが困難な場合」に情報提供を行うことを基本的な考え方として示しており、警察から事業者への情報提供に当たっては、「暴力団対策に資すると認められる場合」「暴排条例の義務を履行するために必要と認められる場合」に、犯罪等に関わるかという緊急性・重大性、情報提供の相手方(事業者側)の信頼性、相手方(事業者側)が情報を悪用しないような仕組み(個人情報保護体制や反社会的勢力排除体制)を整備しているかということについて十分検討の上、当該相手方(事業者側)に対して、情報を他の目的に利用しないよう情報の適正な管理を要請のうえ、情報提供するものとされている。

　また、「情報の内容及び情報提供の正当性について警察が立証する責任を負わなければならない」としており、「警察は厳格に管理する責任を負っていることから、情報提供によって達成される公益の程度によって、情報提供の要件及び提供できる範囲・内容が異なってくる」ともされている点には特に注意が必要である。すでに紹介した通り、準構成員の認定を巡る訴訟をはじめ、警察の「立証責任」は、警察にとってだけでなく、企業の排除実務においても重い意味を持つ(反社会的勢力の不透明化・潜在化の現実においては、正に重い「足かせ」にすらなっている)。

　本通達では、「提供する暴力団情報の内容」における「暴力団準構成員及び元暴力団員等の場合の取扱い」の内容については、「準構成員」「元構成員」だけでなく、「共生者」「暴力団員と社会的に非難されるべき関係にある者」「総会屋及び社会運動等標ぼうゴロ」「暴力団の支配下にある法人」といった区分

が増え、柔軟な内容となっている点も（立証責任の困難さを除けば）企業実務としては歓迎すべきである。とはいえ、例えば「共生者」の情報提供をお願いするのであれば、当該相手と締結している契約の暴排条項において、その排除対象に「共生者」が含まれていることが要件となる点にも注意しておく必要がある。なお、半グレ（準暴力団）の情報提供は現時点でも対象外となっていることはすでに述べた通りであり、実務上は重い課題となっている。

　以上のように、警察からの情報提供にあたっては、事業者が自ら暴力団等の反社会的勢力排除や個人情報保護の取組みを組織的にきちんと行っていること、最低限、企業姿勢や排除すべき対象の明確化、社内周知（定期的な教育などを含む）、反社チェックの例外のない運用、全ての関係先と（最新の内容で）暴排条項を盛り込んだ契約の締結などが行われていることがその前提となっていることをあらためて認識する必要がある。

　また、警察の情報提供によって関係解消を行うことが明らかになった場合には、すでに「一次判断」の際に決定していた「関係解消要領とスケジュールの説明」も警察に行い、そのまま、事案対応の具体的な相談に入ることになる。

（2）照会結果への対応

　警察に紹介した結果、明確に「クロ」とする回答が得られた場合には、暴排条項への該当、表明保証違反を根拠とした契約解除に向けて、弁護士等と連携しながら粛々と取り組んでいくことになる。

　しかし現実には、警察内部での十分な検討の結果、必ずしも「クロ」と明確にしてもらえない場合も多く、企業側としては、実務上は、明確に「シロ」とならない限り、あくまで「グレー」として捉えておく必要がある（警察から「クロ」と明確にされなかったから安易に「シロ」と捉えることは避けるべきである）。

　そもそも自社が疑わしいと判断したため相談したのであり、その疑わしさが完全に払拭（解消）されない限り、慎重な姿勢を崩すべきではなく、リスクを保有するにしても、万が一の際の契約解除に向けたリスクヘッジ策を講じ、他の取引先等とは別管理とする「継続監視」などのステイタスを再度明確にし

て対応していくことが必要である。

（3）注意点

●相談先など

　実際の警察相談の際には、警視庁／道府県警の組織犯罪対策課、暴力団対策課等の暴力団担当や所轄の警察署の暴力団担当、あるいは、都道府県の暴追センターに事前にアポをとり面談することになる（前述の通り、警察は情報管理に厳格な責任を負っているため、電話やFAX、メールでの照会には一切回答してもらえない）。その際には、可能であれば弁護士にも同席してもらうことが望ましい。

　なお、所轄の警察署の情報が警視庁／道府県警に集約されていることを踏まえれば、まずは当該組織に相談することが良いと思われるが、所轄の警察署には、対象に関する現時点での鮮度・確度の高い情報や生のままの情報を把握している可能性や、関係解消の実務において直接的に相談や支援を仰ぐべき窓口であり、今後の排除実務の相談や保護対策の要請等も含めて連携を密にしておく必要性が高いことを考えれば、あわせて相談する必要があろう。

●相談内容の記録など

　警察からの回答は、原則、口頭となるため、内容を後できちんと記録化する必要がある（弁護士会照会制度の活用や、例外的に情報管理体制などが適正に整備されていると認められる場合は書面で提供されることがある）。記録においては、日時・場所、面談者といった基本情報から、回答内容（どのような表現で回答されたか）、その他のやり取りなど、後日、訴訟になった場合に備えて十分な証拠として利用できる状態にしておく必要があることは言うまでもない。なお、警察回答による訴訟リスクに対して警察側も慎重になっていることから、相談内容の記録等についても警察側と内容等についても十分に検討・了承のうえで行うことが賢明である。

　なお、関連して注意すべき点としては、警察との相談時の内容等については、排除に必要な情報提供であることを十分認識して、当該情報を（社

内の関係者のみとして)慎重な取り扱いをする必要がある。

この点については、企業として採用している警察OBからの情報や、所轄の警察署とは現場レベルで気軽に情報を提供してもらえる関係である、といった場合でも同様である。警察が近年管理を強化している情報漏えいにあたるとして、地方公務員法違反に問われることを避けるためにも、そのような情報提供については、有用な情報として積極的に活用しつつ、あくまで社内限として厳格に社内でも情報を管理しておく必要があるといえる。

●情報提供がなされた場合に注意すべき点

警察から提供された情報を利用して関係解消の実務を行うことになることから、警察からの情報である旨を相手方(関係解消先)に伝えたり、裁判所に証拠として提出したりすることが考えられる。したがって、少なくとも、どのように情報を利用するかについては、事案の相談を行う段階であらかじめ警察に伝え、理解を得ておく必要がある。また、後日、訴訟が提起された場合に備え、立証に対する支援を得られるよう、早めに依頼しておくことも有用である。

さらに、関係解消が終結した場合には、その旨の報告及び今後の保護対策の要請等に関する相談が出来るような関係を構築することも考慮しておくべきであろう。

7. 事前準備

事前準備 ▶ 最終決定 ▶ 相談・共有 ▶ 社内対応 ▶ 排除実施 ▶ モニタリング

(1)排除要領の再検討

警察相談の結果、「クロ」との情報提供が得られた場合については、速やかに最終的な排除手法・スケジュールの検討を行う。既に「一次判断」において、関係解消の方向性は確認しているため、具体的な対応について細部を詰める

ことになる。一方で、明確に「クロ」との情報提供は得られなかった場合でも、このままリスクを保有し続けることが困難と考えられる場合は、自社で「クロ認定」を行い、実質的に関係解消に向けて取り組むことになろう。

本ステップは、これらの警察相談の結果を踏まえ、今後の対応の方向性や具体的な対応要領をあらためて検討するものであり、次の「最終判断」に向けた各種想定や実作業の洗い出しが主眼となる。したがって、以下のような点についてあらためて検討する必要がある。

●関係解消のあり方の検討

「クロ」との確証が得られている場合には、暴排条項を適用した契約解除に踏み込むことで問題ない。一方、確証はないが自社による「クロ認定」による契約解除を模索する場合には、暴排条項以外の方法（債務不履行その他の契約条項違反事実の確認と立証、契約解除事由への該当、予告解約条項の適用等）による契約解除または（契約解除以外の）実質的な関係解消の道を検討する必要がある。この場合、反社会的勢力排除を表向きの理由とする必要はなく、関係を切るために「知恵を絞る」ことが求められる。

●関係解消のステイタスの設定

「継続監視」「即刻解消」「関係解消に向けて取り組む」「契約更新しない」など政府指針によれば関係解消には様々なステイタスがある。重要なことは、「関係を解消する」との「判断」だけは可及的速やかに行うことであり、関係解消及びさらなる取引の拡大防止に向けて途切れることなく取り組んでいることを対外的に説明できる状態にしておくことである。関係解消が法的に困難であることをもって判断を先延ばしにしたり、取引を漫然と維持・拡大させたりしている状態こそ「放置」であって、それは断じてあってはならない。

●契約解除の根拠の確認

警察の情報提供や契約や取引実態等を踏まえ、採りうる解消策を具体的に検討するにあたり、その根拠となる「暴排条項」「誓約書（表明保証違反）」「解除事由（債務不履行など）」が確実に存在していることを再度確認する必要がある。

●実質的な関係解消の場合の方法

　契約解除自体が難しいため、実質的な関係解消の道を模索する場合に多いのは、（時間を要するが）少しずつ取引を縮小していき、ある程度のラインまで取引の規模が減少したところで取引解消を申し出る、あるいは、新規での追加取引・発注等に応じない、といった方法である。これらの方法は、時間を要するとはいえ、関係解消の方針を速やかに打ち出しつつ、継続的な対応とモニタリング（常に関係解消のタイミングを図る）をあわせて実行することにもなるため、どのような事態が生じたとしても一定の「説明責任」を果たせる十分な取組みであるといえる。

　また、取引の形態によっては、コスト面や公平な競争を理由に相見積を実施することにより、一気に関係を解消できる場合もある（ただし、作為的・恣意的といった明らかに不審感を与えるような相見積の実施とならないよう、十分な配慮が必要となることは注意しておきたい）。

●契約解除の具体的な手法の検討

　具体的な関係解消の手法としては、書面により一方的に契約を解除する方法が考えられる。しかしながら、実際の実務では、解除事由に関する争いや金銭の精算、物品等の回収といった後処理が発生する可能性は否定できず、必ずしも、書面による一方的な解除だけで全てが片付くわけではない。したがって、契約を解除できるだけの十分な根拠を持ちながらも、双方の合意のもと、「合意解約」により後処理まで含め対応を円滑に行う方法を探ることも現実には多い。この合意解約の場合は、当然ながら解除事由を巡る争いがなくなるメリットはあるが、場の設定から交渉に至るまで、電話もしくは面談による直接的な対応が必須となることから、相応のリスクを想定しながら対応しなければならない点も十分に考慮しなければならない。

　なお、現実的には、相手方も契約解除に合意するということは、自らが反社会的勢力（またはその関係者）と認めることにもなりかねないことから、「クロ」とする明確な裏付けがない限り、契約更新時等において別の企業との契約をしたこと等を理由に関係を解消する方法や、その他契約継続

が難しい何らかの理由を付けて関係を解消する方法が多く見受けられる。その場合、相手方から「私どもが反社と疑われているのか」等の問いかけがある場合も想定されるが、「クロ」である明確な裏付けがない以上、回答には十分注意する必要がある。

●スケジュールの検討

解除・合意解約にかかわらず、実際には、自社や弁護士からのアクションに対し、相手方から何らかのリアクションがあることが通常であり、電話や急な訪問、嫌がらせといった事態を想定し、あらかじめ対応体制を整えておく必要がある。そして、それらが整わない状態での「拙速」な対応だけは絶対に行ってはならない。

十分な体制を整えるために要する時間や警察への保護対策の要請とその回答状況、自社による各種警備の強化（警備会社への相談）や社内周知・教育等を踏まえた無理のないスケジュールにて設定し、企業として安全配慮義務を果たす必要がある。

（2）社内対応体制の確認

相手方の反応は、拠点の事案であっても、本社や他部署への連絡・急な訪問等の何らかの接触があることを想定しておく必要がある。

したがって、拠点と対応統括部門（コンプライアンス部門や法務部門など）との間の連携だけでは不十分であり、本社受付、本社代表電話における初期対応という点にまで配慮が求められる。また、場合によっては、当該拠点を統括する支社・支店といった部門での初期対応も想定しておくべきであろう。

基本的には、これら接触の対象となりそうな関係者と情報を共有し、選任された対応担当者間での連携を確認しておくことが重要である。初期対応の失敗によりその後の関係解消を困難にすることがないよう、対応マニュアルの策定だけでなく、内容の読み合わせやロールプレイング等による確認、休日・夜間対応も含めた緊急連絡網（電話・メール等）の起動訓練といったことも必要となる。

なお、初期対応においては、内容面にまで立ち入ることなく最低限度の応

対にとどめ、対応統括部門に引き継ぐことが最大の任務となる。また、一切の接触を拒むために、「弁護士に対応を一任している」ことを前面に出した対応も考えられるし、事情が許せば、当面の間、弁護士を社内に待機させるといった方法も考えられる。

(3)注意点

この段階において最も重要な点は、「拙速は避けること(社内対応体制が十分に整っていることが前提条件)」に尽きる。あくまでも、社内関係者及び弁護士・警察等外部専門家との連携を行いながら準備をすすめることが肝要である。また、この段階では、反社会的勢力との接点となっている可能性のある「従業員」や「仲介者・紹介者等」への情報開示・共有は行わず、外形的には通常の業務をすすめるべきであり、情報管理の徹底には十分な配慮が必要である。

8. 最終決定

事前準備　**最終決定**　相談・共有　社内対応　排除実施　モニタリング

(1)正しい経営判断

これまでの弁護士や警察等外部専門家との相談や社内対応体制の整備などの事前準備の結果を踏まえて、(機が熟した)適切なタイミングで、関係解消の方針とその道筋について、明確な「組織的判断」を最終的に行うことになる。正に「経営判断の原則」の枠組みを意識した対応、すなわち、「調査に十分手を尽くしたか」という事実認識のあり方、「正しい事実認識に基づき、合理的な結論を、正しい方法で導いたか(議論の方法や過程に誤りはないか)」という結論のあり方に十分配慮することによって、正しい経営判断を確保していかなければならない。

なお、これらが適切に実行されていたこと客観的に確認する方法として、

弁護士からの意見書を取り付け、判断に不合理性がないことを担保しておくことも検討しておくとよい。

(2)説明責任

　取締役の忠実義務・善管注意義務が履行されているからといって、社会の目線からみてそれが十分な対応だと認められない可能性が残る。これこそ、反社会的勢力排除の実務における極めて難しい課題であって、深刻なレピュテーション・リスクを惹起することにまで配慮が必要である点は既に述べた通りである。

　その背景には、「どのような事情があったとしても、反社会的勢力との関係は許されるものではない」という社会的要請と、「どのような事情があったとしても、排除せよ」という監督官庁やステークホルダー等の強い要請、「反社会的勢力の不透明化・潜在化、手口の巧妙化に起因する見極め・立証責任の困難さ」といった限界の存在がある。その中で、民間企業としてできる限りの手を尽くすべきとする危機管理の視点からの本質に照らして、「限界まで取り組んでいるか」という点について懸念が拭えない企業実務の現実(対応レベルの甘さ、覚悟のなさ)があり、それらの「噛み合わなさ」が、説明責任を果たすことを著しく困難にしている。

　企業としては、「手を尽くしたか」の観点、すなわち、(例えば、正常債権の棄損にまで踏み込むことも辞さず)短期的な損失を被るとしても、民間企業としてできる最大限の努力を講じていること、それでも法的なリスクを含め完全に排除できないものについては、最終的に関係を解消するとの組織的判断のもと、常に必要な注意を払いながら厳格にモニタリングを行っていることを、状況に応じて、「いつでも」「丁寧に」説明できるようにしておくことしかないとの認識が極めて重要となろう。

　なお、関係遮断を行ったことによるメディア等の取材、インターネット等への書き込み、関係行政機関や取引先等に対する説明のための広報(ホームページ掲載や説明文書・報告書等の提出など)対応に対する準備も行っておく必要がある。

（3）注意点

　繰り返しになるが、取締役として善管注意義務や忠実義務を尽くすことにとどまらず、社会的な要請を十分に意識した、「不作為」や「放置」とは真逆の企業姿勢や取組みの実践を不断に継続していることが肝要である。

9．相談・共有

（1）外部専門家への相談・共有

　組織の対応方針・対応要領・スケジュール等について確定したことを受けて、弁護士や警察、危機管理会社等とそれらの情報を共有し、排除実施に向けた最終準備にとりかかることになる。

●弁護士

　解除の方針であれば、契約解除通知文書の作成を依頼し、あわせて書面の送達スケジュールを確定する。また、合意解約の方針の場合でも、（交渉決裂を想定して）解除に準じた準備をしておく必要があることから、当該文書や解約合意書といった文書の作成を依頼することも検討する。

　また、弁護士にその後の対応を一任する場合には、その旨の依頼と具体的な対応要領（電話の引き継ぎ方法の確認、事務所への待機の有無等）の打ち合わせが必要となる。さらには、解除事由に争いが起こる可能性を想定した訴訟の準備などに着手することもありうる。

●警察

　自社の最終的な対応方針及び解除における書面での通達や合意解約における交渉（接触）の期日等については、警察にも積極的に情報を伝え、あわせて不測の事態に備えた保護対策を要請する。

●危機管理会社等

　警察に保護対策を要請することは重要であるが、自助努力としての警備の強化は企業の責務でもある。十分な安全確保なくして対応担当者は戦えないし、戦わせるべきではない。また、「自分は組織に守られている」との意識が対応担当者の戦うモチベーションを支えるものであることを踏まえ、自社及び従業員の安全は企業が責任を持って確保すべきものと強く認識する必要がある。そのうえで、以下のような警備上の検討ポイントについて確認しておきたい。

・対象事業所等の施設警備

・役員や対応担当者の身辺警護

・役員や対応担当者の自宅周辺の警備

・役員や対応担当者の家族の警護

・事業所内の盗聴調査

また、警備の強化に限らず、役員や対応担当者の安全の確保等の面からは、以下のような対応も視野に入れる必要がある。

・通退勤ルートの変更（時間やルートを固定しない）

・安全な宿泊場所の確保

・特に対応担当者のメンタル面でのサポート

・対応担当者の複数確保と交替制

・位置発信機器等の携帯、定時連絡の履行

・事業所内の物理的安全管理措置（施錠、PCや書類等の管理など）

・事業所内外での通信セキュリティ面の配慮（PCや携帯電話等の盗難防止など）

・（私的なものも含め）SNS等の利用の中止

・書面等の事業所外への持ち出し禁止

　さらに、危機管理会社のような専門家による社内対応・対外的対応に関する全般の支援を得ることも、実効性を高めるうえでは重要な選択肢といえよう。対応担当者の教育や各種対応策の実行に関するアドバイスなど、専門家ならではの視点からのサポートは有事の際に心強い。

（2）注意点

　これらの多岐にわたる必要な対応が自社のみで対応が十分可能であると過信してはならない。解除通知文書や解約合意書のような書面の作成、対応担当者の指名などであっても、自社の知りうる範囲での対応だけでは、（ただでさえ、経験不足から想像力が欠如している状況で）想定外の事態が発生した場合の対応に窮する可能性が高いといえる。

　外部専門家の協力を得ることでコストが一時的にかかることを覚悟する必要があるにしても、不測の事態や事態の深刻化をいたずらに招くよりは、結果的に円滑かつ安心・安全な対応を可能にするという利点を優先すべきであろう。

10．社内対応

事前準備 ＞ 最終決定 ＞ 相談・共有 ＞ **社内対応** ＞ 排除実施 ＞ モニタリング

（1）社内対応として必要なこと

　前項でも触れたとおり、外部専門家に相談しながら準備を進めることが重要であるが、ここでは、社内対応として排除実施までに準備しておくべき点について、あらためて整理しておきたい。排除に向けた取り組みの出発点として「実態把握」すなわち「敵を知る」「己を知る」ことの重要性については既に述べたが、「己を知る」ことを通じて対応体制等の脆弱な点を抽出し、「事前準備」の段階でその脆弱性の解消に努めることが前提となる。そのうえで、排除実施の最終段階における社内対応上の注意点について、以下の通りポイントを提示する。

●社内関係者の把握（情報共有の範囲）

　たびたび指摘している通り、反社会的勢力と接点となっている可能性のある「従業員」等の関係者に事前に情報が漏えいすることは望ましくない

ことから、最初から可能な限り情報の共有範囲を絞っておくことが重要である。実態把握の段階で、広範にヒアリング等を行う中で事態を推測させる動きが社内に伝わる可能性を常に認識しながら、（「Xデー」に関する情報や対応担当者の動向など）致命的な漏えいにつながらないよう細心の注意が求められる。

●**対応方針の関係者への周知**

最終段階においては、相手方からのアプローチがどこにあるか分からないことから、初期対応の実施者となりうる関係者に対しては事情を事前に説明しておく必要がある。十分な準備の下地を作ってから本番を迎えられるよう対応体制を整備するため、「事前準備」で述べたような研修などは、本来であれば、有事となる前の平時に行っておくべきことであるともいえる。

そのうえで、事案の背景と対応方針について明確かつ具体的に周知し、特に初期対応において瑕疵がない状態にしておかなければならない。

●**自社及び相手方の風評（リアル／ WEB）のモニタリング**

直前まで、情報漏えいの兆候がないか、誹謗中傷といった行為要件に該当する事実がないか、戦略を変更する必要がある等状況に何らかの変化はないか、周辺の噂やインターネット上の風評などの情報を常に収集しておくことが重要である。

（2）注意点

情報共有の範囲は段階に応じて拡げることとなるが、ある程度拡げたならば速やかに排除の実行に移すことが情報漏えいの観点からも必要である。したがって、全てのスケジュールをあらかじめ明確にし、そこから情報共有の範囲を逆算していくことが求められる。

ただし、情報漏えいの可能性はどの段階でもあることを認識し、「コアな情報」と「共有すべき情報」とのそれぞれの範囲を区別しておくことで、ダメージを最小限に抑えるといった工夫も必要である。また、関係者間における情報の報告・集約・分析・対応指示は可能な限りこまめに行うことも必要であ

る。安心・安全に関わる事項でもあり、小さな対応方針のズレが修復不可能な対応の不整合となりうるため、慎重かつこまめな確認作業は不可欠となる。

なお、状況にもよるが、解約通知等を行った後の行動状況等について調査を行うなどして、今後の相手方の出方等についても想定しておくことも必要な場合がある。

また、繰り返しとなるが、弁護士に対応を一任しても、自社へのアプローチを想定した対応準備をする必要がある点に変わりはない。対応の責任者や専任者・担当者を指名したからといって、「個人に依存しない（属人的な業務ではなく組織的対応である）」「個人を孤立させない（個人の持てる能力を発揮できる状況とは、組織的対応によるバックアップがあるという安心感が醸成された状況である）」といった点に配慮すべきである。

11．排除実施

（1）契約解除の場合

すでに準備した通り、あらかじめ設定した期日に弁護士から書面を差し出す。書面は、原則、配達証明付内容証明郵便によるが、これは確実に受け取ったという証明になるものの、「受け取らない」（意図的または不在等）場面も想定される。その場合に備えて、普通郵便で同一の文書を送付、書面上にもその旨記載し、「届かなかった」可能性を極小化することも必要である。また、銀行取引約定書や保険約款等にも記載のある「みなし到達規定」をあらかじめ契約等に盛り込んでおくことは、自社の意思表示が有効に相手に到達したことを担保する方法として極めて有効と思われる。

また、書面には、契約解除の意思表示のほか、解除該当条項、（預金口座の解約のような）一定の猶予期間の設定、後処理に関する内容、連絡窓口（弁護士）等が記載されるのが通常である。

　書面の通達により、それに対するリアクションの如何にかかわらず、契約自体は終了するため、粛々と事後処理をすすめることになる。たとえ相手方からのリアクションが全くない場合でも、いたずらに連絡を取って状況や意思を確認するといった対応は不要であり、契約は終了するのであるから、やはり事後処理を淡々と進めればよいことになる。なお、特に、訴訟等をちらつかせたり、解除事由の不存在についての争いがある場合は、弁護士に対応を一任する対応を貫くことが最も重要であり、自社が内容に踏み込んで対応することによって予断を与えるようなことがあってはならない。

（2）「合意解約」の場合

　合意解約をしようとする場合には、まずは全ての準備が整った時点で電話にて訪問や打ち合わせの主旨を相手に伝えるとともに、可能な限り速やかに相手方と対峙する必要がある。この合意解約では、電話や訪問・来訪という反社会的勢力との「対峙」の場面が確実に発生することから、話法や安全の確保について特別の準備が必要となる。

　電話のタイミング、訪問・来訪等の期日については、警察に事前に連絡し、保護対策を要請しておくとともに、自社で可能な限りの警備の強化を図る必要があることはすでに述べた通りである。そのうえで、訪問・来訪等の当日については、以下のような対応の工夫が必要となる。

●複数名で訪問・対応する

●可能であれば、オープンスペースでの面会を設定する

●警察と連携して、不測の事態における追加訪問要員を確保する

●訪問の場合など、相手方事務所付近にも要員（警備員なども含む）を配置し、不測の事態における警察への通報に備える

●対応時間をあらかじめ設定する（30分以内など）

●あらかじめ話し合いの最終時刻を告知して対応する

●あらかじめ設定した時間を経過した時点で外部から携帯電話に連絡を入れる

●対応の経緯を録音する（携帯電話を通話のままにして外部に状況を把握さ

せることも検討できる）

●当日のQ&Aを事前に作成・確認し、必要最低限の会話にとどめるとともに、不明な点等はその場で無理に判断・回答せず、余裕を持った期日であらためて回答するなどの対応とする

(3)注意点

　会社方針を明確かつ毅然と伝えることは当然のことだが、あくまで対応は冷静かつ紳士的に行うべきであり、相手が暴力団関係者であっても通常の儀礼は欠くべきではない（そうしないと、面子を重んじる相手方に反撃の端緒を与えることになりかねない）。

　合意解約の場合は、特に交渉事でもあり、譲歩する場面も考えられるが、その内容が利益供与とならない範囲での対応が大前提となる。したがって、事前のQ&A作成の場面で、弁護士と十分に打ち合わせをしておく、あるいは、交渉時に安易に判断するのではなく、組織としての判断を行うため持ち帰る（立て直す）勇気も必要である。それによって、弁護士の見解を得た適切な判断と対応が可能となる。

12. モニタリング

事前準備　最終決定　相談・共有　社内対応　排除実施　モニタリング

(1)相手からの接触

　契約が終了したならば、その後の電話・手紙・メール・来訪などに対しては、対応は弁護士に一任するとのスタンスを貫くことが肝要であり、相手方との接触は最小限度にとどめるべきである。また、度重なる面会要求、電話、誹謗中傷や嫌がらせ、暴力行為等の不法行為等があれば積極的に弁護士や警察に相談し、当該行為中止の仮処分の申請など、一貫して毅然とした企業姿勢を示す必要がある。

（2）書類や金銭の授受等の事後処理

　特に解除の場面で問題となる後処理については、（相手の協力が得にくい点を踏まえ）本当に必要な事後処理かをまずは吟味する必要があり、社内処理でしかないものは極力省略する（内部統制システム上の例外対応となるため、その妥当性や経緯の記録については、十分な注意が必要である）。なお、会社として、法的にも必要不可欠な場合には、以下のような対応が考えられる。

● 相手方への文書郵送は「特定記録郵便」を利用（送付した事実の証明として記録化する）

● 文書の返信催促については、継続的に行ったうえで最終的に取得不能の判断を行うようにする

● 金銭の請求は最終的には訴訟等の法的手続きによるため、弁護士に相談する

● 金銭の振込みは口座振込み、または、現金書留・法務局への供託などの方法が考えられる

　いずれにしても、間違ってもこちら側が解除における法的な間違いを起こさないように弁護士対応で行うことが望ましい。

（3）風評のモニタリング

　嫌がらせ等のためのインターネットへの誹謗中傷の類を書き込みや、怪文書などを送りつけてきたり、関係先に配布されるといったことが考えられる。事後もインターネットや近隣・同業他社等からの情報収集などのモニタリングを継続し、不法行為等については、適宜、削除要請や仮処分の申請など法的な対応により速やかに対応する。

（4）注意点

　排除対象の関係者が別ルートから別の人間や会社を使って再接近を試みる

ことも想定し、接点となった部門における人員配置の見直し（異動や担当替え等）や、社内規定への違反が認められれば適切な処分の実行、業務フローの見直し（反社チェック等の運用の強化）をはじめ、侵入を許した脆弱性をあらためて明確にしながら、再発防止策を徹底することが重要である。

13．事例（ケーススタディ）

既存取引先の排除の流れについて、具体的な事例2つからあらためて整理してみたい。

（1）保険代理店委託に関して他社から情報提供（端緒）

A損保では、B社（上場企業）機関代理店（C損保幹事）に乗り合えるところまでこぎつけた。ところが、程なくして、既に乗り合っているD損保のコンプライアンス部門から自社担当部門の話として、「B社の社長の身内に暴力団関係者がいるらしい」との情報提供がA社コンプライアンス部門にあった。D損保は代理店契約の解除を検討しているとのことであった。

①反社チェックから排除への流れ

●自社での反社チェック

B社の商業登記情報を取得して会社の履歴の精査と外部の反社会的勢力データベースを活用したスクリーニングを実施したが、役員に該当情報ないなど、特段の疑わしさは認められなかった。

●さらなる実態把握

端緒情報の信憑性が高いと判断し、大株主や主要取引先まで調査範囲を拡

げ、インターネット上の風評チェックを行うも特に有益な情報を入手することができなかった。

●リスク評価

組織としては、自社で十分な根拠を確保できていないことから、判断が難しいところだが、「何らかの裏づけがとれれば代理店委託契約はしない」との方向性を打ち出し、外部専門家を活用して徹底的に調査することとなった。

●外部専門家に調査依頼

外部専門家の調査結果で、次項の通りのレポーティングを得た。最終的に同一性の判断は自社に委ねられたが、同一と信じるに足る情報の精度であること、新規取引でもあり、疑わしさが拭えないことから「契約自由の原則」に基づく取引不可の判断でよいのではないかと社内コンプライアンス部門はあらためてリスク評価を行った。

●最終決定と対応

コンプライアンス部門の意見の通り、最終的に、（警察相談を実施する必要性もなく）調査結果概要を踏まえ代理店委託は中止することを組織として決定した。

②外部専門家による調査結果概要

●上場企業であるB社が1年前に開示した自社株式の有償譲渡に関するリリースに株式の譲渡先として、B社社長と同姓の男女2名への株式譲渡による大株主の変更が開示されていることが判明。

●当該リリースにより判明したB社社長と同姓の男性（以下「C男」と呼称）について情報収集を実施したところ、C男は京都府において解体業・産廃処理業C社の代表取締役であることが判明。同社の商業・法人登記を取得したところ、B社社長と同姓同名者が取締役の職についており、リリースに公表されている女性もこのC社取締役として登記されていることを確認した。これにより、B社とC社は資本的・人的関係を有することがうかがわれた。

●さらに、C社について情報収集を行った結果、C社のウェブサイトに公開されたC男の経歴に京都府内に拠点を置く解体業者D社の常務取締役であった旨が公開されていた。このD社について情報収集を行ったところ、同社は京都府内に拠点を置く指定暴力団の三次団体組長が代表取締役の職に就く暴力団関係企業であることが判明した。

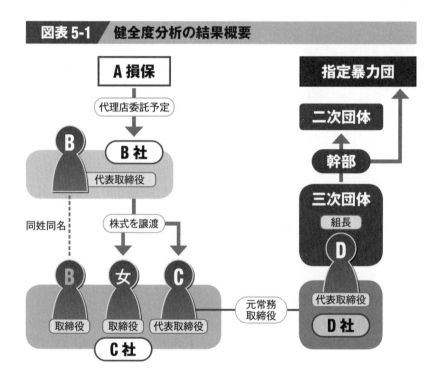

図表5-1　健全度分析の結果概要

(2) 最近取引が急拡大中の取引先に関する懸念情報の入手

　X信販は、5年前より取引先と別紙のような暴排条項の入った広告契約を締結している。また、新たに取引を始める際には、営業担当が自分でネットの風評等を検索して問題がないかといった程度の反社チェックを行わせるなど、早くから反社排除に取り組んでいる。

　管理部のD課長は、喫煙ルームで営業のE主任と雑談をしていたところ、

ここ5年間ほどコンスタントに取引を紹介してくれているF社（物販業）について、「F社は半年前にG氏に代表が変わってから、G氏が怖そうな感じがするせいか、ライバル会社がみんな出入りしなくなっちゃいましたよ。いい人なんですがね。なぜかG氏は私をかわいがってくれるんで。結局、当社が独占になりましたよ。これで実績は前年比200％達成です！」との話題が出た。

　ちょっと不安に思ったD課長は、執務室に戻ってG氏についてネットで検索してみたところ、複数の企業の役員を兼務しており、そのうちの2社について暴力団との関係に関する風評が見つかったため、あわてて外部専門企業の公知情報データベースでチェックした。その結果、G氏は、ある不動産会社の役員として7年前に暴力団組長と共謀して威力業務妨害事件で逮捕されていたことが新たに判明した。

　D課長は、E主任に対し、F社やG氏の最近の状況についてそれとなく詳しく聞いてみたところ、F社の窓口となってくれているH部長が「指示を受けてG氏の名刺を整理していたら、暴力団の幹部の名刺が何枚かあってねえ。まあ、うちは不動産取引も手広くやっているから、中にはいわくつきの土地絡みの取引もあるし。うちみたいな会社は、そういうのもやらないとやっていけないしね。」と話してくれたとのことであった

　D課長は、管理担当役員であるI取締役に事情を説明したところ、「まずいね。取引はもうやめた方がいいだろう。D課長の方で、契約解除の手続きをとってくれないか。社長には私から伝えておく。」との指示があった。

別紙　現在締結中の暴排条項（反社会的勢力排除条項）

第●条（反社会的勢力との取引拒絶）

1. 甲および乙は、本契約締結時において、甲乙各々が次の各項に該当しないことを表明し、保証する。

2. 甲または乙は、相手方につき次の各号のいずれかに該当したときは、催告その他の手続きを要しないで、本契約および個別契約の全部または一部を解除することができる。

　① 甲または乙が、次のいずれかに該当したことが判明した場合

　　1) 暴力団

　　2) 暴力団員

　　3) 暴力団準構成員

　　4) 暴力団関係企業

　　5) 総会屋等、社会運動等標ぼうゴロまたは特殊知能暴力集団等

　　6) その他前各号に準ずる者

　② 甲または乙が、自らまたは第三者を利用して次の各号に該当する行為をした場合

　　1) 暴力的な要求行為

　　2) 法的な責任を超えた不当な要求行為

　　3) 取引に関して、脅迫的な言動をし、または暴力を用いる行為

　　4) 風説を流布し、偽計を用いまたは威力を用いて当社の信用を毀損し、または当社の業務を妨害する行為

　　5) その他前各号に準ずる行為

3. 前項による解除は、甲または乙の被った損害について、相手方に対し損害賠償請求を請求することを妨げない。

4. 甲または乙は、第2項による解除により相手方に損害が生じても、これを一切賠償しない。

①反社チェックから排除への流れ

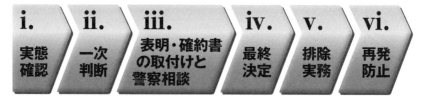

●**実態確認**

・証拠固めとして、報道当時の記事の入手、H部長の証言の記録化、F社・G氏に関する情報収集を行った

・契約内容（暴排条項）を確認したところ、「共生者」を排除できる内容ではないことが判明した

・弁護士相談（状況の説明と契約解除に関するリスク評価）

●**一次判断**

・反社会的勢力の該当可能性及び取引可否判断

・I取締役から経営トップに報告、組織的判断としては、「関係解消すべきとの方針」が明確に出された

・このままでは契約解除が困難なため、新たに「表明・確約書」を取り付けた

・警察相談（同一と判断、現在も関係が継続しているとの情報を入手）

●**最終決定**

●**排除実務**

・関係解消ステイタスの決定（即刻解除）

・弁護士と相談、スケジュール・手法等の決定

・警察との連携

・社内対応体制

・C社及びF社・G氏に関する風評のモニタリング

・警備の手配／担当者（E主任）の異動

●**再発防止**

・全ての取引先との覚書の締結

・反社チェックルールの見直し

・社員教育

②表明・確約書の取り付け

　本事例においては、現行の暴排条項では「共生者」を排除出来る内容となっていなかったことから、以下の内容の「表明・確約書」を新たに取り付け、警察相談を踏まえて、表明・確約違反による契約解除の方針を打ち出した。

1. 当社は、当社（当社の役員、実質的に経営権を有する者及び経営に実質的に関与している者を含みます。以下、本項において同じ。）が次の各号のいずれにも該当しないことを表明し、かつ将来にわたっても該当しないことを確約いたします。
   ①暴力団、暴力団構成員、暴力団準構成員、暴力団関係企業、総会屋、社会運動標榜ゴロ、政治活動標榜ゴロ又は特殊知能暴力集団等（以下「暴力団員等」といいます。）であること
   ②暴力団員等が経営を支配していると認められる関係を有すること
   ③暴力団員等が経営に実質的に関与していると認められる関係を有すること
   ④自己、自社若しくは第三者の不正の利益を図る目的又は第三者に損害を加える目的をもってするなど、不当に暴力団員等を利用していると認められる関係を有すること
   ⑤暴力団員等に対して資金等を提供し、又は便宜を供与するなどの関与をしていると認められる関係を有すること
   ⑥役員又は経営に実質的に関与している者が暴力団員等と社会的に非難されるべき関係を有すること
   ⑦暴力団員等又は前各号のいずれか一にも該当する者又はこれらに準ずる反社会的な集団又は個人と人的・資本的・経済的に深

　　い関係を有すること

　　⑧その他前各号に準ずる者であること

2．当社は、当社自らまたは第三者を利用して、次の各号の一にでも
　　該当する行為を行わないことを確約します。

　　①詐術、暴力的行為、又は脅迫的言辞を用いる行為

　　②違法行為又は不当要求行為

　　③業務を妨害する行為

　　④名誉や信用等を毀損する行為

　　⑤その他前各号に準ずる行為

3．当社は、第1項の表明が真実と異なるか不正確であることが判明し
　　た場合、又は前二項のいずれかに違反した場合は、何ら催告なく、
　　この取引が停止され又は契約が解除されても一切異議を申し立て
　　ず、また損害の賠償若しくは損失の補償を求めないとともに、こ
　　れらにより貴社に損害が生じた場合は、これを賠償するほか当社
　　において一切の責任を負うことを確約いたします。

第 **6** 章

直接的アプローチへの対応のポイント

1．行動原理（思考、行動パターン等）

　ここからは、反社会的勢力による不当要求等の直接的なアプローチへの具体的な対応要領について取り上げる。まずは、「敵を知る」ことが重要であり、反社会的勢力の行動原理（思考、行動パターン等）とそれを踏まえた対応原則を取り上げたい。

(1)反社会的勢力の行動原理

　彼らが不当要求等、直接的にアプローチしてくる際の行動原理、思考・行動パターン等は、およそ次の通りといえよう。

●自らの要求が不当であり、また犯罪構成要件に極めて近い行為であることを自覚しており、自らの行為に対する正当性の理屈付けや企業側の落ち度、弱みを巧みに意識させるような手法で接触してくる。また、その様な接触に対して、企業側の対応能力を探り、攻める手法を変化させるなどの柔軟性も持っている。つまり、相手は、違法性や心理面まで踏み込んだアプローチ手法を研究し、実戦を重ねる「プロ」だと言うことを認識することが大前提となる。

●彼らが得る利益が大きければ大きいほど執拗に攻めてくる。毅然とした対応により要求が通る見込みのないことを明確にしたからといって、安易に撤退したと考えるべきではない。常に、企業側の隙を狙って情報収集を行っていると考え、隙を見せないために、「獅子身中の虫」（協力者・内通者等）の存在を想定した情報管理や、安易なルールの逸脱が行われないための役職員の意識・行動管理もまた企業におけるリスク管理の要諦である。

●「早く、楽に、大きく儲かる」「事件にならない」ことを望むので、多くの企業をターゲットとしつつ、隙を見せる企業があれば、たとえわずかな綻びであっても、短期間に、多方面から、同時に攻めてくるなどして、徹底的に利益を収奪しようとする。したがって、いつでも、彼らに「リスクが高

く労力がかかり儲けが少ない」「隙がない」と思わせることが最も重要であり、そのためには、組織的な対応、法的対応、毅然とした対応、例外のない対応が求められるといえる。

●一般に流布する「義理・人情等を掲げ、堅気に迷惑をかけない」とする行動原理は今や過去のものとなりつつあり、社会的弱者や一般の投資家など善良な市民・企業がターゲットとなっている。また、彼らにおいても、金儲けの巧拙により資金源のある組織と資金源に乏しい組織に二極化しており、特に、後者においては、確固とした経済的基盤もなく、反社会的勢力排除の最近の流れからさらに経済的に追い詰められており、本心を剥き出しにして、昔は反社会的勢力が手を染めないとしていた事件（強盗・窃盗・詐欺など）など非合法をいとわず攻撃してくる傾向も顕著になっていることに注意が必要である。したがって、毅然とした対応が大事だからといって、いたずらに相手の面子やプライドを傷つけるだけの形式的な対応や、高飛車な対応だけでは相当の危険を伴うことも理解しておく必要がある。

彼らの不当要求等の手口には、以下のような類型がある。これらに対応するためには特定の部署や担当者による「毅然とした対応」態勢だけに依存するのではなく、あわせて、全ての役職員による平素からの「予防的な社内体制」の整備と例外のない運用という「組織的な対応」の本質を踏まえた取組みが必要である。

●**接近型**

　暴力団関係企業（フロント企業）を通じた商取引など、あたかも反社会的勢力との関係がないように仮装して企業に接近し、物品の購買・購入取引、投資、寄付金・賛助金、下請契約、人材派遣等の契約締結等により、企業内に、人・物・金の面で接近してくる行為

●**攻撃型**

　会社のミスや役員のスキャンダルを攻撃の材料として、公開質問状、街宣車による街宣活動により圧力をかけ金銭を要求する行為や、商品の欠陥

や従業員の対応の悪さを材料としたクレーム、株主総会での執拗な攻撃等を通じて（あるいは仄めかして）口止め料や解決金を要求する行為

●**癒着型**

　総会屋、地上げ屋、債権取立て屋などの形で会社と癒着し、利益を継続的に取得する行為

①具体的な対応の原則

　以上のような反社会的勢力の行動原理を踏まえれば、具体的な対応に求められるのは、次のような点となろう。結論的には当たり前のことではあるが、これまでの流れから、その必要性や重要性、さらには、それを引き出すための「組織的な対応体制」の整備の重要性を理解してほしい。

●**毅然とした態度で対応**

　反社会的勢力は、よく口では「警察や刑務所は怖くない」といいながら、法的処分を受けることを最も嫌がっている。したがって、警察や弁護士のような外部専門家との連携はもちろんのこと、言葉で「毅然として対応する」と言うのは簡単であるが、実際の場面になったときに勇気を持って対応できるよう、日頃から意識の高揚やそのための教育・訓練が重要であることはいうまでもない。

●**冷静かつ根気強い対応**

　反社会的勢力は、相手を愚弄し、あるいは挑発して失言を誘い、言葉尻を捉えて徹底的に糾弾し、無理難題を吹っかけてくる。こうした挑発は、プロである彼らの手口であって、絶対に乗ってはいけないものである。一方で、彼らを挑発することは大変危険な対応である。また、交渉を長引かせることにより妥協を引き出そうとすることも、やはり彼らの常套的な手口であり、このような手口、気質を踏まえれば、彼らへの対応は冷静かつ根気強く行う必要があると認識（覚悟）しておくことがポイントとなる。

●**法律や社会のルールに則った解決**

　その場しのぎの水面下の解決ではなく、法律や社会のルールに則った合理的な解決を図ることが重要であることはいうまでもない。不法・不当

な要求は断固拒否するという基本方針の下に、組織的な対応体制により、警察、弁護士、外部専門機関と連携し、事案によっては対応を途中で打ち切り、刑事告発や民事訴訟などの法的対応に切り替えるとの覚悟で臨むことが必要である。

2．対応（応対）原則

（1）対応マニュアルの整備

そもそも、対応マニュアルの整備は、「対応の標準化」「有事への備え」が最大の目的であり、その一般的な内容については、全国暴力追放運動推進センター（暴追センター）等で作成している「暴力団員等に対する基本的対応要領」などでも確認することができる。しかしながら、単にそれを参照して作成するだけでは不十分であり、対応マニュアルが実効性を持つためには、次のような点に注意が必要である。

●具体的な話法などが盛り込まれ、読んですぐ理解でき、実際に使えるなど実践的な内容であること
●社内の各拠点への常備、イントラネットへの掲載など参照性に優れていること
●定期的な読み合わせ、研修の実施など、風化させないための定期的な取り組みが行われていること

さらに言えば、対応マニュアルには次の2種類が必要であり、社内で与えられた役割に応じて利用できるよう、別々に作成することも重要である。
●（アプローチ態様別）対応マニュアル編
　反社チェックの結果を踏まえ取引を解消すると判断した場合の対応、街宣行為への対応、不当な利益要求への対応、株主からの要求・・・など、主に本社管理担当部署が参照するための、「ケース別の対応要領」を取りまとめたもの

●対応(応対)ハンドブック編

　「誠意を見せろ」「念書を書け」「役員を出せ」と言われた場合、実際に来社した場合など、営業などの現場担当部門が参照することを想定した、「対応要領のポイント」や「具体的な話法」等を取りまとめたもの

(2)反社会的勢力への対応(応対)原則

　ここでは、当社がまとめた「対応(応対)原則」の16項目を取り上げ、簡単に解説する。

①来訪者のチェックと連絡

　受付者は、来訪者の氏名等の確認と用件及び人数を確認して、対応責任者に連絡し、会社内のあらかじめ指定した応対場所(録音設備等がある応接室など)に案内する。

　そもそもアポイントのない面談要求に対しては(実際に対峙することなく)「お約束のない方とはお会いできません」として一旦お引取りいただく対応(応対)が望ましい。

②有利な場所で対応

　対応場所は、素早く助けを求めることができ、精神的に余裕を持って対応ができる自己の管理権の及ぶ応接室等を選定する(事前に録音、録画できる状況にしておく)。

　原則として、あらかじめ選定した応接室等で対応し、相手の指定する場所や組事務所等には出向かない。呼び出しに対しては、たとえ出向かざるを得ない場合であっても、すぐに従う必要はなく、合理的な時間と場所(人目が多く相手の行動を制約できる可能性がある、近隣の公共スペースやファミレスなど)をこちらから指定する。

　また、会社側に非があり、相手方に伺う必要がある場合は、複数で対応することとし、事前に相手方に対して対応可能な時間を伝えたうえで、面談の承諾をすることが重要である。そして、会社側にあらかじめ訪問先を伝え、

一定時間経過後電話を入れる等の要請をしておく。また、決めた時間内に戻らない場合は、警察に連絡する体制をとる。

③複数で対応

いきなり役員等が応対すると、次回以降からの交渉で「前は○○と会った。お前ではダメだ。○○を出せ、○○が会わない理由を言え」等と食ってかかられる、あるいは決裁権限者の言質を取られることを避けるため、あらかじめ対応部署・対応者を選出しておく。

反社会的勢力は威圧的な言動を行うことが多々あり、これに屈することがないよう、また何かあった場合の証人を確保するという意味から、対応は複数の人数で行う。あまり多くなると役割分担が不明確になったり、対応者のうち比較的弱い者や特定の者が攻撃対象になる可能性があるので、状況にもよるが2～3名程度で対応することが適当であり、単独での対応は絶対に避ける。また、「交渉役」「記録役」「外部との連絡」等の役割分担が必要である。また、相手の人数が多い場合、相手の代表者と付添いの2名のみと面談する旨を伝え、その他の人にはお引取り（離席）を願う。

そして、相手が要求しても、安易にトップを出さない。「本件につきましては、私が窓口として対応させて頂いております」等により、対応を対応担当者・対応責任者に集約させる。

④相手の確認

名刺や面会カード等により、氏名はもとより所属団体（連絡先）電話番号等を確認する。名乗らない相手については、対応できない旨伝える。また、名刺を持っていない等の場合には、氏名（フルネーム）・住所・電話番号などを聞き出して記録し相手を確認する。対応できない旨伝える場合には、具体的には、「何処のどなたか名前もおっしゃっていただけないのであれば、これ以上のお話はいたしかねます」等と対応する。

⑤用件、要求の把握

対応責任者は、落ち着いて、相手の氏名、所属団体、住所、電話番号を確認、記録(メモ)し、用件を確認する。どんな用件で何を要求しているのか確認し、不明な点がないようにする。また、最終的に相手に再度確認をすることも必要である。

　代理人の場合は、委任状の有無及び委任状を有している場合は委任者が誰であるか、どういう経緯で代理人になったかを確実に確認する。確認できない場合については、「ご本人か正式な代理人以外の方とはお話いたしかねます。お引取りください」と対応する。

⑥用件に見合った対応時間

　面接時間を設定して、相手方に通告し時間になったら対応を打ち切るよう努める。急な来訪などに対応する際は、最初に「次の予定がございますので、何時まででよろしければお話をお伺いすることが出来ますがよろしいでしょうか」等を告げて対応時間を明確に示す。対応時間が長いと、相手のペースにはまる危険性が大きくなるので、可能な限り短くする。

⑦慎重な言葉の選択

　反社会的勢力は、巧みに論争に持ち込み、対応者の失言を誘ったり、言葉尻をとらえたりして厳しく糾弾してくる。不当な要求には、あいまいな発言をせず明確に拒否する。間違っても、「こちらの落ち度です」「対処させて頂きます」などと、自社に非がないのにあるかのような言葉や、相手に期待を抱かせるような発言をしてはならないし、相手を侮る、言葉尻を捉えられることのないよう冷静に対処する必要がある。

⑧妥協せず、筋を通す

　不当な要求には、妥協は絶対禁物である。「そのような要求には一切応じかねます」とはっきり筋を通した対応をすることが大切。大声で威圧的に迫られた場合でも、会社の意思は変らないことを伝える。

　例えば、脅迫罪・強要罪の根拠とする対応例としては、「そんなに大きな

声を出されると怖くてお話ができません。もう少し冷静にお話ください」「先ほどから大声で怒鳴られ、怖い話もあり、私は怖くてこれ以上お話をすることは出来ません」といった話法が考えられる。

また、毅然とした対応例としては、「怒鳴られても当社の回答は変わりません」「話し合いに来たのであれば、話し合いが出来るように静かに話してください」といった対応を行う。

「誠意を見せろ」と曖昧な要求があっても、「当社としてはこの様にお話を承ることが誠意ある対応であると考えております」「どのようなことをご要望なのかをお聞かせいただいた上で、当社としての誠意（誠の意）をご回答したいと思います」として、不当要求行為を抑止する、あるいは不当要求の言質を得るといった対応に持ち込む。

「謝罪しろ」と、（当社にない）非を認めさせようとする場合は、事実確認等が出来ていない状態での相手の申告を認めることは出来ないので、その旨を伝えるとともに、「ご不快または気分を損ねましたことをお詫び申しあげます」と限定的に対応する。

⑨詫び状等の書類作成は拒否

反社会的勢力は、「一筆書けば許してやる」といった形で詫び状や念書等を書かせたがり、後日、金品要求など新たな攻撃の材料に悪用するのが手口である。書類の作成や署名はせず、「文書をお出しすることは差し控えさせていただきたいと思いますので、ご了承ください」と対応する。脅迫（強迫）されて追い込まれ、正しい判断ができない状態で応じてしまった場合でも、経緯を記録化等しておくことにより、取消して無効を主張できる場合がある。

⑩対応内容の記録化

対応した内容は、後日に備えて確実にメモを取る、録音・録画するといった対応を行う。それらは全て刑事事件や民事訴訟に発展した場合の疎明資料となる。また、相手方に記録を取る（録音・録画する）ことを明確にすることも抑止の観点から検討する。その際には「この度のお話の内容に聞き違い等

がございますと、ご迷惑をお掛けいたしますので録音・記録させていただいてよろしいでしょうか」「何か支障はございますでしょうか」と対応する。また、録音・録画については、相手方の同意を得ないで会話を録音することは、最高裁等の判例においても、不審を抱いて証拠とするために録音した場合に限ったうえ、通信の秘密の侵害などの反社会的手段でなければ、証拠能力があるとされており、どのような対応が適切か、組織として(弁護士と相談するなどして)検討しておくとよい。

⑪機を失しない警察への通報と暴追センターへの早期相談

　平素から警察、暴追センターとの連携や事案の早い段階からの相談が、有事の際に適切・迅速な対応を引き出すことを容易にし、問題の早期解決につながる。

　不要なトラブルは避け、受傷事故を防止するため、機を失せず警察に通報することが重要であり、暴行、脅迫等の違法行為があった場合は、速やかに110番通報する。不当な要求があった際には、毅然と拒否した後、速やかに警察や暴追センターにその旨を通報し指導を受ける。110番通報を妨害する行為が見られる場合については、周囲に要請することも望ましい(抑止効果もあり)。

⑫即答しない

　反社会的勢力への対応は、組織的に実施することが重要であり、相手の要求に即答やその場での約束はしない。反社会的勢力は、会社(当方)の方針が固まらない間が勝負と考えて執拗にその場で回答を求めるのが手口である。会社方針等、即答できない場合は、その場で回答しない。「会社としてのご回答を致したいと思いますのでお時間をいただきたいと思います。どうしても今すぐとおっしゃるのであれば、全てをお断りするか、今判断できる事のみをお答えするしかございません」と対応する。ただし、回答時期を明確に相手に伝える必要がある。相手からは、即日回答を求められることが多いが、3日で回答できるのであれば一週間と言う具合に回答期間に猶予を持たせ、

一週間待たずに回答出来るのであれば、早く回答することが1つの会社としての誠意を示すことになる。

　反社会的勢力は、直接交渉に際して、ありとあらゆる角度から要求、要請を付加してくるので、後日「そういう意味で言ったんじゃない」「こちらが要求した内容と違う」等と内容を変更してくることが多い。したがって、相手の要求、要望事項については、交渉の最後に、記録（手元メモ）を基に、相手方に対して明確に確認を行うことも必要である。

⑬上司への対応依頼はタイミングをみて

　初期対応者がまずは責任をもって対応する。相手の言いなりでいきなり上司に回したりしない。「本件は、私が会社の窓口としてお話をしております」「私は会社から対応窓口を命ぜられておりますので、私の対応が会社の対応と思って頂いて結構でございます」「私とお話が出来ないのであれば、お引取りください」と、自分に決定権があるということではなく、あくまでも対応窓口としての権限に基づいてのものであることを明確にして対応する。

⑭お茶・灰皿等を出さない

　時間内での対応、凶器とさせないなどの理由によるが、紙コップでの対応などは検討してよいし、現在では禁煙が主流でありそれを理由としてもよい。なお、対応場所として特定された場所については、平素より備え付け備品等も確認しておく必要がある。

⑮法的措置・風評を流すとの脅しにも屈しない

　法的措置を迫られても、必要以上に警戒しない。「当社として責任を持って対応いたしますが、ご納得いただけない場合は、お客様の判断を尊重いたします」と対応し、「それだけは困ります」といった弱みは決して見せない。

⑯当社から法的措置を講じることも辞さない

　重ねて不当な要求を行うような場合は、裁判所への各種行為の仮処分（面

談禁止・架電禁止等)手続を視野に入れた対応を行う必要がある。具体的には「要求にはこれ以上応じられません。これ以上電話・面談を強要するようであれば法的手続をとらせていただきます」と対応する。

　また、対応を弁護士に委任した場合は「当社及び私の意思は、弁護士を通してお伝えします。これ以上お話することはございません。それでも直接のご面談を求めてくることがあれば、しかるべき法的措置をとらせていただきます」と対応する。

3. 脅しのテクニック

　「対応(応対)の原則」とあわせて、反社会的勢力の脅しのテクニック・手口の代表例をあらかじめ理解しておくことは、その言動を冷静に観察でき、毅然かつ適切な対応を可能にする。ここでは、彼らの脅しのテクニックについて簡単に解説する。

(1) 比喩(たとえ話)型

　実際の事案(事実)とは巧妙にポイントをずらしたたとえ話(例えば、「普通〜だろ?」「〜するのが常識だろう」など)に対して、その一部でもうっかり同意してしまったがために、本来は認めていない事実関係を認めざるを得ない状況に陥ってしまうこともある。たとえ話と事実関係を明確に区分し、同意する場合でも「○○の場合に関しては」と限定をつける等の慎重な対応・言葉遣いが求められる。

(2) 言葉尻型

　反社会的勢力は、巧みに論争に持ち込み、対応者の失言を誘ったり、言葉尻を捉えて厳しく糾弾してくる。不当な要求には、あいまいな発言をせず明確に拒否し、自社に非がないのにあるかのような言葉や相手に期待を抱かせるような発言、逆に相手を侮るような発言は禁物である。

（3）要求の小出し型

　相手は、不当要求が通らない場合や通そうとする場合に、まずは応じても問題のないような小さな要求から合意を引き出そうと、例えば一問一答のように淡々と話を組み立て、こちらの回答を引き出そうとしてくる。小さな要求を小出しにして、そのうちの一部を認めさせながら、それを前例・前提として、徐々に大きな要求を認めさせようとする手口であり、あらかじめ会社として許容できる水準以上は一切譲歩しないとの対応方針を明確にしておくことが重要である。

（4）すり替え型

　不当な厳しい要求から一転して、合法的な取引や応じ易い取引を持ちかけるなどして、心理的な揺さぶりをかける場合もある。まずは取引を開始させることこそ彼らの狙いであり、結局は、そこから新たな厳しい要求が始まることが予想される。そもそもの自社のスタンスが明確になっていることと、そのスタンスを常に念頭に置きながら、例外のない厳格な対応をすることが重要となる。

（5）見せ掛け譲歩型

　心理的な揺さぶりの手法として、強固な態度から一転して自ら譲歩する姿勢を示すことで、対応者の心理的な隙を生み、より大きな合意を引き出そうとする。例えば、「この件は、そちらの提案で譲歩する。でも今後御社としても・・・をしていかなければいけないだろうから、俺の取引先の〜と一度取引してやってくれ」などはその典型と言える。あるいは、言葉巧みに譲歩をするように思わせて、実際には相手方に有利な内容のままといった手口もある。いずれにしても、対応者には、緊張感を持続しつつ、相手の主張・狙いを分析する冷静さを失わない対応が求められると言えよう。

（6）無茶振り型

すでに述べた通り、複数で対応することは組織的対応として必要であるが、あまり人数が多くなると、役割分担が不明確になり、足並みの乱れ等対応の不整合を突かれて一層困難な状況になる可能性がある。また、対応者のうち、「脅しが利き、気の弱そうな、要求を受け入れそうな人間」に狙いを定めて集中的に対応を迫る、無言の者に対して注文をつけるなどして、対応の不整合を引き出すことも彼らの常套的な手段である。したがって、対応メンバーの選定においては、数合わせ的な人選は控え、役割分担や最低限の対応スキルを有しているメンバーの選定など、細心の注意を払う必要がある。

（7）同意型

これも否定しにくい小さな合意やたとえ話を積み重ねて、個人的な見解についての質問を繰り返しながら、全体的な同意にすりかえる手口の一つである。「お前が俺の立場ならどう思う？」など個人的見解を引き出して、その言葉尻を取ろうとしてくる。これに対しても、自社のスタンスを明確にして、相手の主張・狙いを冷静に分析して、ブレのない対応をすることが求められるといえる。

（8）粘り型

実際の最終的な局面では、お互いに譲らず平行線となる場合も多く、忍耐を強いることも彼らの常套手段である。その場合でも、自社から徒に歩み寄ることなく、「これ以上お話しても、当社の考え方は変わりませんし、当社として精一杯の対応をさせて頂いておりますので、これ以上の対応はいたしかねます。ご理解を頂き、お引取り願います。」とタイミングをみて打ち切りの意思を明確に伝えることも重要である。

（9）一発逆転型

ようやく相手が納得し、クロージングの段階となっても、早く終わらせたいという心理を突いて、最終局面で話を蒸し返す、巧妙に論理をすりかえる、新たな不当要求や無理難題をそれとなく持ち出す、などして違った結論を導

こうとするなど、形勢逆転の機会を窺っている。そのような隙を突かれないために、最後まで緊張感を保ち、相手の主張・狙いを分析する冷静さが求められるといえる。

（10）贈答型

お土産や差し入れなどによって、相手の警戒感を薄めようとする、また、「受け取った」という負い目から以後の対応を有利にすすめることを狙っての手口と言える。したがって、そのような贈り物を安易に受け取らないよう注意するのはもちろんのこと、たとえ社会通念上問題ない範囲で受け取ったとしても、当該対応とは明確に区分して、例外のない対応を行うことが必要である。

4．直接要求への基本的対応要領

（1）相手及び要件の特定

ここからは、対応（応対）の原則を踏まえ、具体的な対応要領について詳しく取り上げることとする。

まず認識すべきは、反社会的勢力へのトラブル等の対応にあっても、通常のトラブル同様の対応を行う（反社会的勢力だからといって特別視しない）ことが大前提であるという点である。その上で、トラブル解決においては、第一に相手を知ること、そして、相手の要求やその理由・根拠を正確に把握することが重要であることはいうまでもなく、反社会的勢力から要求があった場合でも、この基本原則に則り、次のようなことを確実に行っていく必要がある。

①相手の名称、住所、連絡先

後日の法的対応を考えれば、相手を特定することは必須要件であり、とりわけ、相手の名称（名前）、住所、連絡先は重要である。とはいえ、反社会的

勢力は、法的対応を取られにくくするため、実態を隠蔽すべく複数の名称を使い分けたり、自分の存在を明確にしない場合がある。相手が、名称等を曖昧にして答えないようであれば、「身元がはっきりしなければ、会社としては対応できない」旨はっきりと伝えることが重要である。

　来社等への対応時においては、名刺交換等によって相手方の人定を確認することになるが、名刺を持参していない場合は、「お名前、会社名、ご連絡先等をお教えいただけますか」と聞いて記録(メモ)することが必要である。ただし、名刺交換をしたとしても、名刺に事実が記載されているとは限らない点にも注意が必要である。特に、後日、連絡を取ることを求められるケースなどでは、あらかじめ複数の連絡先を確認する、復唱して確認を求める、本人に記載させる、といった対応も考慮に入れる必要がある。

②相手は当事者か、代理人か

　反社会的勢力の場合、相手方の正規な代理人ではなく、債務者等からいわば強制的に代理人として登場する場合や、代理人が自らの配下の者を差し向けることがあることから、対象者が真に相手方から代理人として依頼を受けているのか、また依頼を受けた本人なのかについて確認しておく必要がある。

　弁護士法によれば、代理人として紛争を解決できるのは、原則として弁護士だけとされる。相手方から代理人であることを証明する書類の提出を求めるなどにより、依頼人からの依頼の事実が確認出来なければお話に応じられない旨、明確にする必要がある。それによって、後日、弁護士法違反についての検討が容易となるというメリットがある。

③相手方の人数の限定

　繰り返しとなるが、相手を2名にし、当方も2名ないし3名(記録係含む)で対応することが望ましい。単なる数合わせや大人数での対応は、相手の攻撃対象を増やすことにつながりかねないので、対応者の適正を把握して決定することが望ましい。

④要求は何か

　反社会的勢力の要求は通常の一般常識範囲を超えた要求を行ってくるケースが多く、そのことを反社会的勢力も自覚して要求を行ってくるので、明確な要求をいうことにより、何らかの法令違反等に抵触することを恐れて「誠意を見せろ」や「自分でどうすれば良いのか考えろ」等と明確にしない。事情を何度聞いても話し合いが進まないのであれば、ある程度話しを聞いた上で、相手が何を求めているのかはっきり確認し、その場はいったんお引取りいただくことが重要となる。

⑤要求の根拠は何か

　相手の要求に法律上の根拠があるか否かは、重要なポイントであり、「いつ、どこで、誰が、誰に対し、何を、どうした（どうなった）」という5W1Hを明確に確認する、契約書や写真、レシート（手書きでないもの）等の証拠があれば現物を確認するといった対応が必要である。

（2）大声で怒鳴る場合

　反社会的勢力が大声で怒鳴るのは、相手を脅すための簡単な方法だからである。怒鳴っただけでは犯罪にならないと考えているからであって、一人が怒鳴り、もう一人がなだめるといった役割分担によって、相手を油断させてその隙に付け込むなどは、反社会的勢力等の常套手段の一つである。

　誰しも、反社会的勢力が怒鳴ってきただけで「怖い」と思い、戸惑うものであるが、反社会的勢力の狙いは、正にそこにある。ひるまず、冷静に、大声を出されても怖くないことを相手に示しながら、次のような話法を参考に、毅然とした態度で対応することが肝要である。

　「大声を出さなくとも話しは伺います。怒鳴られただけでは、用件はよく分かりません。冷静にお話ください。」

　「話し合いに来たのであれば、話し合いのできるように静かに話してください。」

　「怒鳴られても、当社の回答は変わりません。」

「先程から、大声で怒鳴られて、怖い話しもあり、私は怖くてこれ以上お話をすることは出来ません。」

このような対応をすることによって、相手方が、反社会的勢力であれば、自分が今行っている行為が法令違反（脅迫罪等）に該当する可能性があること及び対応者もそのことを知っていて対応してることを認識すると相手方も少し冷静になることが多いが、そのような場合こそ、相手が反社会的勢力関係者であることが濃厚であり、より慎重な対応が必要となる。

（3）反社会的勢力から呼び出しがあった場合

反社会的勢力との交渉において、相手方の事務所へ行くことは、安全面はもちろんのこと、心理的な主導権を握られる可能性が高くなることもあり避けるべきである。一方、反社会的勢力においても、暴力団対策法の施行以来、以前のように事務所に呼び出すことによって、公安委員会の中止命令を受ける可能性が大きいこともあり、従来のような組事務所然とした場所を使うことは少なくなったが、フロント企業（暴力団関係企業）として一般の会社を装っている場所への呼び出しは十分ありうる。

いずれにせよ、こちら側にミスがあった場合など、どうしても行かなければならない場面も想定され、その際は、次のような点に注意が必要である。

●心理面・戦術面からも、また、相手方の行為を証明するとの観点からも、必ず複数で行く。なお、事前に、所轄警察署等への相談や相手方の素性等の確認に伺うことも有効である。

●不測の事態に備え、会社には、反社会的勢力のところに行くという事実、及び相手方の情報や帰社時間等を告げ、組織的な対応支援を要請しておく。

●定期的に連絡を入れられるよう携帯電話を持っていく（GPS機能付がよい）。なお、相手方に対しては、面談の最中でも携帯電話には対応しなければならない場合があることを、可能であれば最初に話しておくことが望ましい。

●反社会的勢力が要求に応じるまで帰さないこともありうるので、対応時間・待機時間を決め、時間内に戻らない場合は、会社から本人に連絡し、相応の時間内に連絡が取れなければ警察に通報する。

（4）断っても電話で同じ要求を繰り返す場合

断っても電話で何度も同じ要求を繰り返してくることを予め想定して、今までの状況について時系列での通話記録や対応内容などを「記録（録音）」する、あるいは整理して「記録」文書を作成するなど、組織的な対応体制を整えておくことが重要である。また、速やかに弁護士や所轄の警察署に相談に行き、事情を話しておくことも有効である。具体的な対応要領としては次の通りである。

●まず、相手に要求に応じられない旨を、はっきりと伝えることが重要である。そして、「これ以上申し上げることはありません。当社の回答に不満であるならば法的手続によってください。」と明確な拒否の姿勢を伝えることが必要である。

●それでも、しつこく電話をかけてくる場合については、内容証明郵便等の書面でしか応じられないことを告げ、「これ以上電話をかけてくるのであれば、こちらから法的手続を取る」旨の回答を行い、相手を強くけん制する。

●それでもなお電話が続くような場合は、弁護士と相談して、架電禁止の仮処分手続などを検討する。

（5）不祥事を暴露すると言われた場合

相手が反社会的勢力であろうとなかろうと、不祥事をネタに脅かされて義務なき行為を行わされたり、便宜の要求に応じないことが大原則である。政府指針においても、「反社会的勢力による不当要求が、事業活動上の不祥事や従業員の不祥事を理由とする場合であっても、事案を隠ぺいするための裏取引を絶対に行わない」と明記されている。彼らが不祥事を口実に取引を持ちかけてくるのは、企業側の隠蔽体質を突いて不当な利益を上げようと意図

してのものであり、企業としては、このような要求に応じてしまうことのリスクとして、次の点に留意しておく必要がある。

●仮に何らかの金品等の要求に応じたとしても、次は、その「隠蔽」行為や不適切な支出自体をゆすりのネタとして、次から次へと要求を繰り返してくる。このような隠蔽の事実が発覚すれば、当該企業に対するステークホルダーからの社会的制裁も一層大きくなることを認識しておく必要がある。

●「隠蔽」行為や反社会的勢力への不適切な支出は、財務諸表の適正性を損なうばかりではなく、レピュテーション・リスクや金融機関との関係悪化、取引先との取引停止、暴排条例への抵触といった現実的なダメージも生起しうる点にも注意が必要である。

●不祥事をネタに金品等の要求を行う行為等は法令違反（恐喝罪など）に抵触する場合が少なくなく、弁護士とも相談の上、速やかに警察に相談することが望ましい。

●開示を必要とするような不祥事であるならば、不祥事についての社内調査を早急に実施し、その原因・対策（処分含む）・再発防止策を明確にして、反社会的勢力等からの要求行為に屈することなく、隠蔽せずにむしろ積極的に開示し、再発防止に努める企業姿勢を社会に示すことが必要である。

（6）謝罪広告を要求された場合

謝罪広告である以上、不祥事や不法行為が前提である。また、謝罪広告の実施可否については、経営トップや広報部門、弁護士が協議・相談の上、企業として主体的に決定していくものである。したがって、反社会的勢力からの謝罪広告要求であるかないかに関わらず、慎重に対応する必要があり、安易に即断しないことが大原則となる。

●反社会的勢力は、企業が自ら非を認めたことを公にしたくないという点を利用して謝罪広告を要求し、本来の要求を適えようとするので、それに対して企業がどのように対応するかを見ているのであって、「謝罪広告をどのようにするかにつきましては当社が法的見解を含め総合的に判断して決定いたしますので、それ以上のことを要求されてもご回答できません」

と会社方針を明確に伝えることが望ましい。

●むしろ、無理な要求であればあるほど、法律的にその要求は認められないし、社会的にも是認されないものであるから、裁判等の公開の場で主張をぶつけ合う状況に持ち込まれる方が、反社会的勢力にとってはメリットのないケースが多いことも理解しておく必要がある。

●謝罪広告を明確に断った段階で、ブラック誌からの取材要請やネットへの書き込み、関係会社への怪文書送付、街宣活動が発生するといった事態を想定して、現在までの状況等について時系列でまとめて、社外、社内向けの説明（広報）文を用意しておくことも必要である。

（7）「誠意を見せろ」「道義的責任を取れ」と言われた場合

①「誠意を見せろ」と言われた場合

　反社会的勢力は、よく「誠意を見せろ」「筋を通せ」と言うが、これは、あからさまに一定の金品等を要求すると法令違反（恐喝罪など）になるおそれがあることから、「誠意」「筋」という言葉に置き換えて「金品」等を要求しているものである。したがって、このように言われた場合には、次のような応酬話法を参考に対応するとよいと思われる。

●「誠意を見せろとは何ですか？筋を通せとはどういうことですか？」と聞き返す。

●「誠意を見せろ、筋を通せという曖昧な言葉では分かりません。会社としても対応できません」と要求を明らかにすることを求める。

●「あなたのおっしゃる誠意を見せたり、筋を通したりしないとどうなるのですか」と聞き返す。

●「当社としては、このようにお話し合いをして（お詫びをさせていただくことが）いることが、誠意ある対応であり、筋を通すことと考えています」と回答する。

●こちらから「誠意」の意味を確認して、「それはあなた方が考えること」等の応酬を相手からされた場合は、「誠実に対応（謝罪）させていただくことが、誠意であると、当社は考えています」と返すことで相手の攻撃を封じる。

②「道義的責任を取れ」と言われた場合

　法律上認められない要求や金額を、暴力・威力を背景に認めさせるのが反社会的勢力である。このため、反社会的勢力は、よく道義的責任を取れという言い方をするが、このような場合には、次のような対応をするとよいと思われる。

●求める要求や金額の法的根拠や算定根拠を出してもらい、その要求や金額が認められるものであるかを、弁護士などと連携しながら判断し、法的な対応も視野に入れながら対応を行う。

●「当社は、法律上認められる範囲でしかお答えすることができませんし、お話しできません」と、あくまで法律上の責任についてしか、話し合いができない旨を回答することも有効である。

●道義的責任について相手方の主張がどのようなものか、口頭ではなかなか明確にしないし、分かりにくいので、相手方が主張する道義的責任について文書で要求し、その内容について弁護士等と相談のうえ、弁護士を代理人としてこちらも文章で回答して会社の姿勢を明確に相手方に示す方法も考えられる。

（8）「念書を書け」と言われた場合

　そもそも、念書を書く、書かないの判断は会社にあり、義務ではないので「義務なき行為を脅かして行わせる行為」は強要罪としての法的検討を行えることは認識しておく必要がある。また、念書は、社外に対する正式な発信文書であるから、社内の文書管理手続きからも安易に提出できるものではないことや、その内容によって事後の法的対応等に対する影響、マスコミや監督官庁、他の反社会的勢力の手に渡るなど、それが一人歩きして、思わぬ紛争に巻き込まれる可能性もあるため、「原則としてその場では念書は書かない」ことを会社方針として徹底しておく必要がある。特に、実際の対応の際には、心理戦による疲労なども含めて、「念書を書けば許してやる」といった甘言に乗せられてしまうことも多く、日頃から会社方針を徹底することが極めて重要となる。具体的な対応要領としては、次のような対応がよいと思われる。

●「念書等を書くか書かないかは、会社の承諾をもらわなければ書けません。個人名でも同じです」と言って断ることが大原則。

●もし、文書を交わす必要がある場合には、余裕をもった時間をもらった上で、社内手続きに則り、弁護士のリーガルチェックを受けるなどの対応を行う。

●「書面での謝罪は失礼ですので、直接面と向かってお詫びをさせていただきたいと存じます」という形で対応する方法も考えられる。

（9）役員・上司への面会要求をされた場合

このような場合には、「この件は、私に任されていますので、私が対応いたします」と回答することが大原則である。誰が企業を代表して対応するかについては、企業側が決めることであって、反社会的勢力の要求に応じて役員等の決裁権者と面会させてしまうことは、避けなければならない。その上で、具体的な対応要領としては、次のような対応がよいと思われる。

●「それでは話にならん」といってきた場合には、「私が会社を窓口として対応させていただいておりますが、私とお話ができないということであれば、私どもも、これ以上お客様へ対応することもできませんので、やむを得ません。お引取りください」と回答し、相手の言質を捉えながら、対応を打ち切ることが望ましい。

●「役員や社長を呼んでくるまで、ここを動かない」と言い出して、らちが明かない場合や、暴力・威圧を用いて面会を強要してきた場合は、「私がお客様の対応窓口ですので、私の方から会社へお客様のお話を報告いたします。それではだめだとおっしゃるのであれば、これ以上お話することもございませんので、本日は、お引取りください」と退去要求の意思表示を、「明確に」「何度も」伝えることが、その後の法的対応には重要なポイントとなる。

●上記を無視し、会社内に居座り、業務に支障をきたしている場合は、不退去罪（刑法130条）、また、その態様によっては威力業務妨害罪（刑法234条）などによる警察への被害届の検討、対応を粛々と行うことになる。

（10）弁護士への委任後の交渉要領

　反社会的勢力は、自分の要求が法律や証拠に基づいていない不当な要求であることを知っていることも多く、交渉を弁護士に委任後も、より与しやすい会社の担当者と交渉しようとすることがある。このような場合は、次のように対応することがよいと思われる。

●「本件については、弁護士に依頼しましたので、交渉は全て弁護士を通してください。弁護士を通して交渉するのが当社の意思です。従いまして、これ以上、私からお話をすることも、お話をお伺いすることもできません」と回答する。

●それでも、しつこく交渉を求めてくる場合には、「当社、及び私の意思は、弁護士を通してお話させて頂くことであり、さらに直接に求めることがあれば、しかるべき法的措置を取らせていただきます」と、さらに強い姿勢を示す。

●上記でも、交渉を求めてくる場合には、弁護士と相談して、面談強要禁止、または架電禁止の仮処分の手続を検討する。

5．一般的アプローチ態様別の対応要領

（1）不当な損害賠償請求に対する対応

　反社会的勢力のアプローチは、本社に限らず拠点も含め、全ての役職員に対して行われる可能性があること、また、初期の対応を誤ると、事態の拡大を招くおそれがあることから、想定されるアプローチ態様について、対応マニュアルによって対応要領を標準化し、役職員に周知しておくことが必要である。また、反社会的勢力のアプローチは巧妙かつ威圧的なものであるので、その対応には知識・対応スキルともに必要となることから、ここからは、不当要求や購読要求などの一般的なアプローチ態様別に、組織的にどのように対応すべきかについて、具体的な対応要領を解説していくこととする。

　まずは、不当な損害賠償請求があった場合の対応要領について取り上げる。

①事実調査・確認

　損害賠償請求の根拠には、民法上、契約上の義務を怠ったことを原因とする債務不履行責任（民法415条）と、契約関係にない者に対し、故意または、過失から損害を与えてしまった不法行為責任（民法709条）（使用者責任等もこの一部）の二つがあり、いずれも法律の専門的な判断を必要とするので、速やかに弁護士に相談することが肝要であって、次のように対応することが望ましい。

●損害賠償請求の要件は、①故意・過失、②損害、③故意・過失と損害との因果関係であり、その一つ一つが事実なのか、証拠はあるのかを調査・確認・記録（保存）することが大原則である。

●事実調査をした後も、故意・過失の有無、故意・過失と損害との因果関係の有無については、確認していく必要がある。

●反社会的勢力からの要求だからといって、あわててすぐに金額の交渉に入るのではなく、要件が満たされているかを確認するとともに、反社会的勢力の申し出だけに囚われず、それ以外にも今回と同じ損害賠償が起きる可能性がある否かについても調査した上で、慎重に回答することが重要である。

●事実認識・調査の甘さや、誤った顧客第一主義、隠蔽体質などが損害賠償請求対応の不備を招き、反社会的勢力の侵入を許してしまう事例が多いことを踏まえ、外部専門家を交えた出来る限り客観的な状況把握と冷静な判断を組織的に行えるような「対応要領・対応フロー・判断基準等」を、平時から準備しておくことが必要である。

●実務的・現実的には、「法的責任を超えた不当な要求」の範囲は、法的な観点とともに、自社の企業姿勢からみて受忍（受容）できるかという観点から判断することも考えられる。ただし、最終的には自社の対応が社会的に十分説明できるか、相手が反社会的勢力であった場合に、自社としての対応に妥当性があったかどうかを説明できるだけの議論を尽くしておくこと

が求められる。

②具体的な対応要領

ア．弁護士の介入通知

　交渉を弁護士に依頼した場合は、相手に交渉は弁護士に一任したことを知らせ、以後、会社の担当者と接触しないよう徹底する必要がある。この「弁護士に対応を一任している」との姿勢を一切崩さず、相手方に主張し続けることこそが「組織的な対応」であるといえる。なお、以後の対応のために、先方への弁護士の受任通知の際には「さらなる直接交渉を強要する場合は、しかるべき法的措置を取る」旨を明記しておくことも必要な措置といえる。

イ．面会強要禁止の仮処分

　反社会的勢力は、法的な責任を超えた不当な要求をする場合は、何度も面会を要求し、大声で怒鳴ったり、嫌がらせをしたりして、根負けさせて企業側に非を認めさせたり、企業側の言質をとることが多く、このような場合、弁護士と相談して面会の強要などを禁止する面会強要禁止の仮処分の手続を検討する。ところが、反社会的勢力は、仮処分に違反して来る可能性もあるので、弁護士と相談して仮処分手続と一緒に間接強制（民事保全法52条、民事執行法172条）の手続も検討する必要も考えられる。そして、面会強要禁止の仮処分に違反して、会社のオフィス内に来たような場合は、住居侵入罪（刑法130条）の成立も考えられるので、弁護士との相談、警察への通報（事前相談をしておくことも重要）などの速やかな対応を行えるようにしておく必要がある。なお、警察への通報に際しては、面会強要禁止の仮処分が出ているにも関わらず、押しかけてきていることを説明することも不可欠である。

　このような執拗な反社会的勢力からのアプローチに妥協することなく、最後まで毅然とした対応を可能にするものが、政府指針の求める「組織的な対応」であり、「外部専門機関との連携」であり、「有事における民事と刑事の法的対応」であることをあらためて認識する必要がある。

ウ．債務不存在確認の訴え

　反社会的勢力が、不当な要求をしてきた場合には、債務不存在確認の訴えを起こすことも視野に入れておく必要がある。

エ．被害届の提出・刑事告訴の検討

　反社会的勢力への対応として最も効果があることは、何らかの不法行為・違法行為を捉えて刑事事件化することだといえる。具体的には、以下の「法的対応の出来る可能性がある具体的な行為」を参考に、反社会的勢力の行為を冷静に捉え、弁護士と相談し、警察への被害届提出や刑事告訴について検討することが重要である。

行為の態様	罪名及び関連法令
殴られたり、怪我をさせられた場合	暴行罪(刑法208条) 傷害罪(刑法204条)
文書を破ったり、物を壊した場合	文書毀棄(刑法258、259条) 器物損壊罪(刑法261条)
交渉担当者本人、家族、会社役員などに危害を加える、担当者個人もしくは企業の秘密をばらすなどと言われた場合	脅迫罪(刑法222条)
暴行・脅迫に基づいて金品を要求したり、債務を免除させたりした場合	恐喝罪(刑法249条)
脅迫に基づいて謝罪文を書かせたり、面会を強要したり、金品の要求以外のことを要求された場合	強要罪(刑法223条)
建物に承諾なく入ってくる場合、「建物から出て行って欲しい」といっても出て行かない場合	住居侵入罪 不退去罪(刑法130条)
街宣行為やビラの配布、機関誌に記事を書くなど、不特定多数の人が知る可能性がある方法で、根拠のない噂を広めたりした場合	名誉毀損罪(刑法230条) 侮辱罪(刑法231条)
メインバンクの融資を止められたなどと虚偽の風説を流布した場合	信用毀損罪(刑法233条)
店舗内で、他の顧客がいる前で大声で騒いだり、反社会的勢力と分かる格好でたむろし、他の顧客が店舗に入りづらくした場合など	威力業務妨害罪(刑法234条)
反社会的勢力の事務所に呼び出され、帰してもらえないような場合	逮捕監禁罪(刑法220条)
相手が暴力団に所属していることを示して、金銭の要求をした場合	暴力団対策法(第9条)違反

オ．反社会的勢力への依頼はしない

　企業の組織的対応として、問題解決のために反社会的勢力への依頼は絶対にしないとの方針を明確にする必要がある。そもそも、適正な対応以外で反社会的勢力と話を付けられるような人物等がいるとすればそれ自体が反社会的勢力との関係者のおそれがある。

　反社会的勢力へ何らかの問題解決を依頼することは、それを口実として言葉巧みに、問題解決に必要だと言って金を求められる、白紙委任状や保証契約書に署名させられる、不動産の権利書を預けさせられる、などによって被害に遭う可能性があるほか、一度関係を持ったとの弱みからさらなる被害の拡大を招き、企業存続の危機ともなりかねないことを強く認識しておく必要がある。また、反社会的勢力からのアプローチに困っている企業に仲介を買ってでる輩もおり、反社会的勢力との関係が疑われることが多いことからも、たとえその確証がないとしても、そのようなケースでは十分な注意が必要である。

カ．その場限りの解決はしない

　企業の組織的対応として、ある程度の金額であればという安易な気持ちで支払いに応じることのないよう、その場限りの解決は絶対にしないとの方針を明確にする必要がある。現場などで不当要求に応じてしまう原因は、大した金額でもないし、お金を払って終わるなら払ってしまえ、という心理状況になってしまうことであり、反社会的勢力もこのような心理状況となるように追い込んでくる上、金額も個人や部署の判断で支出できる金額を要求することでハードルを下げて不当要求に応じさせようとするのである。

　さらには、反社会的勢力の世界は狭く、A社で上手くいったという情報が流れれば同様の手口で他の反社会的勢力がA社に対して要求を繰り返すことになり、それを拒絶すれば今度は「組織的な対応の不整合」を突かれてさらなる被害の拡大を招くことになりかねない。実際に、ある一つの団体から、対応の不備を突かれて図書購読要求に応じてしまったがために、数年後には、20団体から図書を定期的に購読する事態に陥ってしまっていた事例もある。

最初のアプローチから「一切の関係遮断（不当な要求は一切拒絶する）」との大原則を貫くことが極めて重要といえる。

（2）機関誌等の購読要求への対応

　機関誌等の購読要求は、総会屋、えせ右翼、えせ同和、ブラックジャーナル等の古典的なアプローチ態様であり、対応要領はある程度知られていると思われる。とはいえ、未だに「えせ右翼（あるいはえせ同和）と思われるものから、機関誌が無断送付されてきたが、どのように対応すればよいのか」という相談が多いのも事実であり、法務省の「平成30年中におけるえせ同和行為実態把握のためのアンケート調査結果」においても、えせ同和と名乗るものからの「機関誌等の購読要求」が多い（40.0％）という結果になっている。

　そもそも、機関誌等の購読要求に応じてはならない理由としては、次のようなものが挙げられる（ただし、これは不当要求等全般に通じるものでもある）。

●購読要求に応じることは、反社会的勢力に安定収入を与え、活動の資金源になる。

●価値のない機関誌等を購入することは、会社に損害を与えたとして法的責任を問われることにもなりかねない。

　・刑法　　：　背任罪（刑法247条）
　・民法　　：　損害賠償請求（民法709条）
　・会社法　：　取締役等の特別背任罪（会社法960条）／利益供与（会社法120条）／利益供与罪（会社法970条）

　機関誌等の購読要求への対応要領としては、次のような点に留意しておくとよいと思われる。

①購読要求の断り方

　会社がどのようなものを購読しようが自由である（契約自由の原則）ことから、毅然と「購読しない」旨を告げ、理由を聞かれても答える必要はなく、「購

読の意思はありません。お引き取り下さい。」の一点張りでよい。安易に「ウチの商売と関係ないので」とか「よくわからないので」というような理由をつけると、今度は、「関係ないとは何だ」とか「わかるようによく説明してやる」というように食い下がってくるため、余計なことは言わないことが肝要である。また、社会問題や北方領土問題等について意見を求められても答える必要はなく、再三意見を求められる場合には、「当社として主体的に判断するものであり、お答えする義務はない」旨を答えればよい。

②無断送付された機関誌等の取扱い

　断ったのに、一方的に機関紙を置いていったり、勝手に送りつけてきて代金を振り込ませたり、後日集金に来たりすることがある。これらは、一方的な要求であって契約は成立していないため、本来は送り返す義務もない。とはいえ、間違って開封したり、紛失したりすると揉め事になるおそれがあり、配達時に受け取り拒否として配達人に持ち帰ってもらうのが最もよい方法といえるが、義務はないとはいえ、直ちに送り返すことが無難な対応である。なお、その際には、内容証明郵便で断り状を出しておけばよいと思われる。万が一、開封してしまった場合でも、購読拒否の意思表示を内容証明付郵便等で相手側に明確にし、機関誌等を送り返すことが必要である。その際の文書のサンプルは次の通り。

　●●　様

　当社は、機関紙×××を注文した事実も、購読する意思もありませんので返送します。また、今後も購読する意思はありませんので送付しないでください。

　なお、この取扱いにつきましては、警察等の指導を受けていることを申し添えます。

　2019年　●月　●日

> 住所
>
> 会社名

③無断送付と代金の支払い要求への対応

　購読契約は、相手の申込みと会社の承諾があって、はじめて契約が成立する。一方的に機関誌等を送ってきても契約は成立しないため、当然のことながら、無断送付に代金を支払う必要はない。たとえ、「1週間以内に返品のないときは、承諾したものとみなす」という文書が入っていても、支払う必要はない。

（3）街宣行為への対応

　えせ右翼団体などの反社会的勢力が、街宣車で会社に横付けし、大音量で不祥事等への対応について、不当に批判したり、誹謗中傷するなどの街宣行為を行うことがある。ところが、街宣行為は、道路使用許可を管轄の警察署に申請したうえで行われることが多いため、彼らに違反行為・違法行為がない限りは、警察でも即時に中止させることは難しいということを認識する必要がある。また、通常の場合、街宣行為は1回限りではなく、複数回にわたって行われることが多いことも認識しておくべきである。

　したがって、企業としては、違反行為・違法行為がないか監視しながら、速やかに法的対応に移行するための「記録・証拠収集体制」「外部専門機関との連携体制」を整えておくことが重要であり、その際の具体的な対応のポイントは以下の通りである。

①「街宣をかける」と言われたら

　街宣行為は、企業に対する直接的な圧力だけなく、その周辺関係者等に対する当該企業のイメージダウン等を狙ったものであり、「街宣行為をするぞ」と言って、企業が要求に応じるかどうかを見極めようとしている。したがって、不当な要求に対しては、恐れることなく断固として断る姿勢を示すこと

が重要である。

　具体的に、「要求に応じなければ、街宣をかけるぞ」と脅してきた場合は、次項の「仮処分の申請」のほか、各種法令違反（脅迫罪、強要罪など）も視野に入れ、弁護士と相談して、録音、画像、メモ等の資料を確保し、警察への届出や仮処分の申請に備えることが必要である。

②街宣行為への対応方法

　街宣行為に対して速やかな対応が求められるとはいえ、「記録」「証拠の収集」を行い、適切に対応していくためには、街宣行為を相当の期間（回数）は許容せざるを得ない場合もある点に注意が必要である。街宣行為を止めさせる方法としては、以下の方法などが考えられるが、いずれの方法においても証拠資料の収集は必要であり、どの証拠をどの程度収集するかについて弁護士と綿密に相談し対応する必要がある。

●街宣行為禁止の仮処分
●街宣行為差止請求訴訟
●名誉毀損罪等の刑事告訴

　なお、街宣行為禁止の仮処分により街宣行為に対応する場合は、例えば、次のような対応が必要となる。

●相手方の特定（名刺、街宣車のナンバーなど）
●街宣行為を行っている範囲を特定する地図
●街宣行為の内容及び街宣行為の模様
●日時入り写真、ビデオによる録画、ICレコーダー等による音声の録音、音量の測定、社員の報告書、反訳文（録音等からのテープ起し）の作成
●街宣行為の音量を測定し、10メートル離れた地点で85デシベルを超えるようであれば、弁護士と相談して、警察官に中止命令を依頼することも検討する。

　街宣行為禁止の仮処分が出された場合、管轄の警察署に裁判所の決定通知

の写しを提出して、街宣禁止の仮処分が決定された旨を報告して以後の街宣行為が行われた場合に警察での対応を依頼する。一方で、「街宣を止めさせてやる」と持ちかけてくる人物もいるが、反社会的勢力の街宣活動に対して影響力を有する人物や企業が普通の人物や企業であることは考えにくく、実際に依頼した結果、街宣活動が止んだとしても、その代償として反社会的勢力等の関係者との接点を持ってしまうことや、最悪、自社自身が反社会的勢力の関係企業というレピュテーション・リスクを負うこともあることから安易な誘いに乗ってはいけない。警察でも即刻中止することが難しいことを認識し、正攻法で粛々と対応することが重要である。

③法的対処の検討

　弁護士と相談の上、街宣行為の状況の録音、画像、メモ等での記録に基づき、街宣禁止の仮処分手続、名誉毀損、威力業務妨害等といえる犯罪行為が行われた場合は、刑事事件としての告訴等による法的対応を検討する。なお、現実的には、立件が困難な場合も多いが、毅然とした企業姿勢を表明するとの観点からも検討していく必要がある。

④謝罪広告請求及び損害賠償請求の検討

　街宣行為により会社の名誉が著しく毀損され、名誉回復が必要と認められる場合は、弁護士と相談して名誉を回復するための謝罪広告請求（民法723条）及び、名誉が毀損されたことによる損害賠償請求（民法709、710条）を検討する。この場合も、現実的には認められないことも多いとはいえ、企業姿勢の表明の観点からも検討していく必要がある。

⑤風評リスクへの対応

　街宣行為の目的として、対象企業に関する風評を流布させる、株主総会等のイベントを狙う、といったことがあげられるため、周辺関係者への対策も必要になる。具体的には、次の内容を記載した文章を作成し、周辺の方々、取引関係者をはじめとするステークホルダに送付する、自社Webサイト等

227

に公表するなどして、広く社会一般に対してメッセージを発信するといった、自社に対する風評リスクへの対応策を検討する必要がある。

●ご心配・ご迷惑をおかけしていることに対するお詫び
●事実関係の説明
●不当な抗議活動であることの説明
●企業姿勢として「不当行為には決して屈しない決意」の表明
●今後の街宣活動の禁止の仮処分等の法的対応方針の表明

(4)紛争介入への対応

　反社会的勢力は、民事執行事件、倒産事件、債権取立事件、その他他人の紛争に「事件屋」「整理屋」「示談屋」「経営コンサルタント」等と称し、介入して儲けようとする。いわゆる「(狭義の)民暴(民事介入暴力)」がこれに当たる。反社会的勢力の紛争介入には次のように対応することがよいと思われる。

①代理交渉への対応

　弁護士または弁護士法人以外の者が代理人として交渉をしたいと言ってきた場合には、法的には代理人とは認められないが、後々の法的手段を考慮して委任状を持っているか、その委任状は紛争の相手当事者から出されたものか、どういう経緯で代理人となったかを確認する。なお、弁護士または弁護士法人以外の者が紛争解決のための交渉の代理をすることは弁護士法第72条(非弁行為)の違反となる。相手方が委任状を持っている場合は、弁護士に相談し、対応を弁護士に委ねる。また、相手方が委任状を持っていない場合については、対応できない旨伝える。

②債権譲渡への対応

　売掛金等の債権の譲渡については、譲渡人が債務者に対し確定日付のある譲渡通知を通知しなければ第三者に対抗できない(民法第467条)し、取立て目的で債権を譲り受けることはできない(弁護士法第73条)ので、まず譲渡通知があるかどうか、適正に債権譲渡が行われているか等、債権譲渡の経緯

を確認する。なお、確定日付のある譲渡通知とは、譲渡人が譲受人に対し債権を譲渡したことを記載した内容証明郵便等のことをいう。

また、債権譲渡の対応については、適法に債権を有しているか、また、債権譲渡の通知、目的等について法的な判断を要することから、弁護士に相談し、弁護士に対応を委ねることが望ましい。

（5）総会屋への対応

数度にわたる商法改正と新会社法施行、企業のコンプライアンス意識の高まりなどにより、全盛期は8,000人を超えるとされた総会屋も、現在では200人程度と、その活動は下火になりつつある。とはいえ、それはあくまで表面的な数字であり、そもそも総会屋の跋扈を許した企業側の「事なかれ主義」の企業風土、脇の甘さや隙が根本的に解消されない現状では、形を変えた「総会屋的なもの」への利益供与を許してしまっているのも事実であろう。

企業は、特定の株主のものではなく、株主全員の利益を図る必要があり、総会屋に利益を与えることは、株主平等の原則に反し許されない。会社法は、特定の株主に利益を与えることを禁止し（会社法第120条）、利益供与を要求した者及び利益供与した者に刑罰を課すものとしている（会社法第970条第1項、第2項）。また、「総会屋（的なもの）」への利益供与は、それと密接な関係があるとされる暴力団等の反社会的勢力へ活動資金を提供することにも直結することも忘れてはならない。

「総会屋（的なもの）」から直接的にアプローチがあった際の具体的な対応要領については、これまでの内容からでも十分と思われるが、多種多様な「総会屋（的なもの）」の手口を知っておくこと、担当者や協力企業を有効に分配・活用し、煩雑な事務作業、準備作業が特定部門に集中する事態を回避する組織運営こそ重要である。そして、それとともに、単なる小手先の対応要領だけではなく、企業の経営内容や経営方針を披瀝し、それに対する株主の質問にも堂々と応じて、その理解と協力を得る努力をする場である本来の株主総会をまっとうに運営すること、そのために、常に社会的な説明責任を念頭においた経営判断・業務運営を平時から行っていくことに尽きる。

株主総会における「株付け」について、簡単に整理しておきたい。言うまでもなく、非上場企業であれば、属性をしっかり見極めた上で株主になって頂くというプロセスを、反社会的勢力排除の観点から厳格に運用することが求められるし、株主を自由に選べない上場企業においては、最低限、定期的に株主の属性の把握に努め、継続的に監視していくなどの取組みが必要である。その結果、万が一、「株付け」があった場合には、暴力団等の特殊株主によって、株主総会において各種権利侵害の事態を引き起こされることが考えられる。とりわけ、反社会的勢力等の株付けに関しては、一般投資家のように企業の業績等による株価でのキャピタルゲインを待っているというよりは、もっと短期間に大きく設けるために株付けをする場合が多いことから、反社会的勢力等が株付けを行った時は、株価の変動状況、社内情報管理、風評チェック等を行い株付けの目的等について調査しておく必要がある。

不芳な事態の発生が高度に予測できる場合には、議長の秩序維持権及び議事整理権(会社法第315条第1項)に基づき、個別具体的な行為の禁止にとどまらない、当該株主が株主総会に出席すること自体を阻止する手段、つまり、株主総会出席禁止の仮処分申請を検討することも必要となる。ただし、仮処分が発令されやすくするためには、議決権行使書その他の方法により、権利行使の機会を与える一定の配慮をしたり、株主総会に至るまでの言動・属性・過去の手口等に関する報告書・新聞記事等で十分な疎明を準備したりして、攻撃防御の手段を確保しておく必要があり、実際の対応にあたっては、弁護士と十分協議のうえ、検討することになる。

(6)えせ右翼への対応

「えせ右翼」とは、政治団体あるいは政治活動を標榜して、違法・不当な利益や義務なき行為を要求する行為を行う者を総称して言い、「政治活動標榜ゴロ」「右翼標榜暴力団」「偽装右翼」「街宣右翼」と言われることもある。警察庁の「平成30年度　企業を対象とした反社会的勢力との関係遮断に関するアンケート(調査結果)」によれば、不当要求を受けたことがある企業が相手方をどのように認識したかについて、「えせ同和」(27.2%)、「えせ右翼」(33.3%)

などとなっているほか、相手方が自ら名乗った自称として「同和」(21.1%)「右翼構成員」(24.2%)などとなっているなど、反社会的勢力による不当要求の実態として「えせ右翼」への対応も重要であることがうかがえる。なお、「えせ右翼」の特徴的な手口としては以下のようなものが挙げられる。

●企業への批判を社会正義に関連付けて質問状や抗議文等の文書を送りつけ、回答や面会を要求する。
●政治団体として政治活動を標榜することで、街宣活動等の正当性を主張する。
●寄付金・賛助金の支払を要求する、団体の機関誌の購読を要求するなど
●自己の要求が受け入れられないと街宣車などを利用して街宣行為を行うなど、威圧・威示行為を行う。

　ここでは、これらの手口に対する対応のポイントについて、具体的に取り上げていきたい。

①質問状等への対応

　えせ右翼の出す質問状や抗議文等は、自己の主張や活動が消費者や弱者を守るための社会正義に基づく活動であることを強調し、会社や役職員の行動が社会正義に反するものであると決めつけてかかる内容が典型的である。その上で、その内容についての会社等の見解や対応策などの回答を求め、会社から回答がない場合などには、街宣行為をする、当該団体の主張を認めたものとして行動する、などと一方的に告知してくることが多い。

　企業としては、これらの質問状や抗議文等に対して法的に回答義務はなく回答する必要はない。また、このような質問状等を会社だけでなく、その取引先や監督官庁に送りつける、会社だけでなく取引先や監督官庁に対しても街宣行為におよぶ、近隣に迷惑がかかるような大音量で街宣活動を行うなど、各方面を巻き込んで会社に圧力をかけるやり方も、えせ右翼の特徴的な手法といえる。これは、監督官庁や取引先、また、近隣関係者等に自社の汚点や自社の風評がさらされることを恐れ、活動を何らかの形で止めさせようとす

る企業側の心理を衝く事で、企業との継続的な関係を構築しようとしているものである。

　企業としては、そのような行動を恐れて相手方の要求を安易に受容（受忍）するのではなく、ある程度の覚悟を持って一定期間は当該行為を受容（受忍）しつつ、そのような行動が反社会的で容認できないものであること、自社に関する内容として誤解・齟齬があること、先方の主張が正当だとしてもそのような圧力に屈する形では対応しないことを関係者に説明して、理解と協力を得ることが重要である。

②機関誌等の購読要求への対応

　政治に絡む領土問題や外交問題に関する話題を取り上げた機関誌を購読するよう企業や個人に対して要求し、企業との継続的な関係を構築することを狙ってアプローチしてくる。機関誌購読料自体は、決して大きな金額ではなく、しつこく要求されるのは嫌だし、それぐらいの金額なら拠点（部署）単独で決裁できるので購読した方がよい、という心理になりがちであり、この心理の隙を巧みについた方法といえる。前述のアンケートでも、物品購入要求は不当要求行為の態様として多く、機関誌購読要求も多いことが分かる。

　だが、そもそも機関誌購読自体が、金額の多寡を問わず、反社会的勢力への利益供与に当たることから、拒絶するのが当然であり、契約自由の原則から会社がどのようなものを購読しようが自由であることから、不当な機関誌購読要求に対しては、「当社としては、購読するつもりはありません」と回答し、断る理由を聞かれても、「購読しない理由をお答えする義務はありません」と回答するのが原則である。最近では、電話に出た社員個人を恫喝して機関誌を購読させる手口も常態化しており、社員個人としても、「思想や理由の如何を問わず、購読する意思はないこと」を明確に伝えること、脅しに対しては非常に、「怖い」ということを明確に伝えること、そのような対応要領を周知徹底させておくことが重要となってくることに注意が必要である。

③賛助金要求への対応

政治活動に関連して、賛助金や協賛金の支払いを要求し、企業との関係構築を狙ったもので、大物政治家の後援会や政治活動を名乗って、資金提供や参加を求める手口である。特定の団体に賛助金を支払うかどうかについても会社の自由であり、支払う必要もないし、支払わない理由を説明する必要もない。仮に、企業として、協賛や支援を考えている場合でも、このような団体からの要求に応じて金品・便宜提供をすることは、慎まなければならない。

したがって、「貴団体への賛助金の支払は遠慮させていただきます。その理由は申し上げる必要はありませんので、申し上げません」との回答で十分である。

④街宣行為への対応

対応要領としては、前項を参照のこと。

⑤執拗な(不当)要求への対応

反社会的勢力は、正論を含め自分達の要求を通すことだけを考えており、当方が何度話を聞いて会社が正しいことを説明しても、要求を呑まない限り引き下がらないことが多く、このような場合は、弁護士に依頼して法的手続を取るほかなく、次のように対応することがよいと思われる。

●弁護士から、内容証明郵便(緊急の場合は、FAX、電話)で、相手方に対し、

　・相手方の要求に応じる理由も意思もないこと

　・今後の交渉は会社に連絡せず、一切、弁護士と交渉となること

　・それにもかかわらず、会社に対し要求を続けるのであれば、刑事告訴、仮処分、債務不存在確認訴訟等の法的手続を取ることなどを通知し警告する。

●上記の通知後も収まらない場合には、架電禁止の仮処分、面談強要禁止の仮処分、恐喝罪(刑法第249条)、脅迫罪(刑法第222条)、名誉毀損罪(刑法第230条)等が成立する可能性があるので、弁護士と相談し、刑事告訴、債務不存在確認の訴えを起こすことを検討する。

(7)えせ同和への対応

　昭和62年以降、法務省人権擁護局では、企業に対し「えせ同和行為実態把握のためのアンケート調査(以下、アンケート調査)」を実施している(最新は平成31年1月実施)。反社会的勢力を捉える際の属性要件の一つとして、政府指針では「社会運動標榜ゴロ」を例示しているが、警察庁の定義によれば、「社会運動を仮装し、または標榜して、不正な利益を求めて暴力的不法行為等を行うおそれがあり、市民生活の安全に脅威を与える者」とされている。ここでは、社会運動標榜ゴロとしての「えせ同和行為への対応要領」について取り上げることとしたい。

①えせ同和行為とは

　ここで言う「えせ同和行為」とは、同和団体を名乗り、あるいは同和問題を口実にして、企業などに違法・不当な利益や義務のないことを要求する行為であり、同和問題とは全く無関係の不当要求行為であることを理解することが必要である。つまり、行為者がどのような団体に所属しているかは全く関係なく、違法・不当な要求を行う行為そのものが問題であり、これを排除しなければならないということである。

②えせ同和行為の特徴

　同アンケート調査結果から見えるえせ同和行為の特徴は、次の通りである。

ア．要求の形態(複数回答)

　違法・不当な要求としては、「機関誌・図書等物品購入の強要」(40.0%)が最も多く、次いで「寄附金・賛助金の強要」(20.0%)、「融資の強要」(20.0%)が多い。

イ．要求の手口(複数回答)

　要求の手口としては、「執拗に電話をかけてくる」(80.0%)が最も多く次い

で「官公署を使って圧力をかけると言って脅す」(20.0％)となっている。

ウ．要求の口実(複数回答)

　要求の口実としては、「同和問題の知識(認識、研修)の不足」(40.0％)、「単なる言いがかり、無理難題」(40.0％)が多くなっている。

エ．要求を受けた期間

　要求を受けた期間は、「1日限り」(40.0％)、「2日～1週間未満」(40.0％)となっており、要求の期間は比較的短期間であることがうかがえる。

③えせ同和行為への対応要領

　アンケート調査結果に見られる「えせ同和行為の特徴」を踏まえ、具体的な対応要領は次の通りである。

ア．対応の基本姿勢

●排除の対象

　　先に述べた通り、排除の対象となるのは、「どのような団体であるかではなく、不当要求行為そのものである」ことを理解しておくことが必要である。

●同和問題への取組み・知識不足を非難された場合

　　法務局において、えせ同和行為の相談を行っており、同和問題への取組みや知識不足を口実に機関誌の購読要求等を受けたときは「同和問題への取組みについては、法務局に相談して指導を受けます」などと答え、曖昧な返事をすることなく、きっぱり断ることが重要である。

●言いがかりをつけられ、損害賠償を請求された場合

　　言いがかりの内容が、仮に事実であるとしても法的な観点から損害賠償を認めるには、賠償義務がある事案か、故意過失の有無、賠償額は適正・妥当かなどの検討が必要である。それらの検討をしないまま、安易に相手の言いがかりを認めること、(賠償を前提とした)謝罪的な発言を

行うことなどは決してしないことが重要である。

●脅しを受けた場合

えせ同和行為者は、同和問題への取組みなどを口実に大声を出すなどの方法で脅すことが多いが、彼ら自身、刑事事件となることは出来る限り避けたいと思っているので、毅然とした態度で断ることが重要である。要求を受けた期間として「1日限り」が多いということは、このような揺ぎない企業姿勢をしっかり伝えることが重要であることを物語っているといえる。

イ．対応要領

ここでは、えせ同和行為として多い要求態様とその対応要領について簡単に解説する。

●機関誌等の購読要求への対応

機関誌等の購読要求への対応要領については、前項を参照のこと。

●寄付金・賛助金の強要への対応

特定の団体に寄付金・賛助金を支払うかどうかは、会社の自由であり、支払わなければならない理由もなく、また、支払わない理由を説明する必要もないので、毅然とした態度で断ることが重要である。断ると、「このような運動の主旨に反対なのか。反対していることを官公署に申立て、指導してもらう」と言われることも想定されるが、このような場合は、「当社としても法務省人権擁護局と相談します」と回答し、法務省へ連絡しておくことが適切と言えよう。

●下請参加要求への対応

契約自由の原則があり、「考えてみます」「検討します」など、相手に期待を抱かせる発言は絶対に行うことなく断ることが重要である。

アンケート調査の結果に見られるように、依然として「えせ同和行為」が多いのは、彼らの違法・不当な要求を一部に受け入れる企業があるからである。言うまでもなく、えせ同和行為を無くすには、「そのような問題に関わるの

が面倒」「要求金額が少額」だから応じるとの考えを排除して、違法・不当な要求に対しては、毅然とした態度で断固として断ることが重要である。それでも執拗に要求がある場合は、各地の法務局人権擁護部（課）に相談されることが望ましいといえる。

第7章
まとめ
（反社会的勢力に強い会社になる）

反社会的勢力排除の企業の取組みは、まだまだ全体的に十分なものとなっていない現状がある。それは何故か。

　まず、企業がそもそも反社会的勢力の実態を理解していないことがあげられる。つまり、彼らが何を考え、何を狙い、どのような手口でアプローチしてくるのか、といった行動様式、あるいは、実は反社会的勢力は企業の身近なところにいる、といった彼らの実態に対する理解の不足がある。それとともに、自社にとって、関係を排除すべき相手としての反社会的勢力の範囲・定義が明確でなく、そもそも排除すべき相手が明確でない状況がある。

　その結果、「知らないうちに関係を持っているかもしれない」ということが実感できていないし、「認知」の取組みも、コストや手間がかかるため、最低限の調査になってしまっているのが現実であろう。不十分な調査からは不十分な結果しか導かれないから、一層、自社にリスクがあると認識できず、このような錯覚ともいえる状況が「負の認識の連鎖」として出来上がってしまっている状況にある。企業は、反社会的勢力との関係リスクについて、発生可能性、影響度とも小さく見積もり過ぎているのである。

　反社会的勢力排除のための取組みは、対峙・退治すべき相手である反社会的勢力をよく理解した上で、相手が嫌がることを組織的に実践するということでもある。結論から言えば、相手に「この会社との取引はリスクが高い。いろいろ面倒だし、その割に儲けが少ない（脇の甘い会社は他にたくさんある）」と思わせればよい。つまり、反社会的勢力に強い会社になるためには、反社会的勢力排除の姿勢やコンプライアンス体制・内部統制システムが十分に機能していることを相手に示せればよいのである。

　それはどこに現れるかといえば、従業員の態度（営業トークやグレーな対応を拒絶する姿勢など）であり、取引前審査の実施や厳格に定められた契約条件、そして暴排条項を含む契約書の内容等である。これらが整っていることは自然と相手に伝わるし、それによって、「ガードの固い会社」として認識され、反社会的勢力は寄り付かなくなるのである。

　コンプライアンスのど真ん中で勝負されることが、反社会的勢力が最も嫌うことであり、そのために、内部統制システムの不断のブラッシュアップに

より、仕組みやルールを磨きあげ、従業員一人ひとりの「暴排意識」と「リスクセンス」を高く保持し続けることが企業の取組みとして求められるのである。

　一方で、企業は、未だに反社会的勢力排除のために何をしたらよいのか、その全体像を理解せず、部分的・表面的な取組みに走っている傾向がみられる（データベースに過度に依存した、あるいは、十分な範囲や深度に配慮していない反社チェックの実施が代表的である）。

　「反社会的勢力排除の内部統制システム」の本質とは、企業が反社会的勢力を100％認知することは不可能との厳しい前提に立ちながら、反社会的勢力との関係の端緒を、組織的に、いつでも、どこからでも認知でき、それを見極め、速やかに排除できるための仕組み、言い換えれば、日々の業務遂行において生じる社内外のミドルクライシスを適切に把握・認識し、それを契機として、自社の社内体制や業務プロセスの脆弱性の改善と相手方の実態確認を着実に実行していくことだといえる。

　そもそも内部統制システムの限界は「人」であり、反社会的勢力の侵入が「人」を介して、組織の牽制の弱さや例外的な取扱いから生じているという現実を強く認識して、その限界を克服するために、業務への適切な牽制、モニタリングが実効性を持って実施されていることが必要である。また、内部統制システムを支えているのも「人」であり、その「暴排意識」や「リスクセンス」を高めるための教育・周知などの組織的な取組みもまた重要である。

　そして、それらの取組みを、社風（統制環境）にまで浸透・定着させていくのに必要なのは、言うまでもなく「経営者の強い意志と関与、従業員への保証」なのである。企業の反社会的勢力排除の取組みが形式だけ、表面だけで終わってしまうことこそ、反社会的勢力の思うツボである。

　実効性を欠いた「仕組みやルール」、役職員の「暴排意識」や「リスクセンス」やリスク認識・危機意識が、企業の置かれている状況（有事）に追いついていないという「社風」の醸成の遅れによって、企業は、反社会的勢力の侵入に対してあまりに無防備な状況にある。官民あげて盛り上がりをみせる今こそ、反社会的勢力排除の要請に応えるべく、民間企業として出来る最大限の努力、

強い危機感を持って、「仕組みやルール」と「社風」の両面から本腰を据えて取組んで頂きたいと切に願っている。

図表 7-1　反社会的勢力排除の必要要素

相手に、「リスクが高く労力がかかり、経済的利益が少ない」と思わせること
＝
コンプライアンス体制・内部統制システムが整備されていること

反社会的勢力の行動様式を知る

反社会的勢力が避けたい相手を知る

- ●面倒な手続き・契約を求めてくる
- ●組織的なガードが堅い
- ●経済的利益が少ない
- ●刑事・民事で訴えられるリスクが高い

社会の要請の変化を知る

- ●取引を含めた一切の関係遮断（政府指針）
- ●「法令遵守」そのもの
- ●被害者ではなく「共生者」と見なされる／レビュテーション・リスク
- ●企業における「自立的・自律的、グローバルなリスク管理」が求められる

図表 7-2　反社会的勢力排除を支えるもの

「内部統制システム」「経営トップの意思と関与」「役職員の高い意識」

▶ 相互に補完しあって、「企業存続」に
かかるリスクに対処する
▶ 「組織的な対応」体制こそ反社会的勢力
排除の要諦

内部統制システムの構築とその実効性のある運用

- ●企業姿勢及び反社会的勢力の定義の明確化
- ●「侵入予防」「認知・判断・排除」の仕組み

経営トップの強い意思と関与

- ●反社会的勢力との関係は企業存続にかかる全社的リスク
- ●組織的な対応には、役職員を支える経営トップの強い意思と関与が必要

役職員の高い意識

- ●日常業務の中から反社会的勢力の端緒を把握する
- ●内部統制システム（組織・仕組み）が個人を支える（職務に専念できる）

資料編

警察庁「暴力団排除等のための部外への情報提供について」

平成 31 年 3 月 20 日　警察庁丙組組企発第 105 号、丙組暴発第 7 号
各地方機関の長、各都道府県警察の長あて
（参考送付先）庁内各局部課長、各附属機関の長
警察庁刑事局組織犯罪対策部長通達

暴力団排除等のための部外への情報提供について

　暴力団情報については、法令の規定により警察において厳格に管理する責任を負っている一方、一定の場合に部外へ提供することによって、暴力団による危害を防止し、その他社会から暴力団を排除するという暴力団対策の本来の目的のために活用することも当然必要である。

　近年、各都道府県警察において、暴力団排除条例（以下「条例」という。）が施行され、事業者が一定の場合に取引等の相手方が暴力団員・元暴力団員等に該当するかどうかを確認することが義務付けられるとともに、暴力団が資金獲得のために介入するおそれのある建設・証券等の業界を中心として、暴力団員に加え、元暴力団員等を各種取引から排除する仕組みが構築されている。一方、暴力団は、暴力団関係企業や暴力団と共生する者を通じて様々な経済取引に介入して資金の獲得を図るなど、その組織又は活動の実態を多様化・不透明化させている。このような情勢を受けて、事業者からのこれらの者に関する情報提供についての要望が高まっており、条例においても事業者等に対し、必要な支援を行うことが都道府県の責務として規定されているところである。

　以上のような情勢の変化に的確に対応し、社会からの暴力団の排除を一層推進するため、各都道府県警察においては、「暴力団排除等のための部外への情報提供について」（平成 23 年 12 月 22 日付け警察庁丙組企分発第 42 号、丙組暴発第 19 号）に基づき暴力団情報の部外への提供を行っているところであるが、通達発出後の運用実態等を踏まえ、情報提供の在り方を一部見直すこととした。見直し後の暴力団情報の部外への提供については、下記のとおりとするので、その対応に遺漏のないようにされたい。

　なお、上記通達は廃止する。

記

第 1　基本的な考え方

1　組織としての対応の徹底

　暴力団情報の提供については、個々の警察官が依頼を受けて個人的に対応するということがあってはならず、必ず、提供の是非について、第 6 の 2 に定めるところにより、警察本部の暴力団対策主管課長又は警察署長の責任において組織的な判断を行うこと。

2　情報の正確性の確保

　暴力団情報を提供するに当たって

は、第4の1に定めるところにより、必要な補充調査を実施するなどして、当該情報の正確性を担保すること。

3　情報提供に係る責任の自覚
情報の内容及び情報提供の正当性について警察が立証する責任を負わなければならないとの認識を持つこと。

4　情報提供の正当性についての十分な検討
暴力団員等の個人情報の提供については、行政機関の保有する個人情報の保護に関する法律及び個人情報保護条例の規定に従って行うこと。特に、相手方が行政機関以外の者である場合には、法令の規定に基づく場合のほかは、当該情報が暴力団排除等の公益目的の達成のために必要であり、かつ、警察からの情報提供によらなければ当該目的を達成することが困難な場合に行うこと。

第2　積極的な情報提供の推進

1　暴力団犯罪の被害者の被害回復訴訟において組長等の使用者責任を追及する場合や、暴力団事務所撤去訴訟等暴力団を実質的な相手方とする訴訟を支援する場合は、特に積極的な情報提供を行うこと。

2　債権管理回収業に関する特別措置法及び廃棄物の処理及び清掃に関する法律のように提供することができる情報の内容及びその手続が法令により定められている場合又は他の行政機関、地方公共団体その他の公共的機関との間で暴力団排除を目的として暴力団情報の提供に関する申合せ等が締結されている場合には、これによるものとする。暴力団排除を目

的として組織された事業者団体その他これに準ずるものとの間で申合せ等が締結されている場合についても、同様とする。
なお、都道府県警察においてこの申合せ等を結ぶ場合には、事前に警察庁刑事局組織犯罪対策部組織犯罪対策企画課及び暴力団対策課と協議するものとする。

3　第2の1又は2以外の場合には、条例上の義務履行の支援、暴力団に係る被害者対策、資金源対策の視点や社会経済の基本となるシステムに暴力団を介入させないという視点から、第3に示した基準に従いつつ、可能な範囲で積極的かつ適切な情報提供を行うものとする。

4　都道府県暴力追放運動推進センター（以下「センター」という。）に対して相談があった場合にも、同様に第3に示した基準に従い判断した上で、必要な暴力団情報をセンターに提供し、センターが相談者に当該情報を告知することとする。

第3　情報提供の基準

暴力団情報については、警察は厳格に管理する責任を負っていることから、情報提供によって達成される公益の程度によって、情報提供の要件及び提供できる範囲・内容が異なってくる。
そこで、以下の1、2及び3の観点から検討を行い、暴力団対策に資すると認められる場合は、暴力団情報を当該情報を必要とする者に提供すること。

1　提供の必要性

(1)　条例上の義務履行の支援に資する場合その他法令の規定に基づく場合
事業者が、取引等の相手方が暴力団員、暴力団準構成員、元暴力団員、

共生者、暴力団員と社会的に非難されるべき関係を有する者等でないことを確認するなど条例上の義務を履行するために必要と認められる場合には、その義務の履行に必要な範囲で情報を提供するものとする。

その他法令の規定に基づく場合についても、当該法令の定める要件に従って提供するものとする。

(2) **暴力団による犯罪、暴力的要求行為等による被害の防止又は回復に資する場合**

情報提供を必要とする事案の具体的内容を検討し、被害が発生し、又は発生するおそれがある場合には、被害の防止又は回復のために必要な情報を提供するものとする。

(3) **暴力団の組織の維持又は拡大への打撃に資する場合**

暴力団の組織としての会合等の開催、暴力団事務所の設置、加入の勧誘、名誉職への就任や栄典を受けること等による権威の獲得、政治・公務その他一定の公的領域への進出、資金獲得等暴力団の組織の維持又は拡大に係る活動に打撃を与えるために必要な場合、その他暴力団排除活動を促進する必要性が高く暴力団の組織の維持又は拡大への打撃に資する場合には、必要な情報を提供するものとする。

2　**適正な情報管理**

情報提供は、その相手方が、提供に係る情報の悪用や目的外利用を防止するための仕組みを確立している場合、提供に係る情報を他の目的に利用しない旨の誓約書を提出している場合、その他情報を適正に管理することができると認められる場合に行うものとする。

3　**提供する暴力団情報の範囲**

(1) **第3の1(1)の場合**

条例上の義務を履行するために必要な範囲で情報を提供するものとする。この場合において、まずは、情報提供の相手方に対し、契約の相手方等が条例に規定された規制対象者等の属性のいずれかに該当する旨の情報を提供すれば足りるかを検討すること。

(2) **第3の1(2)及び(3)の場合**

次のア、イ、ウの順に慎重な検討を行う。

ア　**暴力団の活動の実態についての情報(個人情報以外の情報)の提供**

暴力団の義理掛けが行われるおそれがあるという情報、暴力団が特定の場所を事務所としているという情報、傘下組織に係る団体の名称等、個人情報以外の情報の提供によって足りる場合には、これらの情報を提供すること。

イ　**暴力団員等該当性情報の提供**

上記アによって公益を実現することができないかを検討した上で、次に、相談等に係る者の暴力団員等(暴力団員、暴力団準構成員、元暴力団員、共生者、暴力団員と社会的に非難されるべき関係を有する者、総会屋及び社会運動等標ぼうゴロをいう。以下同じ。)への該当性に関する情報(以下「暴力団員等該当性情報」という。)を提供することを検討する。

ウ　**上記イ以外の個人情報の提供**

上記イによって公益を実現することができないかを慎重に検討

した上で、それでも公益実現のために必要であると認められる場合には、住所、生年月日、連絡先その他の暴力団員等該当性情報以外の個人情報を提供する。

なお、前科・前歴情報は、そのまま提供することなく、被害者等の安全確保のために特に必要があると認められる場合に限り、過去に犯した犯罪の態様等の情報を提供すること。また、顔写真の交付は行わないこと。

第4 提供する暴力団情報の内容に係る注意点

1 情報の正確性の確保について

暴力団情報を提供するに当たっては、その内容の正確性が厳に求められることから、必ず警察本部の暴力団対策主管課等に設置された警察庁情報管理システムによる暴力団情報管理業務により暴力団情報の照会を行い、その結果及び必要な補充調査の結果に基づいて回答すること。

2 指定暴力団以外の暴力団について

指定暴力団以外の暴力団のうち、特に消長の激しい規模の小さな暴力団については、これが暴力団、すなわち「その団体の構成員が集団的に又は常習的に暴力的不法行為等を行うことを助長するおそれがある団体」（暴力団員による不当な行為の防止等に関する法律第2条第2号）に該当することを明確に認定できる資料の存否につき確認すること。

3 暴力団準構成員及び元暴力団員等の場合の取扱い

(1) 暴力団準構成員

暴力団準構成員については、当該暴力団準構成員と暴力団との関係の態様及び程度について十分な検討を行い、現に暴力団又は暴力団員の一定の統制の下にあることなどを確認した上で、情報提供の可否を判断すること。

(2) 元暴力団員

現に自らの意思で反社会的団体である暴力団に所属している構成員の場合と異なり、元暴力団員については、暴力団との関係を断ち切って更生しようとしている者もいることから、過去に暴力団員であったことが法律上の欠格要件となっている場合や、現状が暴力団準構成員、共生者、暴力団員と社会的に非難されるべき関係にある者、総会屋及び社会運動等標ぼうゴロとみなすことができる場合は格別、過去に暴力団に所属していたという事実だけをもって情報提供をしないこと。

(3) 共生者

共生者については、暴力団への利益供与の実態、暴力団の利用実態等共生関係を示す具体的な内容を十分に確認した上で、具体的事案ごとに情報提供の可否を判断すること。

(4) 暴力団員と社会的に非難されるべき関係にある者

「暴力団員と社会的に非難されるべき関係」とは、例えば、暴力団員が関与している賭博等に参加している場合、暴力団が主催するゴルフコンペや誕生会、還暦祝い等の行事等に出席している場合等、その態様が様々であることから、当該対象者と暴力団員とが関係を有するに至った原因、当該対象者が相手方を暴力団員であると知った時期やその後の対応、暴力団員との交際の内容の軽重

等の事情に照らし、具体的事案ごとに情報提供の可否を判断する必要があり、暴力団員と交際しているといった事実だけをもって漫然と「暴力団員と社会的に非難されるべき関係にある者である」といった情報提供をしないこと。

(5) 総会屋及び社会運動等標ぼうゴロ

総会屋及び社会運動等標ぼうゴロについては、その活動の態様が様々であることから、漫然と「総会屋である」などと情報を提供しないこと。情報提供が求められている個別の事案に応じて、その活動の態様について十分な検討を行い、現に活動が行われているか確認した上で情報を提供すること。

(6) 暴力団の支配下にある法人

暴力団の支配下にある法人については、その役員に暴力団員等がいることをもって漫然と「暴力団の支配下にある法人である」といった情報提供をするのではなく、役員等に占める暴力団員等の比率、当該法人の活動実態等についての十分な検討を行い、現に暴力団が当該法人を支配していると認められる場合に情報を提供すること。

第5 情報提供の方式

1 第3の1(1)による情報提供を行うに当たっては、その相手方に対し、情報提供に係る対象者の住所、氏名、生年月日等が分かる身分確認資料及び取引関係を裏付ける資料等の提出を求めるとともに、提供に係る情報を他の目的に利用しない旨の誓約書の提出を求めること。

2 情報提供の相手方に守秘義務がある場合等、情報の適正な管理のために必要な仕組みが整備されていると認められるときは、情報提供を文書により行ってよい。これ以外の場合においては、口頭による回答にとどめること。

3 情報提供は、原則として、当該情報を必要とする当事者に対して、当該相談等の性質に応じた範囲内で行うものとする。ただし、情報提供を受けるべき者の委任を受けた弁護士に提供する場合その他情報提供を受けるべき者本人に提供する場合と同視できる場合はこの限りでない。

第6 暴力団情報の提供に係る記録の整備等

1 記録の整備

警察本部及び警察署の暴力団対策主管課においては、部外への暴力団情報の提供(警察部内の暴力団対策主管部門以外の部門から部外への暴力団情報の提供について協議を受けた場合を含む。)に関し、情報提供の求めの概要、提供の是非についての判断の理由及び結果等について、確実に記録すること。

2 決裁

原則として、所属長又はこれに相当する上級幹部が実際に最終判断を下し、決裁をするものとする。ただし、警察署長が行う情報提供について、以下の条件に当てはまるときは、警部以上の階級にある、暴力団対策主管課長又はこれに相当する幹部において専決処理することも可能とする。すなわち、他の行政機関、地方公共団体その他の公共的機関による、法令等又は暴力団排除を目的とした暴力団情報の提供に関する申合せ等に基づく照会に対して、警察庁

情報管理システムによる暴力団情報
管理業務の暴力団情報に該当がない
ことから規制対象者等の属性に該当
しない旨を回答する場合に限り、専
決処理することも可能とする。

また、情報提供を行うことについて
緊急かつ明確な必要が認められる場
合においては、事後報告としても差
し支えない。

3　**警察本部における把握**

部外からの暴力団情報に係る照会及
びそれに対する警察の回答状況につ
いては、情報の適正な管理に万全を
期するため、各警察本部の暴力団対
策主管課において定期的に把握する
こと。

索 引

おわりに

　暴力団を中核とする反社会的勢力は「必要悪」ではなく、「社会悪」である。

　今後、反社会的勢力は潜在化の傾向をますます強め、姿かたちを変えながら、暴力団的なもの、反社会的勢力的なものとして、しぶとく生き残っていくに違いない。そのような真剣勝負の有事であるにもかかわらず、多くの企業の脇の甘さは、反社会的勢力の跋扈を許すなど未だに致命的な状況である。某メガバンクの反社会的勢力融資問題においても、第三者委員会の報告書は「当事者意識の欠如」が指摘されていた。

　反社会的勢力との関係は、膨大な端緒情報の中から見逃してはいけないリスクの代表格である。本来、そのリスクを鋭敏に嗅ぎ分けるべきところ、それを積極的に行わず結果的に問題を矮小化してきた経営陣、あるいは、そのような状況を「見て見ぬふり」の担当部門や役職員など、「当事者意識の欠如」は「不作為」という形で随所に表れた。多くの企業はコンプライアンスに取り組んでいるものの、不祥事が一向になくならない状況が続く。

　実は、コンプライアンスの取組みを強化する過程で仕組みやルールが強固になるにつれ、それに安住し依存する体質や思考停止の状態、厳罰主義に代表される「余計なことはしない」状況等が生じる「不作為の連鎖（ネガティブスパイラル）」に陥っているのではないだろうか。金融機関に限らず、コンプライアンスの取組みを強化すればするほど、コンプライアンスの実効性が阻害されるという本質的な矛盾を解消できない状況が続く。放っておいたら必然的に発生する不祥事をコントロール（適切にリスク管理）できていないのが現状だ。

　コンプライアンスとは、「やってはいけないことをやらない」だけでは不十分であり、「正しいことを正しいやり方で正しく行う」ことを実践するところまで高めなければならない。「やってはいけないことをやらない」との受け身の意識は、最終的には、不作為の横行を許し、自浄作用も働かず、むしろコンプライアンスを阻害し不祥事を生む土壌となる。一方で、「正しいことを正しいやり方で正しく行う」とは、組織の意思決定・行動が、個人の「常識・

良識・見識・知識」や「社会的規範やルール」に照らして何ら違和感のない状況といえる。つまり、不作為の連鎖を断つためには、「正しいこと」の共通認識のもと、「やってはいけない」恐怖から一歩踏み出し、個人の自発性や感情・感覚が十分に組織運営に発揮される社風（企業風土）や正しいことにポジティブな評価を与える仕組みを備え、常に社会の目を意識するために人材や価値観の多様性に着目するといった柔軟な組織こそ求められている。

　翻って、反社会的勢力排除の取組みが機能するためのポイントは、役職員一人ひとりの「暴排意識」と「リスクセンス」をいかに高く保持するかにかかっていることは、本書でもすでに述べた通りである。その意味では、反社会的勢力排除の取組みが求めているものは、正にコンプライアンスそのもの、であるといってよい。そもそも、反社会的勢力がグレーゾーンにあるのは、コンプライアンスと不祥事のグレーゾーンを主戦場として、利益の極大化を図ろうとするためである。したがって、企業にとって、反社会的勢力への対応とは、コンプライアンスそのもので勝負する、という意味でもあり、「正しいことを正しいやり方で正しく行う」ことが最大の武器となりうる。

　本書は、本来的にグレーな存在である反社会的勢力を排除するための企業の取組みを支援するとともに、混迷する状況に対し、最新の実務指針を提示する目的で著されたものである。たとえ、現時点の社会状況に由来する限界があるにしても、当社の豊富な対応実績をベースとして、物事の本質的な部分にまで踏み込んだ分析から導かれた理論に基づいており、遠く将来にわたって、健全経営を目指す企業にとっての良き羅針盤としての機能が果たせるものと自負している。さらに、当社もまた、引き続き自己研鑽を重ね、実務的危機管理を企及していきたいと考えている。たくさんの個人や企業が、この問題に真正面から取り組むこと、その積み重ねによって健全な社会が形成されることを願って止まない。

株式会社エス・ピー・ネットワーク

参 考 文 献 ————————————————————————

1. 渡部洋介 著

『ミドルクライシス®マネジメント ～内部統制を活用した企業危機管理～
vol.1反社会的勢力からの隔絶』

エス・ピー・ネットワーク、2012年

2. 警察庁

『**平成30年における組織犯罪の情勢**』

3. 廣末登

「**暴力団離脱の実態と政策的課題**」
『**現代警察**』（**第159号**）

啓正社、2019年

著者 株式会社エス・ピー・ネットワーク

平成8年設立の企業危機管理支援の専門家で構成されたクライシス・リスクマネジメント専門企業。主にパブリックカンパニー（上場企業ならびに健全経営を目指す企業）を中心に、企業のリスク要因の抽出から、排除、予防、リスク顕在化時の実践対応に至るまで一貫性のあるサービスを提供する。企業が直面、対峙する危機への「実践対応」を通じて企業を防衛し、さらには、企業の成長や存続を脅かす要因をコントロール＆マネジメントするため、実践的危機管理指針「ミドルクライシス®」マネジメントの理念に基づき、コンサルティングやエキスパート人材の派遣を通じて、企業の継続経営・健全経営をサポートしている。

従来の枠にとどまらない危機管理的視点からの実践的なコンプライアンス態勢及び内部統制態勢の構築を多くの企業で手掛け、特に「危機実践対応（クライシスマネジメント）」に強く、多くの経験と実績を基に、実効性が極めて高い「統制管理コンサルティング（リスクマネジメント）」を行っている。また、日々、企業の現場での直接的なサポートを重視しており、危機対応の現場経験が豊富なエキスパートを多数擁している。

実践対応支援にとどまらず、危機管理ノウハウの体系化や学術的研究を通じた危機管理知見の社会還元、危機管理人材の育成にも力を入れており、企業だけでなく、大学や地方自治体、業界団体、行政機関等での研修をはじめ、弁護士、監査法人、損害保険会社からの業務依頼も数多い。その知見やノウハウの有用性・実践性、危機管理支援のためのビジネススキームは、支援先企業（SPクラブ会員企業）のみならず、一般企業からも高い評価を受けている。

責任執筆 芳賀　恒人

東京大学経済学部卒業。大手損害保険会社を経てエス・ピー・ネットワーク入社。現在、取締役副社長　主席研究員。

企業のリスク抽出・リスク分析ならびにビジネスコンプライアンスを中心とする内部統制構築を専門分野とするリスクアナリストとして、数多くの企業危機管理に関する事例を手がけるほか、大学での講義など幅広く活躍。とりわけ、企業の反社会的勢力排除の内部統制システムの構築・運用支援、排除計画の策定・排除実務支援、「SPNレポート〜企業における反社会的勢力排除への取組み編」等の取りまとめ、犯罪対策閣僚会議下の「暴力団取締り等総合対策ワーキングチーム」での報告、反社会的勢力排除に向けた企業の取組みに関する各種コラムの執筆・講演など、反社会的勢力排除の分野を中心に数多くの実績を有する。

主な著作に、『暴力団排除条例ガイドブック』（共著、レクシスネクシス・ジャパン、2011年）、『ミドルクライシスマネジメント〜内部統制を活用した企業危機管理vol.1　反社会的勢力からの隔絶』（エス・ピー・ネットワーク、2012年）、『反社会的勢力排除の「超」実践ガイドブック』（レクシスネクシス・ジャパン、2014年）、『金融機関営業店のためのVS反社対応マニュアル』（近代セールス社、2014年）、『マネー・ローンダリング　反社会的勢力対策ガイドブック』（共著、第一法規、2018年）がある。

※本書は、2014年4月8日に初版第1刷としてレクシスネクシス・ジャパン株式会社より刊行されたものを大幅に改訂し、改訂版として刊行するものです。

サービス・インフォメーション

―――――――――――― 通話無料 ――――

① 商品に関するご照会・お申込みのご依頼
　　　　　TEL 0120 (203) 694／FAX 0120 (302) 640
② ご住所・ご名義等各種変更のご連絡
　　　　　TEL 0120 (203) 696／FAX 0120 (202) 974
③ 請求・お支払いに関するご照会・ご要望
　　　　　TEL 0120 (203) 695／FAX 0120 (202) 973

● フリーダイヤル（TEL）の受付時間は、土・日・祝日を除く
　9：00～17：30です。
● FAXは24時間受け付けておりますので、あわせてご利用ください。

フローチャートでわかる
反社会的勢力排除の「超」実践ガイドブック　改訂版

2020年2月5日　初版発行
2020年2月10日　初版第2刷発行
著　者　株式会社エス・ピー・ネットワーク　総合研究部
発行者　田　中　英　弥
発行所　第一法規株式会社
　　　　〒107-8560　東京都港区南青山2-11-17
　　　　ホームページ　https://www.daiichihoki.co.jp/
装　幀　黒　羽　拓　明（SANKAKUSHA）
印刷・製本　法規書籍印刷株式会社

反社勢力排除　ISBN 978-4-474-06785-1　C2032（0）